Göschens Kaufmännische Bibliothek Band 2

# Deutsch-Französische Handelskorrespondenz

von

Prof. Th. de Beaux

Officier de l'Instruction publique
Oberlehrer a. D. der Öffentlichen Handelslehranstalt
Lektor an der Handelshochschule zu Leipzig

Zweite, vermehrte und verbesserte Auflage

LEIPZIG
G. J. Göschen'sche Verlagshandlung
1905

# Inhaltsverzeichnis. Table des matières.

## Allgemeines.



## Erläuterungen zum Warengeschäft.



**Nr. 1—64. Briefe im Warengeschäft.** — **Commerce de marchandises.**



## Erläuterungen zum Bankgeschäft.

**Nr. 65—94. Einzelne Bankgeschäfte.** — **Opérations isolées.**



**Briefe im Wechselgeschäft.** — **Effets de commerce.**

**Nr. 95—106. Kontokorrentverkehr. Compte courant et d'intérêts.**



Briefe im Kontokorrentverkehr. Opérations en compte courant.



## Erläuterungen zum Kommissionsgeschäft.



**Nr. 107—123. Briefe im Kommissionsgeschäft. Affaires en commission.**

Einkaufskommission, Rauchwaren. Achat de pelleteries en commission.



Verkaufskommission; Leder. Vente de veaux cirés en commission.

## Erläuterungen zum Speditionsgeschäft.



### Nr. 124—152. Briefe im Speditionsgeschäft. Expéditions.



## Umwandlung der Brieftexte.

# Aufgaben für anzufertigende Briefe.



# Anhang.



## Formulare.

# Allgemeines.

## Aufschrift für Postsendungen.

Auf Briefumschlägen pflegt die bei Großstädten erforderliche Angabe der Straße dem Namen der Stadt und die Hausnummer dem Namen der Straße vorangestellt zu werden. Die Hausnummer erscheint sehr häufig doppelt, vor und hinter dem Straßennamen, von dem sie stets durch Komma getrennt ist. Hinter dem Straßennamen folgt meist ein Komma, sonst die Präposition à.

**22, Boulevard Voltaire, 22, Paris.**
**33, rue Thomassin à Lyon.**

Bei kleineren Orten folgt dem Ortsnamen die Angabe des betreffenden Departements, meist in Klammern:

**Beaune (Côte d'or).** **Langres (Haute Marne).**

Für Briefe, die an Behörden, Gesellschaften oder Körperschaften gerichtet sind, genügt es, auf dem Briefumschlag den Namen der betreffenden Körperschaft anzugeben:

**Crédit Lyonnais, Paris.**

Oft wird jedoch vorgezogen, an den Vertreter der Gesellschaft zu adressieren:

**Monsieur le Gouverneur**
**du Crédit Foncier de France, Paris.**

Besteht eine Gesellschaftsfirma ausschließlich aus Frauennamen, so lautet die Anrede Mesdames. Ist dagegen der Name eines Mannes in der Firma genannt, so ist die Anrede Messieurs zu verwenden:

**Mesdames Florisson sœurs,** **Messieurs Roland frères et sœur.**
**Messieurs Vve Maubert et fils.**

## Form der Handelsbriefe.

Auf dem Briefbogen findet sich die Firma des Absenders meist vorgedruckt links oben. Oft enthält der Vordruck Angaben über die telephonische oder telegraphische Verbindung:

E. Picard et Cie, Marseille.
Téléphone 22-34. Adresse télégraphique: Picardie, Marseille.

Der Bindestrich in der Telephonnummer bedeutet, daß nach dem üblichen Anruf des Telephonbeamten «allô» (hier Amt) die Nummer mit: vingt-deux . . . trente quatre, nicht mit: deux mille deux cent trente quatre anzusagen ist.

Abgekürzte Aufschriften (adresses télégraphiques) sind statt der vollen Adresse zulässig, wenn sie bei der Telegraphenanstalt hinterlegt worden sind. Bei der Hinterlegung ist eine besondere Gebühr im voraus zu entrichten.

In der Anrede oder in der Schlußformel des Brieftextes wird entweder der berufene Vertreter der Körperschaft angeredet, oder die Ansprache richtet sich an die Mitglieder der Gesellschaft:

**Monsieur le Gouverneur, Monsieur le Directeur, oder Messieurs,**

Der Anrede folgt stets ein Komma, nie ein Ausrufungszeichen.

Die vielgestaltete Anrede des deutschen Briefes, wie sie durch Beifügungen von geehrt, geschätzt, hochgeehrt, hochzuverehrend usw. entsteht, ist einfach durch Monsieur, Messieurs, Madame, Mesdames, zu geben; die Zusätze „Wohlgeboren“, „Hochwohlgeboren“ usw. bleiben ebenfalls unübersetzt.

Eine besondere Aufmerksamkeit liegt im Geschäftsbrief bereits darin, daß man die Anrede Monsieur, Messieurs, wiederholt, nachdem sie bereits in der Adresse verwendet worden ist:

Messieurs Blanc et fils à Lyon.

Messieurs,

Dienen die Worte: Monsieur, Messieurs, Madame, usw. als Anrede, so dürfen sie nicht gekürzt werden; M. statt Monsieur vor den Namen der angeredeten Person zu setzen, würde als Unhöflichkeit gelten.

Dagegen wird Monsieur regelmäßig gekürzt:

1. wenn man den Namen der Person anführt, von der man spricht: J'ai répondu à M. Roland;
2. wenn man sich an einen größeren Leserkreis wendet. In diesem Falle ersetzt M die im deutschen üblichen Formeln: P. P. praemissis praemittendis, P. T. praemissis titulis, S. T. sine (salvo) titulo.

## Begrüßungsformeln am Schluß des Briefes.

Als Begrüßungsformeln am Schluß des Briefes dienen:

Agréez (recevez), Monsieur, (Messieurs, etc.), mes salutations (civilités).

Recevez (agréez) Monsieur, l'assurance de mes meilleurs sentiments.

Durch Beifügung der Eigenschaftswörter: sincère, empressé, dévoué, distingué gewinnen diese Formeln an Höflichkeit.

Zu vermeiden ist die Verwendung von saluer. Formeln wie: Je vous salue, J'ai l'honneur de vous saluer, etc. sind unzulässig; sie haben für den französischen Kaufmann einen verletzenden Beigeschmack, weil sie nur in vertraulicher Redeweise und im Mahnverfahren vorkommen.

Enthält der Briefschluß eine Bezugnahme auf den Absender des Briefes, so ist der Imperativ durch den Infinitiv zu ersetzen, dem man das Zeitwort prier voranstellt:

Tout dévoué à vos prochains ordres, je vous prie d'agréer, Messieurs, . . .

En attendant de vous lire, nous vous prions d'agréer, Monsieur, . . .

## Schreibung des Datums.

Die Angabe des Datums erfolgt durch Grundzahlen, mit alleiniger Ausnahme von 1^er^ = premier; der im Deutschen übliche Punkt ist also wegzulassen;

**, le 2 mai — , den 2. Mai.**
**, le 1^er^ mai = , den 1. Mai.**

Die Namen der Monate werden zuweilen mit großem Anfangsbuchstaben geschrieben, besonders im Verkehr mit dem Ausland.

Abkürzungen für janvier bis août sind wenig üblich, dagegen finden sich 7^bre^ = sept^bre^, 8^bre^ = oct^bre^, 9^bre^ = nov^bre^, 10^bre^ oder X^bre^ = déc^bre^, häufig als abgekürzte Bezeichnungen der betreffenden Monate.

## Gebrauch der Zeiten.

### Futur simple statt Präsens.

Zur Bezeichnung zukünftiger oder zukünftig gedachter Vorgänge ist stets das futur zu verwenden:

Beigeschlossen finden Sie: Vous trouverez sous ce pli;

Ich bemerke: Je vous ferai observer;

Tun Sie, was Sie wollen: Vous ferez ce que vous voudrez;
Sie können auf uns ziehen: Vous pourrez disposer sur nous.

Futur simple statt Imperativ.

Höfliche Befehlsformen werden gebildet:
durch Umschreibung mit vouloir (bien);
durch Anfügung von: s. v. p. = s'il vous plaît;
durch Verwendung des futur.
„Besorgen Sie das Erforderliche," ist also zu geben:
als Befehl durch: «Faites le nécessaire,»
etwas höflicher: «Faites le nécessaire, s. v. p.» oder «vous ferez le nécessaire,»
sehr höflich: «Veuillez faire le nécessaire, s. v. p.»
Am 15. Mai zahlen Sie: «Au 15 mai prochain, vous payerez...»
Wir bitten um Ihre geschätzten Aufträge:
«Veuillez nous réserver la faveur de vos ordres.»

Passé indéfini statt Imperfektum.

Sollen, wie das im kaufmännischen Brief die Regel ist, abgeschlossene Vorgänge besprochen werden, so darf weder imparfait noch passé défini zur Bezeichnung des betreffenden Vorganges stehen, sondern es ist ausschließlich das passé indéfini zu verwenden:
Wir entnahmen auf Sie: Nous avons disposé sur vous.
Wir erlaubten uns: Nous avons pris la liberté de...
Die Sendung entsprach nicht unseren Erwartungen: L'envoi n'a pas répondu à notre attente.

## Umschreibung deutscher Umstandswörter.

Die unten angegebenen Umstandswörter werden häufig durch die nebenstehenden Zeitwörter umschrieben:

| | | |
|---|---|---|
| angeblich | être censé | = gehalten, angesehen werden. |
| bald | ne pas tarder à | = nicht zögern. |
| beinahe | faillir (penser) | = verfehlen, (meinen, denken). |
| ferner, weiterhin | continuer à | = fortfahren mit. |
| gern (lieber) | aimer (aimer mieux) | = lieben, mögen. |
| immerhin | ne pas laisser (que) de | = nicht unterlassen. |
| jedenfalls | devoir | = sollen, verpflichtet sein. |
| leider | regretter de | = bedauern. |
| schließlich | finir par | = endigen mit. |
| schwerlich | être empêché de | = verhindert sein. |
| soeben | venir de | = kommen von. |
| sogleich | aller | = auf dem Wege sein. |
| unaufhörlich | ne pas cesser de | = nicht aufhören zu. |
| vollends | achever de | = vollenden. |
| zufällig | venir à | = dazu kommen. |
| zunächst | commencer par | = anfangen mit. |

Meine Depesche ist Ihnen jedenfalls rechtzeitig zugegangen:
Ma dépêche a dû vous parvenir à temps;
Immerhin hat mich diese Nachricht beunruhigt:
Cette nouvelle n'a pas laissé (que) de m'inquiéter.

# Der kaufmännische Briefwechsel.

Der Briefwechsel des Kaufmanns hat die Erwerbung, Erhaltung und Erweiterung seiner geschäftlichen Beziehungen zur Aufgabe.

Der kaufmännische Brief ist in doppelter Hinsicht von Bedeutung:

1. stellt er die getroffenen Abmachungen fest und dient deshalb in Streitfällen als Beweismittel;
2. bildet er die Grundlage für die Eintragungen in die Geschäftsbücher.

Einen sachgemäßen Brief wird nur der verfassen können, der mit dem Entwickelungsgange des Geschäftes, über welches er schreibt, wohlvertraut ist und zugleich die zur Erledigung desselben erforderlichen geschäftstechnischen Kenntnisse besitzt. — Diese Kenntnisse allein aber befähigen noch nicht zur Abfassung eines guten kaufmännischen Briefes; der Korrespondent muß außerdem:

1. die im kaufmännischen Briefwechsel üblichen Ausdrucksformen beherrschen;
2. sich kurz, deutlich und sprachrichtig ausdrücken;
3. für übersichtliche Anordnung des Brieftextes sorgen.

In dieser Beziehung theoretische Anweisungen zu erteilen ist zwecklos, weil die Ansprüche außerordentlich verschieden sind und die Ausdrucksformeln je nach Art und Umfang des Geschäftes wesentlich voneinander abweichen.

Durch eingehendes Studium und gewissenhafte Nachahmung geeigneter Vorbilder wird der Lernende am schnellsten und sichersten in den Besitz der erforderlichen Kenntnisse gelangen. Die folgenden, dem Verkehrsleben der Gegenwart entlehnten Briefgruppen sollen ihm dabei behilflich sein.

Jede dieser Gruppen behandelt einen Geschäftsgang, d. h. sie umfaßt alle Verhandlungen, die von der Anbahnung bis zur Abwickelung des betreffenden Geschäfts geführt worden sind. Die verschiedenen Möglichkeiten, wie ein und derselbe Geschäftsgang sich abwickeln kann, sind in den einzelnen Beispielen berücksichtigt worden.

Die Gruppen sind untereinander so geordnet, daß der Lernende vom Leichteren zum Schwereren geführt wird.

Dem Inhalt nach behandelt die Sammlung in vier getrennten Abteilungen:

Abteilung A das Warengeschäft;
" B " Bankgeschäft;
" C " Kommissionsgeschäft;
" D " Speditionsgeschäft.

# La correspondance commerciale.

La correspondance sert au commerçant à se créer de nouvelles relations, à étendre et à affermir celles qu'il a.

La correspondance lui importe encore à un autre point de vue:

1° elle fait foi des conventions passées et sert à en établir la preuve devant l'autorité judiciaire, en cas de contestation;

2° elle forme la base de la comptabilité.

Pour rédiger une lettre commerciale, il faut être au courant des affaires et posséder les connaissances techniques nécessaires pour écrire à bon escient.

Pour rédiger la lettre convenablement, il faut de plus:

1° observer l'ordre méthodique et les règles généralement reçues;

2° employer les termes propres, les expressions exactes;

3° s'exprimer avec correction, clarté, concision et élégance.

Tout précepte à ce sujet serait superflu, vu la diversité des exigences et la multiplicité des formules qui varient nécessairement, suivant la nature des opérations et l'importance de la maison qui les traite.

Ce n'est qu'à force d'exercices, en étudiant et en imitant de bons modèles, qu'on acquerra les qualités si précieuses qui font le bon correspondancier.

Les lettres suivantes sont divisées par groupes. Chaque groupe se compose d'une série de lettres, chaque série s'applique à un autre genre d'affaires. Chaque affaire est traitée depuis son origine jusqu'à son règlement définitif.

Les groupes sont composés de façon à démontrer la diversité des transactions et la variété des ressources pour les mener à bout. Ils sont ordonnés d'après le plus ou moins de difficultés qu'ils présentent, en commençant par le moins difficile.

Selon les sujets traités, les groupes sont réunis en quatre parties:

| | |
|---|---|
| A. Première partie. | Commerce de marchandises. |
| B. Deuxième partie. | Affaires de banque. |
| C. Troisième partie. | Commission et consignation. |
| D. Quatrième partie. | Transports et assurances. |

Die jeder Abteilung vorangehenden Erläuterungen sollen einen allgemeinen Überblick über die Gattung vermitteln, während die den einzelnen Geschäftsgängen vorgedruckten Inhaltsangaben den geschäftlichen Vorgang beleuchten sollen. Diese Inhaltsangaben mögen zugleich als Anleitung zur Ausarbeitung der Aufgaben dienen.

---

# A. Das Warengeschäft.

Im Warengeschäft kommen hauptsächlich folgende Briefgattungen in Betracht:

a) Anfragen (Bitte um Preisanstellung);
b) Anträge (Angebote, Anerbieten, Offerten);
c) Bestellungen (Aufträge, Orders);
d) Auftragsbestätigungen oder Ausführungsanzeigen mit Rechnung;
e) Begleichung der Rechnung (Anschaffung, Zahlung, Regulierung);
f) Empfangsbestätigungen (Empfangsanzeigen).

In einzelnen Fällen werden noch hinzukommen:

g) Erkundigungen;
h) Beschwerden (Reklamationen);
i) Mahnungen.

## a) Anfragen (Bitte um Preisanstellung).

Eine wesentliche Aufgabe des Kaufmanns besteht darin, sich für seine Ware die billigsten Bezugsquellen zu sichern. Fehlt es ihm an Angeboten, oder erscheint ihm das Gebotene ungenügend, so wird er bei verschiedenen Lieferanten Umfrage halten und unter den eingehenden Angeboten seine Wahl treffen.

Anfragen können mündlich, telephonisch, telegraphisch oder brieflich erfolgen; sie erstrecken sich auf Beschaffenheit (Qualität), Menge (Quantität), Preis und Lieferungsbedingungen.

Für gewöhnlich bestätigt der vorsichtige Geschäftsmann brieflich die persönlich, telephonisch oder telegraphisch eingezogenen Erkundigungen sowie die Antworten, die er darauf erhalten hat.

## b) Anträge (Anerbieten, Preisanstellung, Offerte).

Anträge können unmittelbar (direkt) oder mittelbar (indirekt) gemacht werden.

Indirekte Anerbieten erfolgen durch Auslegen der Ware an der Verkaufsstelle oder durch Vermittlung von Reisenden, Agenten, Kommissionären.

Chaque partie est précédée de quelques notions générales sur le genre d'affaires qu'elle traite. Pour faciliter l'intelligence des différentes opérations, il y a, avant chaque groupe, un résumé des lettres qui le composent. Des canevas de lettres, imitant ces résumés, serviront de base aux exercices de rédaction des étudiants. Ils se trouvent réunis à la fin du volume, ainsi qu'une petite collection des formulaires les plus usités.

---

# A. Commerce de marchandises.

Le commerce de marchandises donnera lieu à la correspondance suivante:

a) Entrée en relations;
b) Offres de services;
c) Commandes (ordres, commissions);
d) Avis d'exécution et d'expédition; factures;
e) Règlements de compte;
f) Accusés de réception et quittances.

Dans certains cas, il y aura de plus:

g) Informations et renseignements;
h) Réclamations et excuses;
i) Sommations de payer.

## a) Entrée en relations.

Se procurer à bon compte de bons produits est une des conditions essentielles pour réussir dans le commerce. — C'est affaire au commerçant de découvrir celui qui produit le mieux et au meilleur marché et de s'adresser à lui plutôt qu'à d'autres pour faire ses achats.

Ces recherches se font: de vive voix, par téléphone, par télégraphe, par lettre; elles se rapportent: à la quantité, à la qualité, au prix et aux conditions de vente.

Les renseignements pris de vive voix, par téléphone ou par télégraphe sont généralement confirmés par lettre pour éviter tout malentendu. On confirme également les réponses reçues oralement ou par téléphone et on accuse réception des réponses télégraphiques ou écrites, s'il y a lieu.

## b) Offres de services.

Les offres de services se font de vive voix, très souvent par l'intermédiaire de voyageurs, de représentants, d'agents de commerce ou de commissionnaires; elles se font également par télégraphe, par téléphone ou par lettre.

Direkte Anerbieten können persönlich, telephonisch, telegraphisch oder schriftlich gemacht werden.

Die schriftlichen Anerbietungen sind entweder allgemein gehalten und für einen größeren Kundenkreis berechnet (Zirkularanerbieten), oder sie tragen den Bedürfnissen des einzelnen Kunden Rechnung (briefliche Anerbieten).

Häufig gehen mit den brieflichen Anerbieten zugleich Warenproben und Preislisten an die Adressaten ab.

Lautet das Anerbieten auf einen bestimmten Warenposten, oder sind Qualität, Quantität, Preis und Lieferungsbedingungen angegeben, so ist der Verkäufer verpflichtet zu liefern.

Will er sich das Verfügungsrecht über die dem Käufer angestellte Ware vorbehalten, so muß er seinem Antrag das Wort „freibleibend" beifügen.

### c) Bestellungen (Aufträge, Orders).

Bei Bestellungen müssen Beschaffenheit, Menge und Preis der geforderten Ware genau angegeben sein; häufig wird man dem Auftrag Vorschriften über Verpackung, Versendung und Zahlung hinzufügen.

Kann sich der Besteller auf früher erteilte Aufträge beziehen, so vermeidet er die Wiederholung dieser Angaben durch den Zusatz „wie gehabt".

### d) Ausführungs- und Versandanzeigen; Rechnungen.

Kann ein Auftrag nicht sofort erledigt werden, so wird dem Auftraggeber vorläufig der Eingang desselben angezeigt. Zur Verhütung von Mißverständnissen wird die Bestellung in der Auftragsbestätigung wiederholt, oder es wird dem Briefe eine Kommissionskopie beigelegt.

Ist der Auftrag sofort ausführbar, so tritt an die Stelle der Auftragsbestätigung entweder die Versandanzeige oder der Fakturenbrief oder die Rechnung.

Die Versandanzeige oder der Text des Fakturenbriefes enthält:

1. Datum und Form der Bestellung (durch Telephon, Depesche, Brief, Vertreter);
2. Datum der Ausführung und Form der Versendung;
3. Rechnungsbetrag nebst Bitte um dessen Gutschrift;
4. Abmachungen bezüglich der Zahlung;
5. Bitte um weitere Aufträge.

Die Rechnung selbst muß folgende Angaben enthalten:

1. Namen oder Firma des Absenders der Ware (Verkäufers);
2. Ort und Zeit der Ausstellung der Rechnung;
3. Namen oder Firma des Empfängers der Ware (Käufers);

Lorsque les offres de services, faites par lettres, s'adressent à la clientèle entière, elles sont généralement imprimées (offres circulaires). L'offre circulaire reçoit sa date par le timbre postal; elle se fait très souvent sous forme de prix courant.

Les offres qui sont destinées à un ou plusieurs clients déterminés se font par écrit (offres manuscrites). L'offre manuscrite, fréquemment accompagnée d'un envoi d'échantillons, détaille le plus souvent la qualité, la quantité, le prix et les conditions de vente d'un certain lot de marchandises. En ce cas, la personne de qui l'offre émane est tenue de réaliser cette offre, sur la demande du correspondant, à moins qu'elle ne se soit réservé le droit de disposer autrement de sa marchandise par une clause spéciale, telle que: «sans engagement», «sauf vente».

### c) Commandes (commissions, ordres).

La commande doit indiquer d'une manière précise la quantité, la qualité et le prix de la marchandise que l'on désire avoir. Très souvent l'acheteur donnera de plus des instructions relatives à l'emballage, à l'expédition et au règlement.

Pour faire sa commande, le commettant peut encore se servir d'un bon ou d'une note de commission. La note de commission est un imprimé, contenant tous les détails nécessaires à l'exécution de la commande, dès que l'acheteur en a rempli les espaces laissés en blanc.

### d) Avis d'exécution et d'expédition; factures.

Le fournisseur, s'il ne peut exécuter immédiatement la commande, s'empressera d'en accuser réception au commettant, par lettre ou carte postale, en déclarant qu'il en a pris bonne note.

Si les marchandises commandées sont expédiées tout de suite, l'accusé de réception est contenu dans la facture ou dans la lettre d'envoi de cette facture.

L'accusé de réception peut également se faire par double (duplicata) de commission, qui, pour éviter tout malentendu, reproduira les mêmes détails que la commande: la désignation exacte de la marchandise, le prix, les conditions de paiement, d'escompte, de livraison, etc.

L'avis d'expédition ou la lettre d'envoi mentionnera:

1° La date et le mode de la commande (par téléphone, télégraphe, lettre, représentant, etc.);
2° La date et le mode de l'expédition;
3° Le montant de la facture et l'indication des écritures à passer;
4° Les conventions établies pour le règlement;
5° La sollicitation d'ordres ultérieurs.

On distingue deux sortes de factures, suivant que l'acheteur habite la même ville que le vendeur: facture de place, ou un autre endroit: facture d'expédition.

La facture doit contenir les mentions suivantes:

1° Le nom commercial ou la raison sociale du vendeur;
2° Le lieu et la date de la vente;
3° Le nom commercial ou la raison sociale de l'acheteur;

4. Zeichen und Nummer sowie Art der Verpackung (Faß, Kiste, Sack etc.);
5. Menge (Anzahl, Maß, Gewicht), Namen und Preis der Ware;
6. Beförderungsart (Bote, Fuhrmann, Post, Schiff, Bahn: Eilgut, Frachtgut);
7. Angaben über Zahlung (Anschaffung, Regulierung).

Außerdem können noch Lieferungsfristen vereinbart, Versicherung der Ware auf dem Transport vorgesehen oder Bedingungen über Rücksendung der Verpackung, Zulässigkeit von Reklamationen usw. gestellt werden.

## e) Begleichung der Rechnung (Zahlung, Anschaffung, Regulierung).

Die Erlegung des Rechnungsbetrags seitens des Käufers kann nach Zeit, Form und Art verschieden sein. Die Begleichung kann erfolgen:

a) „Zug um Zug", d. h. bei Übernahme der Ware;
b) „per Kasse", d. h. innerhalb einer kurzen Frist (10 bis 30 Tage) vom Datum der Faktur ab gerechnet;
c) „auf Ziel", d. h. nach einer im voraus bestimmten Frist;
d) „gegen Einsendung des Betrags" bei der Bestellung;
e) „gegen Nachnahme" durch die Post- und Bahnverwaltung.

Bar- und Zielkauf. Erfolgt die Bezahlung der Ware „Zug um Zug" oder „per Kasse", so spricht man von „Bar- oder Kontantkauf"; ist der Kaufpreis „auf Ziel" vereinbart, so bezeichnet man das Geschäft als Zeit- oder Zielkauf.

Zahlungsmittel:

a) Bargeld (Gold, Silber oder Banknoten);
b) Wertpapiere (Wechsel, Scheck, Anweisung);
c) Waren, die in Gegenrechnung gestellt (abgerechnet, verrechnet) werden.

Zahlungsformen:

a) Entrichtung des Betrags an der Kasse gegen Quittung;
b) Aushändigung des Betrags an den Verkäufer oder an dessen Bevollmächtigten (Reisenden, Agenten);
c) Zusendung des Betrags durch Vermittlung der Post (Postanweisung, Geldbrief);
d) Übertragung der Summe von einem Konto auf das andere (Giroverkehr).

Skonto. Käufer, die das vom Verkäufer gewährte Ziel in Anspruch nehmen, haben den vollen Fakturenpreis zu erlegen.

Käufer, welche vorziehen früher zu zahlen, können in der Regel einen Preisnachlaß beanspruchen, dessen Höhe sehr verschieden ist.

Im Warengeschäft pflegt die Höhe dieses Preisnachlasses in Prozenten ausgedrückt am Kopf der Faktur angegeben zu sein und wird meist Skonto, selten Rabatt oder Dekort genannt. Der für Skonto angegebene Prozentsatz bezieht sich auf die jeweilige Zahlungsfrist.

Sind also bei einer Rechnung von 1000 Mark, die in 3 Monaten zahlbar ist, 3% Skonto angegeben, so beträgt der Preisnachlaß bei Barzahlung 30 Mark.

4° La marque, le numéro et la nature de l'emballage: caisse, fût, sac, etc.;
5° La quantité (poids, mesure, métrage ou nombre), la désignation et le prix de la marchandise;
6° Le mode d'expédition; par messager, roulier, poste, navire, chemin de fer;
7° Les conditions de règlement.

Très souvent la facture d'expédition mentionnera des conditions de transport: par petite, moyenne ou grande vitesse; en port dû, en port payé, franco; des conditions particulières aux risques du voyage, à la juridiction en cas de contestation, aux délais de retour et frais de l'emballage, aux délais de réclamations, etc.

## e) Règlements de compte.

Le règlement peut s'effectuer de plusieurs façons, selon l'époque, le lieu, la forme et le mode qui le caractérisent.

*Epoques.* Les règlements sont effectués: «à l'avance», «au comptant», «à terme».

*Le paiement à l'avance.* Le paiement à l'avance ou anticipé peut se faire par l'envoi des fonds lors de la commande ou contre remboursement. L'envoi contre remboursement suppose que la marchandise n'est délivrée à l'acheteur que contre paiement du montant de la facture ou du montant des débours nécessités par le transport. Les remboursements se font par l'intermédiaire de la poste, des chemins de fer ou d'un commissionnaire.

*Le paiement au comptant.* Il faut distinguer le règlement au comptant compté, qui s'effectue au moment de la livraison, du règlement au comptant, qui admet certains délais variables suivant la place et le genre d'affaires.

*Le paiement à terme.* Le paiement à terme s'opère à une époque fixée d'avance, mais postérieure à la livraison de la marchandise.

*Lieu et mode.* Le règlement peut se faire contre facture, quittance ou effet de commerce:

1° au domicile du créancier (paiement, versement);
2° au domicile du débiteur (encaissement, recouvrement); (virement, chèque).
3° par compensation d'écritures, à l'aide d'un banquier ou d'un correspondant

*Forme*: Le règlement peut être effectué:

en espèces: pièces d'or ou d'argent, billets de banque.
en valeurs: effets de commerce, coupons, timbres.
en marchandises: par compensation de factures.

*Escompte.* Il faut distinguer l'escompte prélevé dans les opérations de banque (Diskont) de l'escompte stipulé dans le commerce de marchandises (Skonto).

Dans le commerce de marchandises, l'escompte (Skonto) est une retenue que l'acheteur fait sur le montant à payer. Cet escompte, exprimé en tant pour cent, se calcule sur le montant de la facture. Ce pourcentage n'est pas un taux annuel, il est établi sans tenir compte du temps.

Dans le commerce de banque, l'escompte (Diskont) est la remise faite par celui à qui on paye un effet avant l'échéance. Cet escompte s'exprime également en tant pour cent, mais ce taux est annuel. Ainsi, pour une facture de 1000 francs payable à 90 jours, 3 % d'escompte représentent 30 francs; pour un effet de 1000 francs, à 90 jours d'échéance, 3 % d'escompte équivalent à 7 francs 50 centimes.

Diskont. Im Bankgeschäft wird auf Wechsel, die noch nicht fällig sind, ebenfalls ein Preisnachlaß als Entschädigung für die Zinsen berechnet, welche bis zur Einlösung der Wechsel laufen. Auch dieser Preisnachlaß wird nach Prozenten berechnet und heißt Diskont. Der für Diskont angegebene Prozentsatz bezieht sich auf das Jahr.

Sind also bei einem Wechsel von 1000 Mark, der in 90 Tagen fällig ist, 3% Diskont zu berechnen, so beträgt der Preisnachlaß bei Begebung desselben 7,50 Mark.

Annahme von Geldbeträgen. Handlungsreisende sind kraft ihrer Stellung zur Erhebung von Geldern bei der Kundschaft befugt, dagegen müssen Agenten zur Entgegennahme von Zahlungen besonders bevollmächtigt sein.

Einziehung von Geldbeträgen. Fällig gewordene Rechnungsbeträge können durch Vermittlung der Post (Postaufträge, Postnachnahmekarten) eingezogen werden. — Mitunter beauftragt der Gläubiger einen Geschäftsfreund oder ein Bankhaus am Platze des Schuldners, den Betrag gegen Quittung zu erheben, nachdem er den Schuldner zuvor brieflich von diesem Schritte verständigt hat.

Überweisung. Die Begleichung des Rechnungsbetrags durch Überweisung kann nur erfolgen, wenn Käufer und Verkäufer bei demselben Bankhause Girokonto haben. Sie erfolgt durch Übertragung der vom Auftraggeber bezeichneten Summe von dessen Konto auf das Konto des andern Girokunden.

Roter Scheck. Die Reichsbank besorgt diese Übertragungen für ihre Girokontoinhaber kostenlos und in jeder beliebigen Höhe, gleichviel ob die Überweisungen auf denselben Platz lauten oder nach einem anderen Orte bestimmt sind, an dem die Bank eine Zweiganstalt unterhält.

Zu Übertragungen auf Konten an demselben oder an einem auswärtigen Bankplatze sind rote Scheckformulare bestimmt, die die Reichsbank kostenlos in Heften von mindestens 50 Stück an ihre Girokunden abgibt. Diese Scheckbücher sind sorgfältig aufzubewahren.

Weißer Scheck. Bare Abhebungen erfolgen durch weiße Schecks, welche auf eine bestimmte Firma lauten und zur Erhebung von Bargeld an den Überbringer dienen.

Doppelquittung. Bei Zahlungen für Rechnung dritter werden die Quittungen oft doppelt ausgestellt; sie tragen dann den Vermerk „doppelt für einfach gültig“.

## f) Empfangsbestätigungen (Empfangsanzeigen).

Der Eingang einer Geldsendung wird dem Absender vom Empfänger durch Brief oder Postkarte bestätigt. Die Empfangsanzeige gibt den Betrag, das Zahlungsmittel, etwaige Abzüge für Skonto etc. und die Verbuchung an, die das Geld gefunden hat. Sie schließt gewöhnlich mit einem Worte des Dankes und der Empfehlung zu ferneren Diensten.

*Encaissements.* En France, les voyageurs et représentants de commerce ayant droit de faire les encaissements sont porteurs d'une autorisation spéciale de leur maison. Les règlements faits sans l'autorisation expresse du vendeur pourraient être contestés.

*Recouvrement.* Les recouvrements se font par l'intermédiaire de la poste, du banquier ou d'un correspondant. L'administration des postes se charge du recouvrement des factures, quittances ou effets de commerce dont la valeur ne dépasse pas 2000 francs.

Les banquiers recouvrent également les valeurs qu'on leur remet à cet effet; des tarifs spéciaux font connaître aux clients les conditions générales, la perte au change, les réserves et restrictions que le banquier apporte nécessairement dans ces opérations.

*Virements.* On appelle virement le règlement opéré par le transport d'une somme d'un compte à un autre. Le virement se fait le plus souvent par le banquier qui, par ordre et au débit de l'un de ses clients, porte la somme indiquée au crédit d'un autre client.

*Bons de virements ou mandats rouges.* Les titulaires de comptes courants à la Banque de France ont la faculté de faire virer, sans frais, au crédit d'autres comptes courants des succursales et bureaux auxiliaires, jusqu'à concurrence du montant des sommes dont ils sont créditeurs. La Banque de France ne délivre pas de virement au dessous de cent francs. Pour simplifier l'opération, elle remet à ses titulaires des «bons de virements», imprimés sur papier rose et réunis en carnets à souche. L'ordre de virer peut également se donner par lettre.

*Chèque.* Le chèque est un mandat de paiement, payable à vue, qui sert au tireur à effectuer le retrait de fonds qu'il a déposés chez son banquier.

*Quittance, reçu, acquit.* Ces noms désignent l'écrit ou l'imprimé accusant réception d'un paiement. — Le mot acquit est surtout employé pour désigner la formule «pour acquit», apposée sur les factures mêmes. En cas de paiement par ordre ou pour compte d'un tiers, le payeur se fait quelquefois libeller deux quittances, dont l'une s'appelle l'original et l'autre le duplicata.

*Timbres quittance.* En France, les quittances au dessus de dix francs doivent être revêtues d'un timbre fixe de dix centimes, pour chaque reçu ou décharge distincts, l'original et le duplicata, qu'elles soient libellées sous forme de lettre ou d'imprimé spécial. — Le droit de timbre est à la charge du débiteur. Les timbres sont oblitérés par l'apposition de la signature de celui qui délivre quittance avec mention de la date.

### f) Accusés de réception.

En général, le destinataire annonce à l'expéditeur, soit par lettre, soit par carte postale, qu'il a reçu la somme due.

L'accusé de réception indique:

1° le montant et la forme de l'envoi,
2° la déduction faite pour escompte, s'il y a lieu,
3° la promesse de passer écriture de conformité.

Souvent les grands établissements de commerce ajoutent à leurs envois de valeurs des lettres-formules imprimées à l'encre communicative. Il suffit au destinataire de retourner cet accusé de réception revêtu de sa signature et du timbre-quittance.

# Briefe im Warengeschäft.

## Kaffee.

1. Unter dem Datum des Poststempels offerieren Blank & Co., Leipzig, durch gedrucktes Zirkular ihrer Kundschaft besonders preiswerte Kaffees.

2. Am 10. August 19.. wiederholen Blank & Co. brieflich ihre Offerte, da das Zirkular unbeantwortet geblieben ist; gleichzeitig überreichen sie Preisliste und Proben.

3. Am 15. August 19.. bestätigt Richard Martin, Grimma, den Empfang des Antrags vom 10. d. M. und erteilt einen Auftrag.

4. Am 17. August 19.. zeigen Blank & Co. mittels Fakturenbriefs an, daß der Auftrag ausgeführt ist.

5. Am 28. August 19.. schickt Richard Martin den Rechnungsbetrag abzüglich Skonto per Post ein.

6. Am 29. August 19.. bekennen sich Blank & Co. durch Postkarte zum Empfang des Geldes.

### 1.

**Blank & Co.,**
**Kaffeeimport.**
**Fernsprecher No. 868.**

Leipzig, Datum des Poststempels.

P. P.

Infolge günstiger Abschlüsse sind wir in der Lage, Ihnen folgende Kaffees in vorzüglicher Qualität zu den beistehenden sehr vorteilhaften Preisen unter bekannten Konditionen zu offerieren:

| | | |
|---|---|---|
| reell breitbohnigen Rio, je nach Qualität | 85— 89 | Pfennig. |
| „ Santos Perl . . . . . . . . | 72— 98 | „ |
| gewaschenen Guatemala . . . . . | 74— 84 | „ |
| Preanger . . . . . . . . . . . | 95—105 | „ |
| Menado . . . . . . . . . . . | 110—125 | „ |

Wir bemerken, daß die Ende vorigen Jahres begonnene Preissteigerung langsam fortschreitet und sich besonders in den billigsten Sorten sehr bemerkbar macht. Es empfiehlt sich deshalb, mit der Bestellung nicht zu zögern.

Hochachtungsvoll

Blank & Co.

# Commerce de marchandises.

## Café.

1° En date de la poste, MM. Quillé et Cie, au Havre, offrent à leur clientèle divers cafés par circulaire imprimée.

2° Le 10 août 19.. MM. Quillé et Cie, au Havre, réitèrent leur offre à M. Germain Souchon, Harfleur (Seine Inférieure), par lettre manuscrite. Par le même courrier, ils envoient quelques échantillons.

3° Le 15 août-19.. M. Germain Souchon, Harfleur, accuse à MM. Quillé et Cie, au Havre, réception de leur offre; il envoie une commande.

4° Le 17 août 19.. MM. Quillé et Cie, au Havre, donnent avis que l'ordre est exécuté et envoient la facture.

5° Le 28 août 19.. M. Germain Souchon, Harfleur, adresse à MM. Quillé et Cie, au Havre, le montant de leur facture, sous déduction de l'escompte.

6° Le 29 août 19.. MM. Quillé et Cie, au Havre, accusent à M. Germain Souchon, Harfleur, réception de son envoi d'argent.

### 1.

**Quillé et Cie.**
**125, Bd de Strasbourg, 125.**
**Le Havre.**
**Importation directe.**
**Téléphone 230.**

Le Havre, date de la poste.

M

Grâce à la suppression de tous les intermédiaires, nous pouvons vous offrir, en qualité supérieure, loyale et bien marchande, franco de tous frais en gare destinataire et droits acquittés:

| | | |
|---|---|---|
| 264. Santos, bon ord., suivant la qualité | Fr. 218 à 250 | les °/₀ kilos |
| 267. Santos supérieur, choix extra . . | „ 255 à 260 | „ „ |
| 312. Guatemala lavé . . . . . . . . . | „ 340 à 348 | „ „ |
| 362. Java Préanger . . . . . . . . . | „ 250 à 260 | „ „ |
| 340. Menado vieux . . . . . . . . . | „ 300 à 348 | „ „ |

Les prix des cafés sont très fermes depuis le mois dernier, une hausse sérieuse paraît inévitable. Au Brésil, elle est de 20 °/₀ dans les qualités ordinaires.

La Maison achetant ses cafés directement aux colonies, les garantit absolument purs.

Veuillez agréer, M , nos salutations distinguées.

Quillé et Cie.

2.

**Blank & Co.,**
**Kaffeeimport.**
**Fernsprecher No. 868.**

Leipzig, den 10. August 19..

Herrn Richard Martin, Grimma.

Zu unserem Bedauern vermissen wir seit längerer Zeit Ihre geschätzten Aufträge.

Wir übersandten Ihnen heute per Post unsere soeben zur Ausgabe gelangte Preisliste für rohe und geröstete Kaffees zur gefl. Durchsicht.

Außerdem bemusterten wir Ihnen als besonders preiswert, ab hier, zu den bekannten Bedingungen:

No. 820 ff. Menado per $^1/_2$ kg à 120 Pf.
„ 842 ff. Guatemala „ „ „ à 82 „

Es würde uns freuen, wenn diese Kaffees Ihren Beifall fänden, und Sie uns Ihre geschätzten Aufträge überschreiben wollten.

Hochachtungsvoll

Blank & Co.

3.

**Richard Martin,**
**Kolonialwaren.**

Grimma, den 15. August 19..

Herren Blank & Co., Leipzig.

Im Besitz Ihres Geehrten vom 10. d. M. danke ich Ihnen für gefl. Zusendung der Preisliste und Proben.

Für die mir bemusterten Kaffees habe ich augenblicklich keine Verwendung. Dagegen bitte ich Sie, mir als Frachtgut zu senden:

2 Sack Salem Plantagen . . . . à ℳ 1,10
1 „ ff. Santos reell breitbohnig à „ 0,65

Ich rechne auf umgehende Erledigung meines Auftrags und zeichne

hochachtungsvoll

Richard Martin.

## 2.

**Quillé et Cie.**
**125. Bd de Strasbourg, 125.**
**Le Havre.**
**Importation directe.**
**Téléphone 230.**

Le Havre, le 10 août 19..

Monsieur Germain Souchon, Harfleur (Seine Infre).

A notre grand regret nous constatons que, depuis quelque temps déjà, nous n'avons plus reçu vos ordres.

Nous prenons donc la liberté de vous adresser, sous bande, notre dernier prix courant pour cafés verts et grillés.

De plus, nous venons de mettre à la poste, sous étui, comme étant particulièrement susceptibles de vous intéresser, des échantillons types de:

842. Guatemala Caracoli lavé . . Fr. 348.— les % kos
820. Menado manipulé . . . . „ 335.— „ „ „

franco en gare, tous droits acquittés.

Nous serions très heureux de recevoir vos commandes. Rien ne sera négligé pour justifier la confiance dont vous voudrez bien nous honorer.

Recevez, Monsieur, nos sincères salutations.

Quillé et Cie.

## 3.

**Germain Souchon.**
**Epicerie.**

Harfleur, le 15 août 19..

Messieurs Quillé et Cie au Havre.

Tous mes remerciements pour l'envoi de votre prix courant et des échantillons du 10 de ce mois. Pour le moment, les cafés que vous m'avez désignés ne m'intéressent pas.

Veuillez m'adresser, en petite vitesse, franco et droits acquittés:

2 pochettes Salem Plantation . . . . . . . . Fr. 290.—, les % kos
1 sac Santos, genre Bourbon . . . . . . . . „ 260.—, „ „ „

Je compte sur une prompte exécution de ma commande et vous présente, Messieurs, mes salutations empressées.

Germain Souchon.

## 4.

**Blank & Co.,**
**Kaffeeimport.**
**Fernsprecher No. 868.**

*Leipzig, den* 17. August 19..

*Herrn* Richard Martin, Grimma.

*Über den uns am* 15. d. M. brieflich *erteilten Auftrag beehren wir uns, Ihnen untenstehende Faktur zu erteilen, deren Betrag Sie uns mit:*

ℳ 437,95 *gefl. gutschreiben wollen.*

*Wir halten uns zu ferneren Aufträgen bestens empfohlen und zeichnen*

*hochachtungsvoll*

Blank & Co.

*Rechnung*

für Herrn Richard Martin, Grimma

*von*

Blank & Co.

*Ziel* 3 Monate *oder per Kasse* mit $1^1/_4$% Skonto
*innerhalb 14 Tagen vom Tage der Ausstellung ab.*

*Erfüllungsort Leipzig.*

*Reklamationen werden nur berücksichtigt, wenn sie innerhalb 8 Tagen, vom Empfang der Ware an gerechnet, erfolgen.*

*Wir sandten Ihnen auf Ihre Order, Rechnung und Gefahr* ohne unsere Verantwortlichkeit für Gewichtsdifferenzen durch Bahn:

| | | | | |
|---|---|---|---|---|
| C P | 2 Bll. ff. Salem Plantagen | | | |
| 5 & 6 | B° 160 T$^a$ 2 Ntto. 158 à 1,10 per $^1/_2$ kg . . . | ℳ | 347 | 60 |
| B & C | 1 Bll. ff. Santos breitbohnig | | | |
| 3228 | B° 70 T$^a$ $^1/_2$ Ntto. $69^1/_2$ à 65 per $^1/_2$ kg . . . | „ | 90 | 35 |
| | | ℳ | 437 | 95 |

# 4.

Quillé et Cie.
125, Bd de Strasbourg, 125.
Le Havre.
Importation directe.
Téléphone 230.

Le Havre, le 17 août 19..

Monsieur Germain Souchon, Harfleur (Seine Infre).

Nous avons l'avantage de vous remettre ci après facture à votre demande du 15 courant.

Cette facture s'élève à:

Fr. 702.10

que veuillez porter à notre crédit.

Dans l'attente de vos nouveaux ordres, nous vous prions d'agréer, Monsieur, nos civilités empressées.

Quillé et Cie.

Monsieur Germain Souchon, Harfleur (Seine Infre). Doit

à Quillé et Cie

les articles ci-après, expédiés par chemin de fer, petite vitesse,
franco gare de Harfleur.

Nos factures sont payables au Havre; nos traites ou l'acceptation de règlement n'opèrent ni novation ni dérogation à cette clause attributive de juridiction.
Nous débiterons du change et de la perte à la monnaie pour les valeurs sur l'étranger.
A défaut de paiement à l'échéance, l'intérêt légal sera dû.

| | Marques et numéros: | Quantités: | Désignation des marchandises: | Prix par 100 kos | Francs | Cs | Montant: | |
|---|---|---|---|---|---|---|---|---|
| Les marchandises doivent être vérifiées en gare d'arrivée. Toutes réclamations pour manque de poids ou avaries doivent être faites, avant l'enlèvement, à la Compagnie chargée du transport qui, ayant reconnu le poids et l'état au départ, est seule responsable. | HQ. # 26/27 | 2 pochttes | Salem Plantation 179 k 800 à | 290.- | 521 | 40 | | |
| | # 283 | 1 balle | Santos genre Bourbon 69 k 500 à | 260.- | 180 | 70 | Fr.702 | 10 |
| | | | Valeur en votre règlement. | | | | | |

## 5.

**Richard Martin,**
**Kolonialwaren.**

Grimma, den 28. August 19..

Herren Blank & Co., Leipzig.

Zum Ausgleich Ihrer Rechnung vom 17. d. M. übersende ich Ihnen beiliegend:

| | | |
|---|---|---|
| | ℳ | 432,45, |
| zuzüglich | „ | 5,50 $1^1/_4$ % Skonto |
| | ℳ | 437,95, wofür Sie mich unter gefl. Empfangsanzeige |

erkennen wollen.

Hochachtungsvoll

Richard Martin.

## 6. (Postkarte.)

Herrn Richard Martin, Grimma.

Wir bekennen uns zum Empfange der uns mit Brief vom 28. August 19.. gefälligst übersandten:

| | |
|---|---|
| ℳ | 432,45, die wir nebst |
| „ | 5,50 $1^1/_4$ % Skonto Ihrem werten Konto mit |
| ℳ | 437,95 dankend gutschrieben. |

Leipzig,
den 29. August 19..

Hochachtungsvoll

Blank & Co.

**Germain Souchon.**
**Epicerie.**

## 5.

Harfleur, le 28 août 19..

Messieurs Quillé et Cie au Havre.

En règlement de votre facture du 17 ct, je vous remets, sous ce pli:

| | | | |
|---|---|---|---|
| 3 billets de banque Nos | 76543 | Fr. | 500.— |
| | 345678 | „ | 100.— |
| | 246813 | „ | 50.— |
| 1 mandat poste | | „ | 38.05 |
| | escompte 2 % | „ | 14.05 |
| | total | Fr. | 702.10 |

Veuillez m'en accuser réception, par retour du courrier.

Agréez, Messieurs, mes salutations empressées. Germain Souchon.

## 6.

**Quillé et Cie.**
**125, Bd de Strasbourg, 125.**
**Le Havre.**
**Importation directe.**
**Téléphone 230.**

Le Havre, le 29 août 19..

Monsieur Germain Souchon, Harfleur (Seine Infre).

Nous vous accusons réception de votre lettre d'hier, renfermant, suivant décompte ci-dessous:

Fr. 702.10

dont nous créditons votre compte, pour solde de notre facture du 17 courant.

Espérant être bientôt favorisés de nouveaux ordres, nous vous prions d'agréer, Monsieur, nos civilités empressées.

Quillé et Cie.

| | | | |
|---|---|---|---|
| Votre envoi du 28 ct | Fr. | 688 | 05 |
| escompte 2% | „ | 14 | 05 |
| notre facture du 17 ct | „ | 702 | 10 |

**République française.**
*Havre, le 28 août 19..*
**QUILLÉ et Cie.**
**10c QUITTANCES.**
**Reçus et Décharges.**

# Spielwaren.

7. Am 10. Dezember 19 . . bestellt Emil Sanders, Hannover, durch Telegramm bei R. Frank & Söhne, Sonneberg in Thüringen, 10 Dutzend Puppen.

8. Am 10. Dezember 19 . . bestätigt Emil Sanders, Hannover, dieses Telegramm brieflich.

9. Am 11. Dezember 19 . . sichern R. Frank & Söhne, Sonneberg, pünktliche Ausführung der Bestellung zu.

10. Am 17. Dezember 19 . . übersenden R. Frank & Söhne, Sonneberg, Fakturenbrief; die Puppen sind in 5 Postpaketen verschickt worden, der Rechnungsbetrag soll bei Vereinsbank, Hannover, eingezahlt werden.

11. Am 17. Dezember 19 . . beauftragen R. Frank & Söhne, Sonneberg, die Vereinsbank, Hannover, den Rechnungsbetrag bei Reichsbankstelle Erfurt für sie einzuzahlen.

12. Am 28. Dezember 19 . . benachrichtigt Emil Sanders, Hannover, die Lieferanten, daß er den Rechnungsbetrag bei Vereinsbank, Hannover, hinterlegt hat.

13. Am 28. Dezember 19 . . quittiert Vereinsbank, Hannover, auf Formular den empfangenen Rechnungsbetrag.

## 7.

Depesche unter dem Datum 10. Dezember 19 . .

Puppenfrank Sonneberg.

Sendet postwendend zehn Dutzend Puppen 712.

Sanders.

# Jouets.

7° Le 10 décembre 19.. André Michel, Pontoise (Seine et Oise), commande à Roland frères, 17, rue des Beaux-Arts, 17, Paris, par télégramme: 10 grosses soldats N° 110 à 24 francs.

8° Le 10 décembre 19.. ce télégramme est confirmé par lettre et bon de commission.

9° Le 11 décembre 19.. Crouzet, fondé de pouvoirs de Roland frères, Paris, accuse à André Michel, Pontoise, réception de la commande.

10° Le 17 décembre 19.. Roland frères, Paris, envoient à André Michel, Pontoise, facture à la commande expédiée le même jour, par 3 colis postaux à 10 kilos, en gare de Pontoise. Le règlement doit se faire par l'intermédiaire de Léon Poirier, banquier à Pontoise.

11° Le 28 janvier 19.. Roland frères, Paris, prient Léon Poirier, Pontoise, de leur adresser le montant de leur facture par virement à la Banque de France, succursale de Versailles.

12° Le 30 janvier 19.. André Michel, Pontoise, prévient ses fournisseurs du versement opéré selon leurs instructions à la caisse de Léon Poirier, banquier à Pontoise. Il leur remet:

13° Le duplicata de la quittance, avec timbre mobile de 10 centimes.

## 7.

### TÉLÉGRAMME.

Rolandart Paris

Envoyez dix grosses soldats 110 à 24 francs colis postaux.

Michel.

## 8.

Hannover, den 10. Dezember 19..

Herren R. Frank & Söhne, Sonneberg.

Ich bestätige mein heutiges Telegramm:

„Sendet postwendend zehn Dutzend Puppen 712".

Die Ware muß spätestens am 18. d. M. hier eintreffen; andernfalls ich bitte die Zusendung zu unterlassen.

Achtungsvoll

Emil Sanders.

## 9.

Sonneberg, den 11. Dezember 19..

Herrn Emil Sanders, Hannover.

Ihren gefälligen Auftrag vom 10. d. M. auf:

10 Dutzend Puppen 712

haben wir vorgemerkt und werden Ihnen die Sendung rechtzeitig zugehen lassen.

Stets gern zu Ihren Diensten

hochachtungsvoll

p. pa. R. Frank & Söhne

R. Welter.

## 8.

Bazar Lafayette.
**ANDRÉ MICHEL.**
Pontoise.
(Seine et Oise).

Pontoise, le 10 10$^{bre}$ 19..

Messieurs Roland frères, Paris.

Je vous confirme mon télégramme de ce matin:

«Envoyez 10 grosses soldats 110 à 24 francs colis postaux»

Il me faut cette marchandise le 18 courant, au plus tard. Passé ce délai, je serai, quoique à regret, obligé d'annuler la commande.

Agréez, Messieurs, mes salulations empressées.

André Michel.

## 9.

Manufacture de jouets.
**Roland frères.**
17, rue des Beaux-Arts, 17.
**PARIS.**
Téléphone 26—14.
Télégrammes: Rolandart.

Paris, le 11 décembre 19..

Monsieur André Michel, Pontoise.

Nous avons pris bonne note de votre ordre du 10 courant à:

10 grosses soldats N° 110.

L'expédition sera faite dans le délai prescrit et par colis postaux, conformément à votre demande.

Tout dévoués à vos ordres, nous vous présentons, Monsieur, nos sincères salutations.

p. p$^{on}$ Roland frères.
Crouzet.

## 10.

**Telephon No. 2614.**
**Depeschenadresse: Puppenfrank.**
**Girokonto: Reichsbankstelle Erfurt.**

*Sonneberg, den* 17. Dezember 19 . .

*Rechnung*

*für Herrn* Emil Sanders, Hannover.

*von R. Frank & Söhne.*

***Reklamationen werden nur 8 Tage nach Empfang der Ware berücksichtigt.***
***Konditionen:** 4 **Monat; per Kasse mit** 3 % **Skonto, franko hier.***

| *Kistenzeichen* | *Gross* | *Dutzend* | *Stück* | *Wir senden Ihnen für Ihre Rechnung und Gefahr durch:* die Post 5 Pakete mit Adresse: | *Zahlbar in Erfurt* | | |
|---|---|---|---|---|---|---|---|
| | | 10 | | Puppen 712 ℳ | 3 | 30 | — |
| | | | | ⁒ 10 % Skonto „ | | 3 | — |
| | | | | ℳ | | 27 | — |
| | | | | Packung „ | | 1 | — |
| | | | | Porto „ | | 2 | 50 |
| | | | | zur gefl. Gutschrift ℳ | | 30 | 50 |

Den Betrag belieben Sie wie früher bei Vereinsbank Hannover für unsere Rechnung zu erlegen.

Wir bitten um baldige Erneuerung Ihrer geschätzten Aufträge und empfehlen uns

hochachtungsvoll

R. Frank & Söhne.

## 10.

**Jouets d'enfants.**
**Grand choix**
**de nouveautés.**
**Marque de fabrique:**
**R. F.**

Manufacture de jouets.
Roland frères.
17, rue des Beaux-Arts, 17.
PARIS.

**Téléphone 26—14.**
**Télégramme:**
**Rolandart. Paris.**

Monsieur André Michel à Pontoise Doit

les marchandises suivantes, expédiées à ses risques et périls, payables à Paris, à 30 jours fin de mois de livraison, sous escompte de 2 % et bonification de 5 %.

Toute réclamation, pour être prise en considération, devra nous parvenir dans les cinq jours de la réception de la livraison.

| Marques et numéros | Grosses | Douzaines | Pièces | PARIS le 17 décembre 19. . | | | Francs | Ces | Total | |
|---|---|---|---|---|---|---|---|---|---|---|
| *RF* | *10* | — | — | soldats No 110 . . . . . . à Fr. | *24* | — | *240* | — | *240* | — |
| | | | | emballage | | | | | 8 | — |
| | | | | port | | | | | 3 | 75 |
| | | | | | | | | | *251* | *75* |
| | | | | escompte 2% | | | 4 | 80 | | |
| | | | | bonification 5% | | | 12 | — | 16 | 08 |
| | | | | Valeur 31 janvier prochain. Fr. | | | | | 234 | 95 |

Nous avons l'honneur de vous remettre cidessus facture aux marchandises que vous avez bien voulu nous commander par v/lettre du 10 ct.

Veuillez faire verser le montant de Fr. 234.95 à la caisse de M. Henri Poirier de votre ville.

Dans l'attente de vos nouveaux ordres, nous vous présentons, Monsieur, nos salutations empressées.

p. pon Roland frères.
Crouzet.

**Les engagements pris par la maison et ses représentants deviennent nuls en cas de force majeure. — Sont considérés comme cas de force majeure et, comme tels, déchargent la maison de tous dommages et intérêts et de toutes responsabilités : les accidents de machines, l'incendie, les grèves totales ou partielles, pour quelque cause que ce soit. Le fait matériel seul de la cessation partielle ou totale du travail mettra MM. Roland frères à l'abri de tous recours.**

**11.**

Sonneberg, den 17. Dezember 19 . .

Vereinsbank, Hannover.

Herr Emil Sanders, dort, wird demnächst für unsere Rechnung bei Ihnen einen kleineren Betrag erlegen, den Sie gefl. mit der Reichsbankstelle Erfurt zu unseren Gunsten verrechnen wollen.

Hochachtungsvoll

R. Frank & Söhne.

**12.**

Hannover, den 28. Dezember 19 . .

Herren R. Frank & Söhne, Sonneberg.

Zum Ausgleich der mir am 17. Dezember a. c. gesandten Rechnung erlegte ich heute bei der hiesigen Vereinsbank:

| | |
|---|---|
| | ℳ 29,60 |
| die Sie zuzüglich 3 % Skonto | „ —,90 |
| mit | ℳ 30,50 |

zur Entlastung meines Kontos verwenden wollen.

Achtungsvoll

Emil Sanders.

**13.**

Vereinsbank, Hannover.

*No.* 116[A]

*Für* ℳ 29,60

*Hannover,* 28. Dezember 19 . .

*Wir beehren uns, Ihnen* doppelt *nur für einfach gültig anzuzeigen, daß uns heute von*

Herrn Emil Sanders, hier,

*im Auftrage und für Rechnung* } Ihre eigene

*Mark* Neunundzwanzig $^{60}/_{100}$

*erlegt wurden, welche wir Ihnen unter besonderer Aufgabe gutbringen.*

*Hochachtungsvoll*

Herren R. Frank & Söhne, Sonneberg.

*Vereinsbank.*

Wilk. Klein.

**11.**

Manufacture de jouets.
**Roland frères.**
17, rue des Beaux-Arts, 17.
**PARIS.**
Téléphone 26—14.
Télégrammes: Rolandart.

Paris, le 28 janvier 19..

Monsieur Henri Poirier, Pontoise.

Nous vous informons que M. André Michel de votre ville vous remettra pour nous:

Fr. 234.95.

Veuillez faire verser cette somme à la Succursale de la Banque de France à Versailles, au crédit de notre compte.

Agréez, Monsieur, nos salutations distinguées.

p. $p^{on}$ Roland frères.
Crouzet.

**12.**

Bazar Lafayette.
**ANDRÉ MICHEL.**
Pontoise.
(Seine et Oise.)

Pontoise, le 30 janvier 19..

Messieurs Roland frères, Paris.

Pour solde de votre facture du 17 décembre dernier, j'ai remis à M. Henri Poirier de cette ville, suivant vos instructions de même date:

Fr. 234.95

dont veuillez me créditer, sans autre avis.

Ci-joint vous trouverez le duplicata de la quittance.

Recevez, Messieurs, mes salutations empressées.

André Michel.

quittance.

**13.**

QUITTANCE.

Reçu de Monsieur André Michel, Pontoise,
d'ordre de / pour compte de } Messieurs Roland frères, Paris,
la somme de deux cent trentequatre francs 95 centimes
dont quittance double ne valant que pour une seule.

Pontoise, le 30 janvier 19.. Henri Poirier.

Fr. 234.95

**République française.**

*Pontoise, le 30 janvier 19 ..*

**HENRI POIRIER.**

10c
QUITTANCES.
Reçus et Décharges.

# Strickwaren.

14. Am 1. August 19.. bestätigt Alfred Krause, Riesa a/Elbe, der Chemnitzer Tricotagenfabrik, A.-G., Chemnitz i. S., den soeben telephonisch erteilten Auftrag auf eine Lieferung per September.

15. Am 2. August 19.. bestätigt die Chemnitzer Tricotagenfabrik, A.-G., Chemnitz i. S., diesen Auftrag.

16. Am 25. September 19.. meldet die Chemnitzer Tricotagenfabrik, A.-G., Chemnitz i. S. die Ausführung des Auftrags.

17. Am 25. September 19.. überreicht die Chemnitzer Tricotagenfabrik, A.-G., Chemnitz i. S. Alfred Krause, Riesa a/E., Faktur.

18. Am 26. September 19.. bitten Spediteure J. Schneider & Co., Chemnitz i. S., durch Postkarte, Alfred Krause, Riesa a/E., über die Ware zu verfügen.

19. Am 27. September 19.. ordnet Alfred Krause, Riesa a/E., an, ihm die Strickwaren zuzusenden.

20. Am 30. September 19.. meldet Alfred Krause, Riesa a/E., der Chemnitzer Tricotagenfabrik, A.-G., daß er den Fakturenbetrag bei der Reichsbank angewiesen habe.

21. Am 2. Oktober 19.. quittiert die Chemnitzer Tricotagenfabrik, A.-G., Chemnitz i. S., über den Empfang des Geldes.

## 14.

**Alfred Krause.**
**Telephon No. 13.**

Riesa a/E., den 1. August 19..

Chemnitzer Tricotagenfabrik, A.-G., Chemnitz.

Unter Bezugnahme auf die soeben gehabte telephonische Besprechung wiederhole ich hiermit den Ihnen erteilten Auftrag auf:

100 Dtzd. Strümpfe No. 246 à ℳ 3,—
150 „ „ „ 316 à „ 3,50

lieferbar per Ende September, gegen 30 Tage Ziel bei 2 % Skonto; Verpackung franko.

Die Sendung belieben Sie wie bisher zur Verfügung der Herren J. Schneider & Co., dort, zu halten, denen ich Versandauftrag erteilen werde.

Sorgfältigster Ausführung meines Auftrags, dessen umgehende Bestätigung ich mir erbitte, gewärtig, zeichne ich

hochachtungsvoll

Alfred Krause.

# Bonneterie.

14° Le 1er août 19.. Louis Lacroix, Langres (Haute Marne), confirme par lettre l'ordre téléphonique donné ce jour à Jean Martin père et fils, Troyes (Aube).

15° Le 2 août 19.. Jean Martin père et fils, Troyes, confirment l'ordre reçu à Louis Lacroix, Langres.

16° Le 25 septembre 19.. Jean Martin père et fils, Troyes, envoient à Louis Lacroix, Langres, le double du bulletin d'expédition.

17° Le 25 septembre 19.. Jean Martin père et fils, Troyes, remettent à Louis Lacroix, Langres, facture aux marchandises remises aux soins de Duboc frères, commissionnaires à Troyes.

18° Le 26 septembre 19.. Duboc frères, Troyes, invitent Louis Lacroix, Langres, par carte postale, à disposer de l'envoi.

19° Le 27 septembre 19.. Louis Lacroix, Langres, donne ordre à Duboc frères, Troyes, d'expédier la caisse.

20° Le 30 octobre 19.. Louis Lacroix, Langres, envoie un chèque sur le Crédit Lyonnais, Paris, en règlement de la facture à cet envoi.

21° Le 2 novembre 19.. Jean Martin père et fils, Troyes, accusent réception du chèque.

## 14.

**Ancne Mon Astier.**
**Louis Lacroix Succeur.**
**Bas et chaussettes**
**en laine, coton et fil.**
**Téléphone No 18.**

Langres, le 1er août 19..

Messieurs Jean Martin père et fils, Troyes.

Je vous confirme l'ordre que je viens de vous remettre par téléphone:

100 douzaines paires de chaussettes coton No 246 à Fr. 6.—
150 „ „ bas laine qual. supér. „ 316 à „ 20.—

livrables fin septembre prochain, règlement à 30 jours fin de mois de livraison, sous 2 % d'escompte.

Veuillez mettre la marchandise à la disposition de MM. Duboc frères de v/v, qui se chargeront de l'expédition.

Veillez tout particulièrement à la bonne exécution de cet ordre et veuillez m'en accuser réception par retour du courrier.

Je vous présente, Messieurs, mes salutations empressées.

Louis Lacroix.

## 15.

**Chemnitzer Tricotagenfabrik, A.-G.,**
**Chemnitz.**
Girokonto bei der Reichsbank.
Girokonto bei der Sächs. Bank.
Telegrammadresse: Tricotnolte.
Telephonanschluß No. 416.

Chemnitz, den 2. August 19..

Herrn Alfred Krause, Riesa a/E.

Hierdurch bestätigen wir Ihnen dankend den uns gestern erteilten Auftrag auf:

100 Dutzend Strümpfe No. 246 à ℳ 3,—
150 „ „ „ 316 à „ 3,50

per Ende September, gegen Kasse mit 2 % Skonto.

Wir werden die Bestellung sorgfältig ausführen und halten uns für ferneren Bedarf bestens empfohlen.

Hochachtungsvoll
Chemnitzer Tricotagenfabrik, A.-G.
Richard Nolte.

## 16.

### Mitteilung
von
**Chemnitzer Tricotagenfabrik, A.-G., Chemnitz.**

(*Kopierfähig.*) Chemnitz, den 25. September 19..

*An die Firma J. Schneider & Co., Chemnitz.*

Sie wollen abholen und wie nachstehend expedieren:

| *Marke* | *No.* | *Zahl* | *Kolli* | *Inhalt* | *Gewicht Kilo* | | *Empfänger* | *Bemerkungen wegen Art der Beförderung Assekuranz etc.* |
|---|---|---|---|---|---|---|---|---|
| | | | | | *Brutto* | *Netto* | | |
| A. N. | 5100 | 1 | Kiste | Strickwaren | 300,— | 270,— | A. Krause Riesa a/E. | p. Frachtgut ohne Assekuranz. |

Diese Kiste bitten wir zur Verfügung des Herrn Alfred Krause, Riesa a. E., zu halten.

Hochachtungsvoll
Chemnitzer Trikotagenfabrik, A.-G.
Richard Nolte.

## 15.

Manufacture de bonneterie.
**Jean Martin père et fils.**
**Maison de vente à Paris.**
15, rue Commines, 15.
Adresse télégraphique:
Jamartin, Troyes. Téléphone 4–16.

Troyes, le 2 août 19..

Monsieur Louis Lacroix, Langres.

Nous avons pris bonne note de votre commande d'hier:

100 douz. paires de chaussettes coton N° 246 à Fr. 6.—
150 „ „ de bas laine supér. „ 316 à „ 20.—

livrables fin septembre prochain, règlement à 30 jours, fin de mois de livraison, sous 2 % d'escompte.

Nous ferons tous nos efforts pour exécuter cette commande à votre entière satisfaction.

Dans l'attente de vos nouveaux ordres, nous vous présentons, Monsieur, nos sincères salutations.

p. p^on Jean Martin père et fils.
Florisson.

## 16.

**Maison Jean Martin, père et fils.**
Manufacture de bonneterie en tous genres.
**Marque de fabrique déposée:**
**J. M.**
**P. & F.**

Troyes, le 25 septembre 19..

Messieurs Duboc frères, commissionnaires expéditeurs, Troyes.

Veuillez tenir le colis ci-après à la disposition de M. Louis Lacroix, Langres, qui vous remettra les instructions nécessaires.

| Nos articles étant soigneusement emballés, nous ne sommes pas responsables des avaries de transport. | Marques et numéros | Nombre de colis | Nature de l'emballage | Poids | | Contenu |
|---|---|---|---|---|---|---|
| | **J. M.**<br>**4575** | 1 | caisse | 76 | 500 | bonneterie |

Recevez, Messieurs, nos sincères salutations.

p. p^on Jean Martin père et fils.
Florisson.

## 17.

**Chemnitzer Tricotagenfabrik, A.-G., Chemnitz.**

Chemnitz, den 25. September 19 .

Rechnung

für Herrn Alfred Krause, Riesa a/E.
von Chemnitzer Tricotagenfabrik, A.-G.

| | | M | ₰ | M | ₰ |
|---|---|---|---|---|---|
| Gerichtsstand Chemnitz. | Wir sandten Ihnen für Ihre werte Rechnung und Gefahr durch J. Schneider & Co., hier: | | | | |
| Str.-Fol. 17. Komm.-No. 196. | 100 Dtzd. Strümpfe No. 246 à | 3 | — | 300 | — |
| | 150 „ do. „ 316 „ | 3 | 50 | 525 | — |
| | Ziel 30 Tage. 2% Skonto. | | | 825 | — |

Den uns am 1. August d. J. gütigst erteilten Auftrag haben wir bestens ausgeführt und die Ware aufgabegemäß zur Verfügung der Speditionsfirma J. Schneider & Co. hier gestellt.

Wir bitten, uns den obenstehenden Rechnungsbetrag von

M. 825.—

gefl. gutbringen zu wollen und uns auch fernerhin mit Ihren geschätzten Aufträgen zu beehren.

Hochachtungsvoll

Chemnitzer Tricotagenfabrik A.-G.
Richard Nolte.

Alle unsere Waren reisen ab Abgangsstation auf Gefahr des Empfängers.
Reklamationen haben innerhalb 8 Tagen zu erfolgen, andernfalls lehnen wir jede Verbindlichkeit ab.

## 18. (Postkarte.)

*J. Schneider & Co., Chemnitz.*

*ersuchen um Verfügung über:*

1 Kiste Strickwaren
von Sendung der Chemnitzer Tricotagenfabrik, A.-G.

*Chemnitz i. S.,* 26./9. 19 . .

*Hochachtungsvoll*

*J. Schneider & Co.*

## 17.

**Manufacture de bonneterie en tous genres.**
**Bas et chaussettes écrus et couleur.**
**Tricots irrétrécissables.**

**Jean Martin père et fils.**
**Maison de vente à Paris**
**15, rue Commines, 15.**

**Gilets, pantalons, camisoles, jupons.**
**Tricotage mécanique.**

Monsieur Louis Lacroix, Langres, Doi[t]

les articles ciaprès, livrés et payables à Troyes, remis ce jour à MM. Duboc frères, en ville, pour être expédiés, par petite vitesse, en gare de Langres (H[te] Marne).
En cas de retard de paiement, l'intérêt légal sera dû.

Nos articles étant soigneusement emballés, nous ne sommes pas responsables des avaries de transport. Aucune réclamation ne sera admise après 15 jours, comptés à partir de la date de la facture.

| Nos | Quantité | TROYES le 25 septembre 19 . . | Francs la douz. | Francs | Ces | Total | |
|---|---|---|---|---|---|---|---|
| | | 1 Caisse bonneterie: | | | | | |
| 100 | douz. | chaussettes coton No 246 . . Fr. | 6 | 600 | — | | |
| 150 | „ | bas laine supér. No 316 . . „ | 20 | 3000 | — | 3600 | — |
| | | Valeur en votre règlement au 31 8[bre] prochain. | | | | | |

Suivant vos instructions du 1[er] août dernier, nous avons remis à MM. Duboc frères de n/v., les articles indiqués dans la facture cidessus s'élevant à:

Fr. 3600.—

Dans l'espoir que vous serez satisfait de cet envoi et voudrez bien nous réserver vos prochains ordres, nous vous présentons, Monsieur, nos civilités empressées.

p. p[on] Jean Martin père et fils.
Florisson.

## 18. (Carte postale.)

**Duboc frères, Commission et camionnage, Troyes.**
**Correspondants de la C[ie] P. L. M.**

Troyes, le 26 septembre 19 . .

Monsieur Lacroix, Langres.

MM. Jean Martin père et fils de n/v. ont fait remettre, dans nos entrepôts:

J. M., No 4575, une caisse articles de bonneterie
Poids brut 76 k [500] Net 71 k[os].

Veuillez nous donner les instructions nécessaires à l'expédition et agréer, Monsieur, nos salutations empressées.

Duboc frères.

**19.** (Postkarte.)

**Alfred Krause.**
**Telephon No. 13.**

Riesa a/E., den 27. September 19..

Speditionsfirma J. Schneider & Co., Chemnitz.

Die Ihnen von der Chemnitzer Tricotagenfabrik, A.-G., für mich übergebene Kiste wollen Sie als Frachtgut an meine Adresse hier abfertigen.

Achtungsvoll

Alfred Krause.

**20.**

**Alfred Krause.**
**Telephon No. 13.**

Riesa a/E., den 30. September 19..

Chemnitzer Tricotagenfabrik, A.-G., Chemnitz.

Durch Reichsbankgirokonto überwies ich Ihnen heute:

| | | |
|---|---|---|
| | ℳ 808,50, | die Sie zuzüglich |
| 2 % Skonto | „ 16,50 | |
| | ℳ 825,— | |

zum Ausgleich Ihrer Rechnung vom 25. d. M. verwenden wollen.
Ich bitte, mir den Empfang zu bestätigen.

Hochachtungsvoll

Alfred Krause.

**19.** (Carte postale.)

Langres, le 27 septembre 19..

Messieurs Duboc frères, Troyes.

Veuillez expédier à mon adresse, en gare de Langres, par petite vitesse, les colis que MM. Jean Martin père et fils vous ont remis pour moi.

Recevez, Messieurs, mes sincères salutations.

Louis Lacroix.

**20.**

**Ancne Mon Astier.**
**Louis Lacroix Succeur.**
**Bas et chaussettes**
**en laine, coton et fil.**
**Téléphone No 13.**

Langres, le 30 octobre 19..

Messieurs Jean Martin père et fils, Troyes (Aube).

En règlement de votre facture du 25 7bre dernier, dont vous trouverez ci dessous le résumé, je vous remets, sous ce pli:

Fr. 3528.— en un chèque No 2275

sur le Crédit Lyonnais, Paris.

Veuillez en créditer mon compte, pour solde à ce jour.

Agréez, Messieurs, mes civilités empressées.

Louis Lacroix.

| | | |
|---|---|---|
| Votre facture du 25 7bre dernier Fr. | 3600 | |
| escompte 2% | 72 | |
| Fr. | 3528 | |

## 21.

**Chemnitzer Tricotagenfabrik, A.-G.,**
**Chemnitz.**
**Girokonto bei der Reichsbank.**
**Girokonto bei der Sächs. Bank.**
**Telegrammadresse: Tricotnolte.**
**Telephonanschluß No. 416.**

Chemnitz, den 2. Oktober 19 . .

Herrn Alfred Krause, Riesa a/E.

Wir empfingen Ihr Geehrtes vom 30. September a. c. und haben den uns durch Reichsbank überwiesenen Betrag von:

| | |
|---|---|
| | ℳ 808,50 |
| zuzüglich 2 % Diskonto | „ 16,50 |
| | ℳ 825,— |

zum Ausgleich unserer Faktur vom 25. September d. J. verwendet.

Ihren weiteren Aufträgen gern entgegensehend, zeichnen wir

hochachtungsvoll

Chemnitzer Tricotagenfabrik, A.-G.
Richard Nolte.

## 21.

**Manufacture de bonneterie.**
**Jean Martin père et fils.**
**Maison de vente à Paris.**
**15, rue Commines, 15.**
**Adresse télégraphique:**
**Jarmatin, Troyes. Téléphone 4—16.**

Troyes, le 31 octobre 19..

Monsieur Louis Lacroix, Langres.

Nous possédons votre honorée d'hier dont nous avons retiré:

chèque 2275, Fr. 3528.

Ce montant a été porté à votre crédit, suivant détail ci-dessous.

Dans l'attente d'ordres ultérieurs, nous vous présentons, Monsieur, nos salutations empressées.

p. p$^{on}$ Jean Martin père et fils.
Florisson.

| | | |
|---|---|---|
| Notre facture du 25 7$^{bre}$ | Fr. | 3600.— |
| escompte 2% | „ | 72.— |
| | Fr. | 3528.— |

**République française.**
*Troyes, le 31 octobre 19 ..*
**JEAN MARTIN père et fils.**
10$^{c}$
**QUITTANCES.**
**Reçus et Décharges.**

# Papier.

22. Am 3. November 19 . . fragt Max Arnold, Dresden, bei A. Berger & Co., Chemnitz, an, zu welchem Preis und bis wann sie einen Posten Briefpapier nach Probe liefern können.

23. Am 4. November 19 . . erklären sich A. Berger & Co., Chemnitz, bereit, die Lieferung in ca. 4 Wochen zu bewerkstelligen, und überreichen verschiedene Muster unter Angabe der Lieferungsbedingungen.

24. Am 10. November 19 . . fragen A. Berger & Co., Chemnitz, die auf Ihre Offerte vom 4./11. keine Antwort erhalten haben, an, ob ihnen die Lieferung übertragen wird.

25. Am 11. November 19 . . erwidert Max Arnold, Dresden, daß ihm der geforderte Preis zu hoch ist.

26. Am 12. November 19 . . erklären sich A. Berger & Co., Chemnitz, zu einer Preisherabminderung bereit, um den Auftrag zu erhalten.

27. Am 13. November 19 . . macht M. Arnold, Dresden, telegraphisch Gegenofferte, er verlangt Drahtantwort. Nach Eingang der letzteren erteilt M. Arnold am gleichen Tage seinen Auftrag und gibt Vorschriften über Ablieferung und Zusendung.

28. Am 13. November 19 . . übersenden Berger & Co., Chemnitz, Kommissionskopie und verlangen Vergütung des durch die Eilgutsendung entstehenden Mehrbetrags an Fracht.

29. Am 23. November 19 . . zeigen A. Berger & Co., Chemnitz, den Versand der Eilgutsendung an.

30. Am 14. Dezember 19 . . überreichen Berger & Co., Chemnitz, Faktur und Brief mit der Bitte um Gutschrift.

31. Am 10. Januar 19 . . überweist M. Arnold, Dresden, den Fakturenbetrag abzüglich 2% Skonto durch Reichsbankgiro.

32. Am 13. Januar 19 . . bekennen sich Berger & Co., Chemnitz, zum Empfange des Geldes.

## 22.

**Max Arnold, Dresden.**
**Telephon No. 346.**

Dresden, den 3. November 19 . .

Herren Albert Berger & Co., Chemnitz i. S.

Unter Bezugnahme auf die mir kürzlich übersandte Preisliste frage ich hiermit an, zu welchem äußersten Preis Sie mir ein Postpapier liefern würden, welches dem anliegenden Muster in Satinage, Färbung und Gewicht möglichst nahe kommt, und welche Lieferzeit Sie hierfür beanspruchen.

Format 46 × 59, Gewicht ca. 18 kg per ‰ Bg., mit Wasserzeichen, bei Abnahme von ca. 1200 kg.

Muster

Hochachtungsvoll

Max Arnold.

# Papier.

22° Le 3 novembre 19.. Max Roger, Bordeaux, 23, rue de Condé, envoie à Dunois et Cie, Angoulême (Charente), un échantillon de papier à lettres avec prière de lui faire leurs conditions de livraison.

23° Le 4 novembre 19.. Dunois et Cie, Angoulême, envoient à Max Roger, Bordeaux, différents échantillons de même genre, avec indication des prix et conditions de livraison.

24° Le 10 novembre 19.. Dunois et Cie, Angoulême, n'ayant pas reçu de réponse à leur offre du 10 courant, demandent à Max Roger, Bordeaux, s'ils peuvent compter sur une commande.

25° Le 11 novembre 19.. Max Roger, Bordeaux, leur répond qu'il trouve les prix trop élevés.

26° Le 12 novembre 19.. Dunois et Cie, Angoulême, pour remporter l'ordre, consentent à réduire leurs prix.

27° Le 13 novembre 19.. Max Roger, Bordeaux, télégraphie à Dunois et Cie, Angoulême, le prix qu'il accordera; il exige réponse télégraphique. — Au reçu de l'acquiescement, Max Roger, Bordeaux, commande en stipulant les conditions de livraison.

28° Le 14 novembre 19.. Dunois et Cie, Angoulême, confirment à Max Roger, Bordeaux, le contenu de sa commande par duplicata. Ils demandent le remboursement du surplus des frais de transport nécessité par l'expédition en grande vitesse d'une partie de la commande.

29° Le 23 novembre 19.. Dunois et Cie, Angoulême, donnent avis de leur envoi en grande vitesse de même date.

30° Le 14 décembre 19.. Dunois et Cie, Angoulême, expédient à Max Roger, Bordeaux, le restant de sa commande et lui remettent facture à leurs envois du 23/11 et 14/12, avec prière de les créditer du montant.

31° Le 10 janvier 19.. Max Roger, Bordeaux, adresse à Dunois et Cie, Angoulême, le règlement de leur facture, sous déduction de l'escompte.

32° Le 13 janvier 19.. Dunois et Cie, Angoulême, accusent réception du règlement.

## 22.

**MAX ROGER.**
**23, rue de Condé, 23.**
**Papiers en tous genres.**
**Téléphone 346.**

Bordeaux, le 3 novembre 19..

Messieurs Dunois et Cie, Angoulême.

J'ai reçu, il y a quelque temps, le prix courant que vous m'avez adressé sous bande.

Veuillez me dire quel serait votre dernier prix pour papier à lettres conforme en satinage et couleur à l'échantillon joint à la présente et combien de temps il vous faudrait pour la livraison. Format: 21 × 31, avec empreinte. Il s'agit d'une commande de 1000 rames.

J'attends votre réponse par retour du courrier.

Agréez, Messieurs, mes salutations empressées.

Max Roger.

1 échantillon

## 23.

**A. Berger & Co.**
**Telegr.-Adr. Bergerold.**
**Fernsprechanschlufs No. 146.**

Chemnitz i. S., den 4. November 19..

Herrn Max Arnold, Dresden.

Für die uns mit Ihrem geehrten Gestrigen übermittelte Anfrage verbindlichst dankend, übersenden wir Ihnen beigeschlossen einige Muster, die der uns übersandten Papierprobe entsprechen.

Bei Entnahme von mindestens 60 000 Bogen berechnen wir Ihnen, frei Haus, Ziel 3 Monate, bar 2 % Skonto:

| | | | | | | |
|---|---|---|---|---|---|---|
| No. 6313 f. | weiß Velin Post, | 46 × 59 | ‰ Bg. | 16 | kg | ℳ 22,— |
| „ 6317 ff. | „ „ „ | do. | „ | 17/18 | „ | „ 23,50 |
| „ 6320 spf. | „ „ „ | do. | „ | 15 | „ | „ 25,— |

Lieferzeit ca. 4 Wochen.

Es würde uns freuen, Ihren geschätzten Auftrag zu erhalten, und zeichnen wir in dessen Erwartung

hochachtungsvoll

A. Berger & Co.

3 Muster

## 24.

**A. Berger & Co.**
**Telegr.-Adr. Bergerold.**
**Fernsprechanschlufs No. 146.**

Chemnitz i. S., den 10. November 19..

Herrn Max Arnold, Dresden.

Wir .beziehen uns auf unser Ergebenes vom 4. d. M. und bitten Sie uns gefl. mitzuteilen, ob Sie geneigt sind, von unserem Angebot Gebrauch zu machen.

In den nächsten Tagen gehen wir an die Anfertigung neuer Marken und müssen infolge zahlreich einlaufender Bestellungen genau disponieren, um die Lieferfristen einzuhalten.

Gefl. umgehender Erledigung unserer Anfrage gern gewärtig, zeichnen wir

hochachtungsvoll

A. Berger & Co.

## 23.

**Manufacture de papiers**
**et cartons de luxe.**
**Dunois et Cie.**
**Téléphone 146.**
**Adresse télégraphique:**
**Dunoisier.**

Angoulême, le 4 novembre 19..

Monsieur Max Roger, 23, rue de Condé, Bordeaux.

En réponse à votre lettre d'hier, nous nous empressons de vous remettre, sous ce pli, quelques échantillons de papier très semblable à celui que vous nous demandez.

En cas de commande de 1000 rames au moins, nous vous ferons les prix ci dessous, franco domicile, payables dans Angoulême, à 90 jours, sans escompte ou au comptant, escompte 2 %.

| | | | | | |
|---|---|---|---|---|---|
| No 6313 | pur chiffon satiné et filigrané, | 21 × 35, | Fr. 3.75 | la rame |
| „ 6317 | „ „ „ „ „ | do. | „ 4.— | „ „ |
| „ 6320 | „ „ avec réglure et filigranage, | do. | „ 4.15 | „ „ |

Délai de livraison: un mois.

Dans l'attente de vos ordres qui auront tous nos soins, nous vous prions d'agréer, Monsieur, nos sincères salutations.

Dunois et Cie.

3 échantillons

## 24.

**Manufacture de papiers**
**et cartons de luxe.**
**Dunois et Cie.**
**Téléphone 146.**
**Adresse télégraphique:**
**Dunoisier.**

Angoulême, le 10 novembre 19..

Monsieur Max Roger, 23, rue de Condé, Bordeaux.

Nous nous référons à notre lettre du 4 courant.

Nous vous serions très obligés de nous faire savoir si notre offre de même date est à votre convenance.

Nous allons commencer prochainement la fabrication de nouvelles marques. L'affluence des commandes ne nous permet pas de livrer aussi promptement que nous le désirions. Nous vous prions donc de bien vouloir nous répondre dans le plus bref délai possible, afin que vous ne soyez pas pris au dépourvu.

Recevez, Monsieur, nos salutations empressées.

Dunois et Cie.

## 25.

**Max Arnold, Dresden.**
**Telephon No. 346.**

Dresden, den 11. November 19..

Herren A. Berger & Co., Chemnitz i. S.

Im Besitz Ihrer gefl. Offerte vom 4. d. M. und in Erledigung Ihrer gestrigen Anfrage teile ich Ihnen ergebenst mit, daß mir die Qualität des unter No. 6317 bemusterten Papiers passen würde, wenn mir der Preis nicht zu hoch wäre.

Bisher habe ich bei Entnahme so bedeutender Posten nie mehr als ca. 20 ℳ per ‰ Bg., frei Haus, bei 6 Monat Ziel bezahlt; ich kann meiner Kundschaft eine Preissteigerung von ca. 17 % nicht zumuten.

Hochachtungsvoll
Max Arnold.

## 26.

**A. Berger & Co.**
**Telegr.-Adr. Bergerold.**
**Fernsprechanschlufs No. 146.**

Chemnitz i. S., den 12. November 19..

Herrn Max Arnold, Dresden.

Soeben erhalten wir Ihr geehrtes Gestriges und erlauben uns ganz ergebenst darauf hinzuweisen, daß es unter den jetzigen Umständen ganz unmöglich ist, die früheren Notierungen einzuhalten oder zum Vergleich heranzuziehen.

Es wird Ihrer Aufmerksamkeit nicht entgangen sein, daß sowohl die zur Papiererzeugung erforderlichen Rohstoffe als auch die zur Herstellung nötigen Kohlen und die den Arbeitern gewährten Löhne eine gewaltige Erhöhung, bis zu 35 %, erfahren haben.

Angesichts dieser Preissteigerung haben sich sämtliche Papierfabriken von Bedeutung dahin geeinigt, für ihre Erzeugnisse einen Preisaufschlag von mindestens 15 % eintreten zu lassen, um die Mehrausgaben für Material und Arbeitslöhne einigermaßen zu decken.

Es ist sehr zweifelhaft, ob die Preissteigerung damit zum Stillstand gekommen ist; jedenfalls haben wir bei unserer Offerte den oben angeführten Tatsachen nur sehr bescheiden Rechnung getragen.

Da wir jedoch großen Wert darauf legen, mit Ihrem geschätzten Hause in Verbindung zu treten, so ermäßigen wir hiermit unsere Offerte:

No. 6317 ff. Post von M. 23,50 auf M. 22,50 per 1000 Bg.;

die übrigen Lieferungsbedingungen bleiben unverändert.

Wir hoffen, uns durch dieses Entgegenkommen Ihren Auftrag gesichert zu haben, auf dessen gewissenhafte und schnelle Ausführung Sie rechnen dürfen.

Hochachtungsvoll
A. Berger & Co.

## 25.

**Max Roger.**
23, rue de Condé, 23.
Papiers en tous genres.
Téléphone 346.

Bordeaux, le 11 novembre 19..

Messieurs Dunois et $C^{ie}$, Angoulême.

J'ai bien reçu votre offre du 4 $c^t$ et votre lettre d'hier. La marque 6317 me conviendrait si le prix n'en était pas trop élevé.

Jusqu'ici, je n'ai jamais payé plus de Fr. 3.50, franco domicile, à 6 mois; jamais ma clientèle ne consentirait à une augmentation de 13 %.

Je regrette de vous avoir dérangés inutilement et vous prie d'agréer, Messieurs, mes civilités empressées. Max Roger.

## 26.

Manufacture de papiers
et cartons de luxe.
**Dunois et $C^{ie}$.**
Téléphone 146.
Adresse télégraphique:
Dunoisier.

Angoulême, le 12 $9^{bre}$ 19..

Monsieur Max Roger, 23, rue de Condé, Bordeaux.

Nous possédons votre lettre d'hier.

Permettez-nous de vous faire remarquer que, vu la situation du marché, il nous est absolument impossible de maintenir les anciens prix.

Vous n'ignorez pas que les prix des matières premières ont augmenté d'une façon considérable. En outre, le charbon et la main d'œuvre ont subi une hausse allant jusqu'à 35 pour cent. Aussi, toutes les papeteries se sont-elles vues obligées d'augmenter les prix de vente de leurs articles pour les mettre tant soit peu d'accord avec les prix de revient.

Il est peu probable que la hausse en reste là; ce que nous pouvons assurer en bonne conscience c'est que la hausse de nos prix de vente ne correspond pas, même de loin, à l'augmentation de nos frais.

Mais comme nous tenons beaucoup à entrer en relations avec votre honorable maison, nous vous coterons:

N° 6317, pur chiffon satiné et filigrané, $21 \times 35$, Fr. 3.80 la rame,

les autres conditions restant les mêmes.

Nous espérons que cette réduction, qui ne nous laisse presque plus de bénéfice, vous engagera à nous accorder la préférence des vos ordres.

Nous les exécuterons avec ponctualité et de manière à vous donner entière satisfaction.

Agréez, Messieurs, nos sincères salutations. Dunois et $C^{ie}$.

## 27.

**Max Arnold, Dresden.**
**Telephon No. 346.**

Dresden, den 13. November 19..

Herren A. Berger & Co., Chemnitz i. S.

In Beantwortung Ihres geehrten Heutigen telegraphierte ich Ihnen:
„Offerte erhalten, Gegenofferte Zwanzig Zwei, Drahtantwort."
Soeben erhalte ich Ihre Depesche:

„Akzeptieren Gegenofferte".

Indem ich Ihnen für Ihr Entgegenkommen verbindlichst danke, bitte ich nunmehr, für mich in Nota zu nehmen:

ca. 1200 kg # 6317 Velin Post, 46 × 59 cm, ‰ Bogen = 18 kg
à ℳ 22,— per 1000 Bogen,

frei Haus, 3 Monate Ziel oder 2 % Skonto.

Aus Ihrem Schreiben vom 10. d. M. entnehme ich, daß Sie mit der Herstellung sofort beginnen können.

Ich bitte, mir ca. 20 000 Bogen sofort nach Fertigstellung per Eilgut, den Rest per Frachtgut zugehen zu lassen.

Gefl. Auftragsbestätigung gern entgegensehend

hochachtungsvoll
Max Arnold.

## 28.

*Auftragsbestätigung*

*von A. Berger & Co., Chemnitz i. S., an Herrn* Max Arnold, Dresden.

*Chemnitz i. S., den* 13. November 19..

| *Lager No.* | *Menge* | *Benennung* | *Format in cm* | *Gewicht in kg f. 1000 Bg.* | *Preis f. 1000 Bg.* | *Wasserzeichen* | *Lieferzeit und Bedingungen* |
|---|---|---|---|---|---|---|---|
| 6317 | ca. 1200 kg | ff. weiß Velin Post | 46 × 59 flachliegend | 17—18 kg per 1000 Bg. | ℳ 22 | M. A. | sofort nach Fertigstellung, frei Haus |

Für vorstehenden Auftrag verbindlichst dankend, bemerkten wir uns, daß Sie die ersten 20 000 Bogen als Eilgutsendung zu erhalten wünschen.

Wir werden unsern Spediteur, Herrn F. Lehmann, dort, veranlassen, Ihnen die Frachtdifferenz in Rechnung zu stellen, vorausgesetzt daß Sie diesem Vorschlag zustimmen.

Hochachtungsvoll
A. Berger & Co.

## 27.

**MAX ROGER.**
**28, rue de Condé, 28.**
**Papiers en tous genres.**
**Téléphone 346.**

Bordeaux, le 13 $9^{bre}$ 19..

Messieurs Dunois et $C^{ie}$, Angoulême.

En réponse à votre lettre d'hier, je vous confirme mon télégramme de ce matin:

«Offre trois soixante quinze par rame; télégraphiez».

A l'instant même, je reçois votre dépêche:

«Acceptons votre proposition».

Conformément à cette stipulation, je vous prie de m'envoyer:

1000 rames papier à lettres, pur chiffon, satiné,
N° 6317, 21 × 35, avec filigranage M A, Fr. 3.75 la rame

franco domicile; au comptant, 2 % d'escompte.

Dans votre lettre du 10 $c^t$ vous me disiez que la fabrication commencerait incessamment. Veuillez m'adresser 300 rames au plus tôt, par grande vitesse; vous ferez suivre le restant par petite vitesse.

En attendant la confirmation de ma commande, je vous présente, Messieurs, mes civilités empressées.

Max Roger.

## 28.

(Double de commission).

**Con No 25789.**
**Dunois et $C^{ie}$.**
**Adresse télégraphique:**
**Dunoisier.**

Angoulême, le 14 $9^{bre}$ 19..

Commis par Monsieur Max Roger, Bordeaux.

Livrable tout de suite; payable au comptant, sous escompte de 2 %.

| No | Quantité: | Qualité: | Format: | Prix par rame: | Filigranage | Observations. |
|---|---|---|---|---|---|---|
| 6317 | 1000 rames | pur chiffon | 21 × 35 | Fr. 3.75 | M A | franco domicile |

Nous avons pris note que les 300 premières rames doivent vous être expédiées par grande vitesse.

Nous vous ferons les envois par l'entremise de M. P. Thérion, de votre ville, qui vous débitera du surplus des frais résultant de l'envoi par grande vitesse.

Nous vous supposons d'accord avec nous à ce sujet et vous prions d'agréer, Monsieur, nos salutations empressées.

Dunois et $C^{ie}$.

## 29.

*Mitteilung*

| *von* | *an* |
|---|---|
| *A. Berger & Co., Chemnitz i. S.* | *Herrn* Max Arnold, Dresden. |

Durch Herrn F. Lehmann, dort, ließen wir soeben als Eilgut:

M. A. 1220/1221 2 Kisten Postpapier

an Sie abgehen.

Faktura folgt nach Erledigung des ganzen Auftrags. Inzwischen empfehlen wir uns

Chemnitz i. S.,
den 23. November 19..

hochachtungsvoll
A. Berger & Co.

## 30.

**A. Berger & Co.**
**Telegr.-Adr. Bergerold.**
**Fernsprechanschlufs No. 146.**

*Chemnitz i. S., den* 14. Dezember 19..

*Herrn* Max Arnold, Dresden.

*Wir beehren uns, Ihnen umstehend Rechnung über unsere Sendungen vom 23. XI. und vom 14. XII. zu überreichen.*

*Den Betrag derselben:*

*M* 1343,40,

*bitten wir uns gefl. gutzuschreiben und sehen Ihren weiteren Aufträgen gern entgegen.*

*Hochachtungsvoll*

A. Berger & Co.

## 29.

MEMORANDUM.

| Dunois et Cie. Manufacture de papiers et cartons de luxe. Téléphone: 346. | Monsieur Max Roger, Bordeaux. Angoulême, le 23 novembre 19 . . |
|---|---|

Adresse télégraphique: Dunoisier Angoulême.

Expédié ce jour, en grande vitesse, par l'entremise de M. P. Thérion, Bordeaux:

300 rames papier à lettres.

Nous vous remettrons facture à cet envoi aussitôt que nous vous aurons expédié le restant de votre commande du 13 courant.

Recevez, Monsieur, nos salutations empressées.

Dunois et Cie.

## 30.

Manufacture de papiers
et cartons de luxe.
**Dunois et Cie.**
Téléphone 146.
Adresse télégraphique:
Dunoisier.

Angoulême, le 14 décembre 19 . .

Monsieur Max Roger, 23, rue de Condé, Bordeaux.

Conformément à votre ordre du 13 novembre dernier, nous vous avons expédié, par l'entremise de M. P. Thérion de v/v, franco domicile, les marchandises ci-après dont veuillez trouver ci contre facture s'élevant à:

Fr. 3798.—, à notre crédit.

Dans l'espoir que vous voudrez bien nous réserver vos prochains ordres, nous vous présentons, Monsieur, nos civilités empressées.

Dunois et Cie.

*Chemnitz i. S., den* 14. Dezember 19..

*Rechnung*

*für Herrn* Max Arnold, Dresden,

*von A. Berger & Co., Chemnitz i. S.*

*Zahlbar: Ziel 3 Monate oder mit 2% Skonto gegen bar.*

| Bogen | *No.* | | | |
|---|---|---|---|---|
| 60 000 | 6317 | Sandten per Eilgut 2 Kisten M. A. 1220/1221 | | |
| | „ | „ „ Frachtgut 4 „ G. K. 377—380 | | |
| | | ff. weiß Velin Post, 46 × 59 cm, 18 kg per 1000 Bg. | | |
| | | à ℳ 22,— | 1320 | 00 |
| | | Verpackung | 23 | 40 |
| | | ℳ | 1343 | 40 |

## 31.

**Max Arnold, Dresden.**
**Telephon No. 346.**

Dresden, den 10. Januar 19..

Herren A. Berger & Co., Chemnitz i. S.

Durch die Reichsbank überweise ich Ihnen heute:

ℳ 1316,50, welche Sie
zuzüglich „ 26,90 2% Skonto von ℳ 1343,40

zur Begleichung Ihrer Rechnung vom 14. v. M. verwenden wollen.

Hochachtungsvoll

Max Arnold.

Manufacture de papiers et cartons de luxe.
Dunois et C$^{ie}$.

Monsieur **Max** Roger, Bordeaux, Doi$^{t}$

les articles ci-après détaillés, payables à 90 jours, sans escompte, ou au comptant 2% d'escompte.

ANGOULÊME
le 14 décembre 19 . .

L'acheteur est prié de vérifier immédiatement la marchandise, la maison n'acceptant d'autre responsabilité que de reprendre purement et simplement les marchandises reconnues défectueuses ou non-conformes.

| Nos | Quantité: | | Prix | Montant | |
|---|---|---|---|---|---|
| 6317 | 1000 rames | papier à lettres, 21 × 35, pur chiffon, satiné et filigrané . . . . . Fr. | 3.75 | 3750 | — |
| | | emballage „ | | 48 | — |
| | | Fr. | | 3798 | — |

## 31.

**MAX ROGER.**
**23, rue de Condé, 23.**
**Papiers en tous genres.**
**Téléphone 346.**

Bordeaux, le 10 janvier 19 . .

Messieurs Dunois et C$^{ie}$, Angoulême.

En règlement de votre facture du 14 décembre dernier, dont vous trouverez cidessous le résumé, je vous remets, sous ce pli:

Fr. 3722, chèque N° 264, s/la Banque de France.

Veuillez m'en accuser réception et passer écriture conforme.

Agréez, Messieurs, mes salutations empressées.

Max Roger.

| | | | | | |
|---|---|---|---|---|---|
| Facture du 14 décembre dernier . . . . . . Fr. | 3798 | — | | | |
| escompte 2 % „ | 76 | — | | | |
| Fr. | | | | 3722 | — |

Pièce annexée;
1 chèque

## 32.

**A. Berger & Co.**
**Telegr.-Adr. Bergerold.**
**Fernsprechanschlufs No. 146.**

Chemnitz i. S., den 13. Januar 19..

Herrn Max Arnold, Dresden.

Sie überwiesen uns durch Reichsbank:

| | | |
|---|---|---|
| | ℳ 1316,50, | die wir unter |
| Zuschlag von | „ 26,90 | 2 % Skonto |
| | ℳ 1343,40 | dankend zum Ausgleich unserer |

Rechnung vom 14. v. M. verwendeten.

Ihnen unsere weiteren Dienste bestens gewidmet haltend, zeichnen wir

hochachtungsvoll

A. Berger & Co.

## 32.

**Manufacture de papiers et cartons de luxe.**
**Dunois et Cie.**
**Téléphone 146.**
**Adresse télégraphique: Dunoisier.**

Angoulême, le 13 janvier 19..

Monsieur Max Roger, 23, rue de Condé, Bordeaux.

Nous avons l'honneur de vous accuser réception de votre lettre du 10 courant, renfermant:

Fr. 3722.—, chèque N° 264, sur la Banque de France
„ 76.—, 2% d'escompte
Fr. 3798.— dont nous vous avons crédité

pour solde de notre facture du 14 décembre dernier.

Dans l'attente de vos nouveaux ordres, nous vous prions d'agréer, Monsieur, nos salutations empressées.

Dunois et Cie.

**République française.**
*Angoulême, le 13 janv.*
*19..*
**DUNOIS et Cie.**
**10c**
**QUITTANCES.**
**Reçus et Décharges.**

# Wein.

**33. Ende September 19.. verständigt Robert Wenk, Weingutsbesitzer in Mainz, seine Kundschaft durch Rundschreiben über die Ernteaussichten und bietet seine Weine an.**

**34. Am 15. Oktober 19.. sendet Robert Wenk, Mainz, an Bloch & Kramer, Bremen, Weinproben und Probenverzeichnis.**

**35. Am 20. Oktober 19.. bitten Bloch & Kramer, Bremen, um eine zweite Probesendung.**

**36. Am 22. Oktober 19.. schickt Robert Wenk, Mainz, die gewünschten Proben und bittet um baldige Bestellung.**

**37. Am 28. Oktober 19.. bestellen Bloch & Kramer, Bremen, 60 Hektoliter Wein nach Probe, unter Angabe der Lieferungs- und Zahlungsbedingungen.**

**38. Am 3. November 19.. übersendet Robert Wenk, Mainz, Rechnung über den bestellten Wein und bittet, den Betrag auf sein Reichsbank Giro-Konto zu überweisen.**

**39. Am 3. Dezember 19.. senden Bloch & Kramer, Bremen, Scheck auf die Bremer Bank; sie erklären, warum sie diesen Zahlungsmodus vorziehen.**

**40. Am 5. Dezember 19.. quittiert Robert Wenk, Mainz, über den Empfang des Geldes und bittet um fernere Aufträge.**

## 33.

**Robert Wenk.**
**Weingutsbesitzer,**
**Weingroſshandlung.**
**Reichsbank-Giro-Konto.**

Mainz, Ende September 19..

P. P.

Die diesjährige Weinernte verspricht einen nach Menge und Güte zufriedenstellenden Ertrag. — Die Trauben haben sich infolge des warmen, trockenen Wetters der letzten Wochen kräftig entwickelt, so daß auch die billigen und mittleren Preislagen blumig und mild ausfallen dürften.

Die Frühjahrsfröste haben bei dem gesunden Stand unserer Weinberge wenig, und in geschützten Lagen nur ganz vereinzelt geschadet. Auch der Menge nach steht deshalb eine gute Durchschnittsernte zu erwarten. Zur Versendung gelangen von jetzt ab die umstehend verzeichneten Tafelweine.

Ich bin überzeugt, daß sie zu Ihrer vollen Zufriedenheit ausfallen werden; besonders die besseren Marken haben mir bereits zahlreiche anerkennende Äußerungen eingebracht.

Proben stehen auf Wunsch unentgeltlich und portofrei gern zu Diensten.

Ihren gefl. Aufträgen entgegensehend, empfehle ich mich Ihnen

hochachtungsvoll

Robert Wenk.

# Vins.

33o Le 20 septembre 19.. M. Léon Rey, propriétaire de vignobles à Tournus (Saône-et-Loire), informe sa clientèle par lettre circulaire de la situation de la récolte.

34o Le 15 octobre 19.. M. Léon Ray, Tournus, annonce à MM. Brun et Charlet, 22, rue Vivienne, Paris, l'envoi d'un colis postal contenant des échantillons de vins nouveaux.

35o Le 20 octobre 19 .. MM. Brun et Charlet, Paris, demandent un nouvel échantillon de couleur plus foncée et avec le tout dernier prix.

36o Le 22 octobre 19 .. M. Léon Rey, Tournus, prévient MM. Brun et Charlet, Paris, de l'expédition de l'échantillon demandé; il accorde un prix de faveur pour toute commande de 30 hectolitres au moins.

37o Le 28 octobre 19 .. MM. Brun et Charlet, Paris, commandent à M. Léon Rey, Tournus, 6000 litres de vin suivant échantillon; ils répètent les conditions de livraison.

38o Le 3 novembre 19.. M. Léon Rey, Tournus, remet à MM. Brun et Charlet, Paris, facture au vin commandé; il désire être payé par chèque sur le Comptoir d'Escompte, Tournus.

39o Le 3 décembre 19 .. MM. Brun et Charlet, Paris, envoient à M. Léon Rey, Tournus, un chèque sur la Banque de France; ils déclarent que tous leurs fournisseurs sont payés de cette façon. — Ils ajoutent une formule de quittance, imprimée à l'encre communicative, et prient d'y apposer le timbre de quittance.

40o Le 5 décembre 19 .. M. Léon Rey, Tournus, renvoie à MM. Brun et Charlet, Paris, le formulaire revêtu de sa signature.

**LÉON REY.**
**Propriétaire.**
**Tournus.**
**(Saône-et-Loire.)**

## 33.

Tournus, le 20 septembre 19 ..

M

Je viens, comme tous les ans au moment de la nouvelle récolte, vous renseigner sur la situation de nos vignobles, espérant que ces renseignements pourront vous intéresser.

La cueillette s'est faite par un temps sec très favorable, le raisin est bien mûr, la qualité paraît devoir être excellente, bien veloutée. Mais le rendement ne dépasse pas, dans certains endroits, la moitié de celui d'une année moyenne, les gelées du printemps ayant fait couler le raisin.

Malgré cela, je puis vous procurer de bons petits vins bien droits et bien naturels dans les prix de 60 francs la pièce de 215 litres nue, prise en gare du vignoble, valeur à 30 jours, 2 % d'escompte, dans mes fûts prêtés, à retourner franco.

Je pourrai également vous livrer quelques lots de vins vieux, fort avantageux, dans les prix de 68 à 70 francs la pièce, sauf vente et sans engagement.

Je vous invite à acheter au plus tôt, si vous voulez profiter des cours actuels qui, à mon avis, sont très avantageux et ne se représenteront pas, à qualité égale, dans deux mois.

Je me ferai un plaisir de vous adresser les échantillons dont vous pourriez avoir besoin.

Veuillez agréer, M , l'expression de ma considération distinguée.

Léon Rey.

## 34.

**Robert Wenk.**
**Weingutsbesitzer,**
**Weingrofshandlung.**
**Reichsbank Giro-Konto.**

Mainz, den 15. Oktober 19..

Herren Bloch & Kramer, Bremen.

Unter Bezugnahme auf unsere langjährige angenehme Geschäftsverbindung und im Anschluß an mein Rundschreiben vom September gestatte ich mir, Ihnen einige Proben der jetzt zum Versand kommenden leichten Tafelweine einzusenden.

Ich gebe mich der angenehmen Hoffnung hin, daß diese selbst gepflegten, haltbaren und äußerst preiswerten Weine Ihren vollen Beifall finden und Sie veranlassen werden, auch in diesem Jahre Ihre Weinbestände bei mir zu ergänzen.

Hinsichtlich der Preise tat ich das denkbar Mögliche; für Naturreinheit, Haltbarkeit und Bekömmlichkeit übernehme ich volle Bürgschaft.

Sie würden mir durch baldige Mitteilung Ihrer gefl. Entschließung einen Gefallen erweisen; es ist anzunehmen, daß ein großer Teil der Ihnen bemusterten und sehr beliebten Marken bald geräumt sein wird.

Ich sehe gütiger Zuwendung Ihrer Aufträge gern entgegen und sichere Ihnen im voraus sorgfältigste Bedienung zu.

Hochachtungsvoll

Robert Wenk.

1 Probenverzeichnis.

## 35.

**Bloch & Kramer,**
**Bremen.**

Bremen, den 20. Oktober 19..

Herrn Robert Wenk, Mainz.

Wir erhielten Ihren Brief vom 15. d. M., auch die darin angezeigten Proben sind uns zugegangen.

Der mit No. 2435 bezeichnete Wein ist recht angenehm, wenn auch ein wenig herb im Geschmack; er würde sich für die Ansprüche unserer Kundschaft besser eignen, wenn die Farbe etwas dunkler wäre.

Wir fragen ergebenst an, ob Sie uns eine im Geschmack ähnliche Marke von etwas kräftigerer Färbung anstellen können, und bitten um billigste Preisnotierung.

Hochachtungsvoll

Bloch & Kramer.

## 34.

**LÉON REY.**
**Propriétaire.**
**Tournus.**
**(Saône-et-Loire.)**

Tournus, le 15 octobre 19..

Messieurs Brun et Charlet, 22, rue Vivienne, Paris.

Je prends la liberté de vous adresser, par colis postal, une série d'échantillons de vins nouveaux, représentant les divers crus de nos vignobles.

La qualité de nos vins ordinaires et grands ordinaires, sans être exceptionnelle cette année, est cependant bonne; les vins sont bien réussis, quelques ondées bienfaisantes étant venues bien à point achever la maturité.

Les prix auxquels nous vous offrons les divers lots de vin sont fort avantageux; ils ne se maintiendront pas, le rendement est bien au dessous de nos espérances et les bons vins manquent en cave.

Je vous engage à conclure sans plus tarder; les affaires du début étant toujours les plus profitables.

Dans l'attente d'être honoré de vos ordres que j'exécuterai de mon mieux, je vous prie, d'agréer, Messieurs, mes civilités empressées.

Léon Rey.

## 35.

**Brun et Charlet.**
**22, rue Vivienne, 22.**

Paris, le 20 octobre 19..

Monsieur Léon Rey, Tournus.

Nous avons l'honneur de vous accuser réception de votre lettre du 15 c[t] et de vous informer que la caisse échantillons vins nous est bien parvenue.

Nous avons dégusté ces vins. L'échantillon N° 2435 nous plairait assez comme goût, mais nous trouvons que ce vin manque un peu de couleur. Ne pourriez-vous pas nous fournir un vin plus foncé, de qualité semblable? Le cas échéant, donnez-nous votre tout dernier prix.

Agréez, Monsieur, nos salutations empressées.

Brun et Charlet.

## 36.

**Robert Wenk,**
**Weingutsbesitzer,**
**Weingrofshandlung.**
**Reichsbank-Giro-Konto.**

Mainz, den 22. Oktober 19..

Herren Bloch & Kramer, Bremen.

In umgehender Erledigung Ihrer gefl. Anfrage vom 20. d. M. übersende ich Ihnen einige weitere Proben, die Ihren Wünschen bezüglich der Farbe entsprechen dürften.

Die Preise habe ich äußerst niedrig gestellt, entgegenkommend würde ich Ihnen bei Bestellung von mindestens 5000 Litern den Wein franko Bremen liefern, wenn Zahlung innerhalb 30 Tagen nach Empfang der Ware ohne irgendwelche Abzüge für Skonto erfolgt.

Es würde mich besonders freuen, Ihren Auftrag recht bald entgegennehmen zu können.

Hochachtungsvoll

Robert Wenk.

## 37.

**Bloch & Kramer,**
**Bremen.**

Bremen, den 28. Oktober 19..

Herrn Robert Wenk, Mainz.

Wir empfingen Ihren Brief vom 22. d. M. nebst angebogenem Probenverzeichnis.

Der mit No. 11 ausgezeichnete 99er Laubenheimer paßt uns von den übersandten Proben am besten.

Wir bitten, uns davon zu senden:

60 Hektoliter in Halbstückfässern franko

hier, zahlbar 30 Tage nach Empfang, ohne Abzug, zum Preise von ℳ 50 per 100 Liter.

Ihrer umgehenden Versandanzeige gern entgegensehend

hochachtungsvoll

Bloch & Kramer.

## 36.

**LÉON REY.**
**Propriétaire.**
**Tournus.**
**(Saône-et-Loire.)**

Tournus, le 22 octobre 19..

Messieurs Brun et Charlet, 22, rue Vivienne, Paris.

Je possède votre lettre du 20 courant. Par ce même courrier, je vous adresse un nouvel échantillon qui est tout à fait semblable au N° 2435 et qui, je l'espère, vous donnera entière satisfaction comme couleur.

Mon dernier prix serait de 50 francs l'hectolitre, nu, franco Paris, payable à 30 jours, sans escompte, pour toute quantité d'au moins 30 hectolitres.

Dans l'attente de vos ordres, je vous prie d'agréer, Messieurs, mes salutations empressées.

Léon Rey.

## 37.

**Brun et Charlet.**
**22, rue Vivienne, 22.**

Paris, le 28 octobre 19..

Monsieur Léon Rey, Tournus.

Nous avons reçu en son temps votre lettre du 22 c[t] ainsi que l'échantillon dont elle nous portait avis.

Le vin N° 2706 est assez semblable à ce que nous désirons; nous espérons qu'il plaira à notre clientèle.

Veuillez nous en expédier, dès réception de la présente, 60 hectolitres, franco de port en gare de Paris, marchandise payable à 30 jours, sans escompte et au prix convenu, soit 50 francs l'hectolitre.

Agréez, Messieurs, nos salutations empressées.

Brun et Charlet.

## 38.

**Giro-Konto**
**bei der Reichsbank.**

**Drahtnachrichten:**
**Weinwenk, Mainz.**

RECHNUNG

für Herr*en* *Bloch & Kramer, Bremen,*

von **Weingutsbesitzer Robert Wenk.**

Mainz, den 3. November 19..

Sandte Ihnen laut Auftrag *vom 28. Oktober* für Ihre werte Rechnung und Gefahr *durch Rheinische Transport-Gesellschaft William Egern & Co., Mainz, frei:*

| *Nummer* | *Liter* | *Ziel 30 Tage gegen meine Tratte* | | *Preis für 100 Liter* | *Betrag* | |
|---|---|---|---|---|---|---|
| R. W. 24/35 | 6000 | *99er Laubenheimer.* | *M* | 50 | 3000 | — |

☛ 12 Fässer gefl. frei zurück. ☚

*Ich hoffe, daß diese probetreu ausgeführte Sendung zu Ihrer vollsten Zufriedenheit ausfällt und Ihnen recht bald Anlaß zu weiteren Bestellungen gibt.*

*Den Rechnungsbetrag von M 3000,— bitte ich, mir durch Überweisung auf mein Reichsbank-Giro-Konto zugehen zu lassen.*

*Hochachtungsvoll*

*Robert Wenk.*

Bezugsbedingungen: Erfüllungsort für Lieferung und Zahlung ist Mainz. — Ziel 3 Monate, für Barzahlung 2% Skonto. — Die Zusendung geschieht auf Gefahr des Auftraggebers. — Die Fässer werden spundvoll und in gutem Zustande versandt; sie kommen zum Selbstkostenpreis in Ansatz und werden zu dem berechneten Preise wieder gutgeschrieben, wenn sie innerhalb vier Wochen franko Mainz in gutem Zustand zurückgeschickt werden.

Gibt eine Lieferung dem Empfänger Anlaß zu Klagen, so ist mir sofort Nachricht zu geben. — Beschwerden, die später als 3 Wochen nach Ankunft des Weines erfolgen, bleiben durchaus unberücksichtigt.

## 38.

**Vins du Maconnais.**
**Léon Rey, Propriétaire à Tournus (Saône et Loire).**

Tournus, le 3 novembre 19..

Messieurs Brun et Charlet, Paris, Doit

pour vente et livraison des marchandises dont le détail suit, expédiées, port et droits payés, en gare de Paris, payables à Tournus.

**Mes traites n'entraînent aucune dérogation au lieu de paiement qui est Tournus.**

**Toutes mes factures sont payables par traites ou chèques; aucun agent n'a le droit d'encaissement. — Les vins en fûts doivent être tenus dans une cave fraîche, bonde sur le côté, pour n'être mis en bouteilles, sans remuer le fût, qu'après un repos de 15 jours au moins. Avoir soin de faire décharger l'acquit-à-caution, afin d'éviter les doubles ou sextuples droits qui seraient à la charge de l'acheteur.**

| Marques | Nos | Quantité: | | | |
|---|---|---|---|---|---|
| LR | 181/200 | 20 fûts | vin rouge, garanti naturel, Fr. suivant échantillon No 2709 | 3000 | — |
| | | | Valeur payable sans escompte. Fûts à rendre. | | |

**Nos produits voyagent aux risques et périls des destinataires. Les fûts prêtés doivent être rendus, dans les trois mois qui suivent la livraison, franco en gare de Tournus (Saône-et-Loire); ce délai expiré, ils seront facturés.**

J'ai l'avantage de vous remettre ci haut facture à votre commande du 28 octobre dernier.

Elle s'élève à Fr. 3000.—, payables à 30 jours, sans escompte. Je vous serais très obligé de régler ce montant en un chèque sur le Comptoir d'Escompte de Tournus.

Le plus grand soin ayant présidé à l'exécution de votre commande, je suis persuadé que vous aurez lieu d'être entièrement satisfaits.

En attendant vos nouveaux ordres, je vous présente, Messieurs, mes salutations empressées.

Léon Rey.

## 39.

**Bloch & Kramer,**
**Bremen.**

Bremen, den 3. Dezember 19..

Herrn Robert Wenk, Mainz.

In höflicher Erwiderung Ihres Briefes vom 3. November 19.. bedauern wir, dem darin ausgesprochenen Wunsche hinsichtlich der Regulierung Ihres Guthabens nicht entsprechen zu können, da wir nicht Girokunden der Reichsbank sind.

Es ist bei uns Geschäftsgepflogenheit, die Rechnungen unserer Lieferanten durch Schecks auf die Bremer Bank, hier, zu begleichen.

Sie erhalten deshalb über die Ihnen gutkommenden:

ℳ 3000,—

beigeschlossen einen Scheck auf eben genanntes Bankhaus.

Wir bitten um gefl. Gutschrift unter Anzeige.

Hochachtungsvoll

Bloch & Kramer.

1 Scheck
auf Bremer Bank.

## 40.

**Robert Wenk.**
**Weingutsbesitzer,**
**Weingroßhandlung.**
**Reichsbank-Giro-Konto.**

Mainz, den 5. Dezember 19..

Herren Bloch & Kramer, Bremen.

Ihrem Schreiben vom 3. d. M. entnahm ich:

ℳ 3000,—

in 1 Scheck auf die Bremer Bank, Bremen, wofür ich Sie unter üblichem Vorbehalt bestens dankend erkannt habe.

Sobald die Fässer zurück sind, werde ich den Betrag zum Ausgleich der Rechnung vom 3. November 19.. verwenden.

Ich hoffe, daß Sie sich bei fernerem Bedarf gern meiner erinnern werden, und empfehle mich

hochachtungsvoll

Robert Wenk.

**Brun et Charlet.**
**22, rue Vivienne, 22.**

## 39.

Paris, le 3 décembre 19..

Monsieur Léon Rey, Tournus.

En règlement de votre facture du 3 novembre dernier, dont vous trouverez ci-dessous le résumé, nous vous remettons, sous ce pli recommandé: Fr. 3000.—, en un chèque N° 1133, sur la Banque de France.

Malgré notre désir de vous être agréables, il ne nous est pas possible de changer le mode de nos règlements. Tous nos fournisseurs, sans exception, sont payés au moyen de chèques sur la Banque des France.

Veuillez nous accuser réception de notre règlement, en nous renvoyant, par retour du courrier, l'imprimé spécial ci inclus, revêtu de votre signature et muui du timbre quittance conformément à la loi.

Agréez, Monsieur, nos salutations empressées.

Brun et Charlet.

| | | |
|---|---|---|
| N/facture du 3 novembre dernier Fr. | 3000 | — |
| | | |

Pièces annexées:
1 chèque, 1 imprimé.

## 40.

(Formulaire de quittance).

Chèque
N° 1133

Paris, le 3 décembre 19..

Messieurs Brun et Charlet, 22, rue Vivienne, Paris.

Je vous accuse réception de Fr. 3000.—, chèque N° 1133 que j'ai retiré de votre lettre du 3 c[t].

Le montant en a été porté au crédit de votre compte pour solde de v/facture du 3 novembre dernier.

Toujours dévoué à vos ordres, je vous prie d'agréer, Messieurs, mes salutations empressées.

Léon Rey.

République française.

*Tournus, le 3 déc. 19..*

LEON REY

10c
QUITTANCES.
Reçus et Décharges.

# Kunstblumen.

**41. Die Anmeldung des Geschäftsreisenden der Fabrik künstlicher Blumen, Gebrüder Werner, München, erfolgt durch Postkarte mit Firma ohne weiteren Text.**

**42. Am 10. Mai 19 . . berichtet der auf der Tour befindliche Reisende der Firma Gebrüder Werner über die geschäftlichen Ergebnisse der letzten Tage und übersendet einen Orderzettel, der die Kommissionsnummer 413 trägt.**

**43. Am 15. Mai übersenden Gebrüder Werner, München, Rechnung an Anna Lange, Regensburg; den Betrag erheben sie bei der Zusendung durch Postnachnahme.**

**44. Am 15. Mai bestätigen Gebrüder Werner, München, ihrem Reisenden den Reisebericht vom 10. Mai nach Freising; sie beauftragen ihn, Erkundigung über eine Kundin einzuziehen.**

## 41.

Datum des Poststempels.

Reise-Avis

von

Gebrüder Werner,

Fabrik künstlicher Blumen.

Frühlings-Str. 9. München. Frühlings-Str. 9.

## 42.

**Gebrüder Werner,**
**Kunstblumenfabrik.**

Regensburg, den 10. Mai 19 . .

Herren Gebrüder Werner, München.

Ich empfange soeben Ihr gestriges Schreiben, dessen Inhalt ich mir dienen lasse, und schätze Sie im Besitz meiner Briefe vom 8. und 9. d. M. nebst Anlagen: Kommissionsnoten No. 407—412.

# Fleurs artificielles.

41° Date de la poste. MM. V<sup>ve</sup> Deschamps et C<sup>ie</sup>, 13, rue Saint-Lazare, Paris, donnent avis du prochain passage de leur voyageur.

42° Le 10 mai 19.. le voyageur M. Lucien Breton, de passage à Gray (H<sup>te</sup> Saône), adresse à sa maison un rapport détaillé sur les derniers jours de sa tournée. Le bon de commission N° 413 est annexé à sa lettre.

43° Le 15 mai 19.. MM. V<sup>ve</sup> Deschamps et C<sup>ie</sup>, Paris, expédient à M<sup>elle</sup> Hélène David, Gray, par colis postal, les articles qu'elle a commandés à M. Breton.

44° Le 15 mai 19.. MM. V<sup>ve</sup> Deschamps et C<sup>ie</sup>, Paris, accusent à leur voyageur, de passage à Beaune (Côte d'or), réception de sa lettre du 10 mai dernier; ils le chargent de vérifier les renseignements reçus à l'égard d'une cliente.

## 41.

**V<sup>ve</sup> Deschamps et C<sup>ie</sup>.**
**Fleurs en tous genres.**
**13, rue Saint-Lazare, 13.**
**PARIS.**

Paris, date de la poste.

M

Nous recommandons à votre bienveillant accueil notre voyageur,

M. Lucien Breton,

dont nous vous annonçons la prochaine visite.

Espérant que vous voudrez bien lui réserver la faveur de vos ordres, nous vous prions, d'agréer, M , nos civilités empressées.

V<sup>ve</sup> Deschamps et C<sup>ie</sup>.

## 42.

**Grand Hôtel de Lyon.**
**Gray (H<sup>te</sup> Saône).**
**Etablissement de 1<sup>er</sup> ordre,**
**près la poste et le télégraphe.**

Gray, le 10 mai 19..

Messieurs V<sup>ve</sup> Deschamps et C<sup>ie</sup>, Paris.

Je vous accuse réception de votre lettre d'hier; bonne note est prise de son contenu.

Je vous confirme mes lettres des 8 et 9 courant, renfermant les bons de commission N<sup>os</sup> 407 à 412.

Leider war es mir nicht möglich, bei Fräulein Lange, hier, Zahlung für unsere letzte Sendung zu erlangen. Da diese Kundin ein sehr gutes Geschäft am Platze macht, empfehle ich, den neuen Auftrag (Orderzettel No. 413) gleichwohl auszuführen und bei Zusendung den Betrag der rückständigen Rechnung durch Postnachnahme mit zu erheben. Fräulein Lange ist mit diesem Vorschlag, durch welchen ja ein weiteres Risiko nicht entsteht, einverstanden.

An Kasse vereinnahmte ich:

| | | |
|---|---|---|
| bei Ottilie Haller | ℳ | 312,50 |
| „ Klara Otto | „ | 133,— |
| die ich mit | ℳ | 445,50 |

bei der hiesigen Reichsbankstelle einzahlte.

Bei Fräulein Weber konnte ich trotz aller Bemühungen keinen Auftrag erlangen. Ihr Geschäft ist schnell bei der besseren Kundschaft beliebt geworden und erfreut sich lebhaften Zuspruchs. Für die nächste Tour hat sie mir eine größere Bestellung fest zugesagt.

Im allgemeinen ist das Geschäft flau, wenig Kauflust.

Meine Adresse von Freitag bis Sonntag: Amberg (Drei Könige).

Orderzettel 413

Hochachtungsvoll ergebenst

Karl Berger.

Komm.-No. 413.

Gebrüder Werner,
München.

Lieferbar per sofort.

Nachnahme zuzüglich des früheren Rechnungsbetrags.

Fräulein Anna Lange, Regensburg.

| | | | | | |
|---|---|---|---|---|---|
| 1007 | 20 | Gros | à | 2,60 | ℳ |
| 1114 | 10 | „ | à | —,80 | „ |
| 1170 | 10 | „ | à | 2,10 | „ |
| 1301 | 10 | Dtzd. | à | 2,60 | „ |
| 780 | 6 | Stück | à | 1,— | „ |
| 172 | 6 | „ | à | —,90 | „ |

Il m'a été impossible d'obtenir de M[elle] Hélène David, E/V., le règlement de notre dernier envoi. Néanmoins, comme cette cliente fait de très bonnes affaires, il conviendrait, à mon avis, d'exécuter la nouvelle commande qu'elle m'a faite (bon N° 413) toutefois, contre remboursement, comprenant le montant de la dernière facture échue. M[elle] David a accepté cette proposition qui nous met à couvert de tout risque.

J'ai fait les encaissements suivants:

Fr. 312.50 chez M[me] Marie Faguet de Langres,
„ 133.— „ M[elle] Emilie Reynier de Champlitte.
Fr. 445.50.

J'ai versé cette somme au bureau auxiliaire de la Banque de France de cette ville.

M[elle] Reynier, Champlitte, a demandé un rabais de Fr. 3.70, sur le montant de notre facture du 23 novembre dernier. J'y ai consenti, en stipulant qu'elle retirerait les réclamations qu'elle avait présentées.

J'ai fait des offres et montré mes échantillons à M[me] Léon, Langres, qui possède une clientèle choisie et le magasin le mieux achalandé de la ville. Malgré tous mes efforts, je n'ai pu réussir à obtenir une commande. Mais elle m'a promis un ordre important à mon prochain passage.

Les affaires sont calmes; il y a peu d'entrain.

Mon adresse, de vendredi à dimanche, sera:

Dijon, Hôtel de la Cloche.

Agréez, Messieurs, mes salutations distinguées.

Lucien Breton.

Annexe
bon de commission 413.

**V[ve] Deschamps et C[ie].**
**Fleurs en tous genres.**
**13, rue Saint-Lazare, 13.**
**PARIS.**

C[de] N° *413.*

Commande de M[elle] Hélène David, Gray,

à expédier: par colis postal, à domicile, payable contre remboursement, comprenant également le montant de notre facture du 18/12.

| Nos | Quantité: | Désignation: | Prix. | |
|---|---|---|---|---|
| 1007 | 2 grosses | violettes | 18 | — |
| 1114 | 2 „ | myosotis | 18 | — |
| 1170 | 1 grosse | roses | 20 | — |
| 1301 | 1 „ | muguets | 20 | — |

## 43.

München, den 15. Mai 19..

Gebrüder Werner.

Rechnung für Fräulein Anna Lange, Regensburg.

Sie empfangen für Ihre werte Rechnung und Gefahr durch Post:

1 Kistchen G. F. M. No. 5643

| | | | | | |
|---|---|---|---|---|---|
| 20 | Gros | Maiblumen | 1007 | à 2,60 | ℳ 52,— |
| 10 | „ | Veilchen | 1114 | à —,80 | „ 8,— |
| 10 | „ | Vergißmeinnicht | 1170 | à 2,10 | „ 21,— |
| 10 | Dtzd. | Rosen | 1301 | à 2,60 | „ 26,— |
| 6 | Stück | Zweige | 780 | à 1,— | „ 6,— |
| 6 | „ | „ | 172 | à —,90 | „ 5,40 |
| | | Porto | . . . . | | „ —,60 |
| | | Kiste | . . . . | | „ —,75 |
| | | | | | ℳ 119,75 |
| | | | | 2% | „ 2,40 |
| | | | | netto | ℳ 117,35 |

durch Nachnahme.

Wir sandten Ihnen heute mit gleicher Post die uns durch unseren Herrn K. Berger gütigst bestellten Waren in bester Ausführung und hoffen gern, daß die Sachen Ihren vollen Beifall finden. Ihrem Wunsche gemäß ging die Sendung per Nachnahme in Höhe von ℳ 182,85 an Sie ab, womit zugleich unsere Rechnung vom 18. Dezember 19.. beglichen ist.

Sollten Sie noch etwas in Agraffen, Posen, Straußfedern etc. benötigen, so stehen wir Ihnen auch mit Auswahlsendungen jederzeit gern zu Diensten.

Wir bitten Sie, uns bei neuem Bedarf mit Ihren weiteren Aufträgen zu beehren, und zeichnen

hochachtungsvoll

Gebrüder Werner.

☛ Nach Muster bestellte Ware wird nicht zurückgenommen. Reklamationen, welche später als 3 Tage nach Empfang der Ware gemacht werden, können wir nicht berücksichtigen. ☚

## 43.

**Vve Deschamps et Cie, Paris.**
**Fleurs, plantes et arbustes artificiels.**
**Bouquets. Parures de mariées.**

Mademoiselle Hélène David à Gray Doit

pour vente et livraison de ce qui suit, payable dans Paris:

Les marchandises sont payables dans Paris où seront réglées toutes contestations. Elles voyagent aux risques et périls des acheteurs qui doivent faire leurs réserves au transporteur.

*PARIS*
*le* 15 mai 19 . .

| Marques | Nos | Quantité | Désignation: | Prix | Montant Fr. | Montant Ces |
|---|---|---|---|---|---|---|
| Adresse. | 1007 | 2 grosses | branches violettes | 18.— | 36 | -- |
| | 1114 | 2 „ | „ myosotis | 18.— | 36 | -- |
| | 1170 | 1 grosse | „ roses | 20.— | 20 | -- |
| | 1301 | 1 „ | „ muguets | 20.— | 20 | -- |
| | | | | | 112 | -- |
| | | | Fr. 1.— emballage<br>„ 1.50 colis postal à domicile<br>„ 0.85 remboursement à domicile | | 3 | 35 |
| | | | | Fr. | 115 | 35 |

Nos voyageurs et représentants ayant le droit de faire les encaissements sont porteurs d'une autorisation spéciale. Tout règlement fait à un agent sans autorisation écrite sera nul.

Nous vous expédions, par colis postal à domicile, les marchandises que vous avez bien voulu commander à notre voyageur M. Lucien Breton.

Pour nous couvrir du montant de cette facture et de celle du 18 décembre dernier, nous faisons suivre, en remboursement:

Fr. 61.10 facture du 18/12,
„ 115.35 „ de ce jour,
ensemble Fr. 176.45.

Nous espérons que vous serez satisfaite de cet envoi et restons à votre entière disposition pour tous échantillons de plumes pour parures, d'agrafes ou d'apprêts pour fleurs.

Veuillez nous réserver la préférence de vos ordres et agréez, Mademoiselle, nos civilités empressées.

Vve Deschamps et Cie.

## 44.

**Gebrüder Werner,**
**Kunstblumenfabrik.**

München, den 15. Mai 19..

Herrn Karl Berger, z. Z. Freising.

Ihrem Briefe vom 10. d. M. entnahmen wir:

Orderzettel No. 413,

den wir sofort erledigten. Wir bemerkten uns, daß Sie bei der Reichsbankstelle Regensburg

ℳ 445,50

für uns erlegten, die wir Ihrem Reisekonto gutschrieben.

Die Ihnen seitens „Kreditreform" über Wwe. Müller/Straubing erteilte Auskunft lautet ungleich günstiger als die im Original beifolgende Mitteilung der Auskunftei Schimmelpfeng.

Wir bitten, die Sache eingehend zu prüfen und uns ausführlich mitzuteilen, was Sie selbst von der Kreditwürdigkeit der betreffenden Firma halten.

Ab morgen adressieren wir: „Drei Könige", Amberg.

Achtungsvoll

Gebrüder Werner.

## 44.

**Vve Deschamps et Cie.**
**Fleurs en tous genres.**
**13, rue Saint-Lazare, 13.**
**PARIS.**

Paris, le 15 mai 19..

Monsieur Lucien Breton, Hôtel de la Cloche, Dijon.

Nous avons retiré de votre lettre du 10 courant le bon de commission No 413; cette commande vient d'être exécutée.

Nous avons pris note du versement que vous avez effectué, le 10 courant, pour notre compte au bureau auxiliaire de la Banque de France à Gray, soit Fr. 445.50.

Les renseignements que vous a fournis «l'Office Général de Bourgogne et de Franche Comté» sur Mme Vve Paule Reval, Champlitte, sont bien plus rassurants que ceux que nous recevons de la «Sûreté du Commerce».

Nous vous adressons l'original du bulletin, en vous priant de l'examiner et de nous dire ce que vous pensez de la solvabilité de cette maison. Serait-il est prudent d'accorder le crédit demandé?

A partir de demain, nous vous écrirons à l'adresse: Hôtel de la Poste, Beaune (Côte d'or).

Recevez, Monsieur, nos salutations empressées.

Vve Deschamps et Cie.

Annexe
bulletin de renseignement 83.

# Leinwand.

45. Die Westfälische Leinenweberei, Gesellschaft mit beschränkter Haftung in Bielefeld, zeigt durch Zirkular an, daß sie für die Provinz Westfalen einen neuen Agenten, Felix Bertram, Minden, bestellt hat.

46. Am 11. März 19.. übersendet Felix Bertram, Minden, der von ihm vertretenen Firma die ersten Aufträge.

47. Am 12. März 19.. bestätigt die Westf. Leinenweberei, Bielefeld, den Eingang der Orders und stellt ihrem Agenten verschiedene Lagerware zu billigerem Preise an.

48. Am 14. März 19.. empfiehlt der Agent die ihm angestellten Waren als Gelegenheitskauf an Max Ernst, Herford.

49. Am 15. März 19.. fordert Max Ernst, Herford, eine Preisherabminderung und Hinausschiebung des Zahlungstermins.

50. Am 16. März 19.. bedauert Felix Bertram, Minden, im Preise nichts nachlassen zu können, gewährt aber 3 Monat Ziel und verlangt umgehende Entschließung.

51. Am 18. März 19.. bittet Max Ernst, Herford, um Zusendung der Ware.

52. Am 20. März 19.. überreicht die Weberei Bielefeld dem Käufer die Rechnung.

53. Am 1. Mai 19.. sendet Max Ernst, Herford, den Rechnungsbetrag abzüglich 2% Skonto ein.

54. Am 2. Mai 19.. bestätigt die Weberei Bielefeld den Empfang des Geldes und bittet um fernere Aufträge.

## 45.

Bielefeld, Datum des Poststempels.

P. P.

Wir beehren uns, Ihnen die ergebene Mitteilung zu machen, daß wir uns veranlaßt gesehen haben, einen Wechsel in der Leitung unseres Mindener Hauses vorzunehmen, und von nun ab

Herrn Felix Bertram

mit der Führung unserer Geschäfte in der Provinz Westfalen beauftragt haben.

Genannter Herr wird Ihnen demnächst unsere neuesten Musterbücher vorlegen, um Ihre Aufträge darauf entgegenzunehmen.

Hochachtungsvoll

Westfälische Leinenweberei, G. m. b. H.
Albert Hess.

# Toiles.

45° La Filature de Cambrai, Cambrai, (Nord) porte à la connaissance de sa clientèle, par circulaire imprimée, qu'elle a confié à Félix Bertrand, Douai (Nord), sa représentation sur cette place.

46° Le 11 mars 19 . . Félix Bertrand, Douai, envoie à la Filature de Cambrai à Cambrai, les bons de commande de ses premières commissions.

47° Le 12 mars 19 . . la Filature de Cambrai, Cambrai, accuse réception des commandes. Elle offre plusieurs lots de marchandises disponibles et soldées à prix réduits.

48° Le 14 mars 19 . . le représentant Félix Bertrand, Douai, offre ces marchandises à Max Léger, Arras (Pas de Calais).

49° Le 15 mars 19 . . Max Léger, Arras, demande une réduction du prix et prorogation de l'échéance.

50° Le 16 mars 19 . . Félix Bertrand, Douai, décline la réduction sollicitée, mais accorde prolongation de crédit de 3 mois; il demande décision immédiate.

51° Le 18 mars 19 . . Max Léger, Arras, donne ordre de lui expédier la marchandise.

52° Le 20 mars 19 . . la Filature de Cambrai, Cambrai, remet facture à l'acheteur.

53° Le 1er mai 19 . . Max Léger, Arras, adresse à la Filature de Cambrai, Cambrai le montant de sa facture, diminué de l'escompte de 2 %.

54° Le 2 mai 19 . . la Filature de Cambrai, Cambrai, accuse réception du règlement et se recommande pour des ordres ultérieurs.

## 45.

**Filature de Cambrai.**
Société en commandite par actions au capital de 4 millions de francs.
Téléphone: 5—12.
Adresse télégraphique: Filcamb, Cambrai.

Cambrai, date de la poste.

M

Nous avons l'honneur de porter à votre connaissance que nous venons de confier notre représentation sur la place de Douai (Nord) à

Monsieur Félix Bertrand, Douai.

Notre nouveau représentant se fera un devoir de vous soumettre très prochainement nos cartes d'échantillons. Veuillez lui réserver la préférence de vos ordres.

Agréez, M , nos salutations bien sincères.

Le directeur-gérant
Victor Passin.

## 46.

Minden, den 11. März 19..

An die

Westfälische Leinenweberei, G. m. b. H., Bielefeld.

Soeben von meiner ersten Tour zurückgekehrt, überreiche ich Ihnen in der Anlage die mir gewordenen Aufträge 1—4 zur gefl. Erledigung.

Hochachtungsvoll

Felix Bertram.

4 Orders

## 47.

**Westfälische Leinenweberei, G. m. b. H.**

Bielefeld, den 12. März 19..

Herrn Felix Bertram, Minden.

Ihrem Gestrigen entnahmen wir Aufträge 1—4, die wir vorschriftsgemäß erledigen.

An Lager befinden sich:

230 Dtzd. ungeklärte rein leinene Jacquard-Handtücher, 50 × 130, Qualität 111,

die wir bei Abnahme des Postens mit 6,75 netto Kasse abgeben, und

12 Stück geklärtes Hausleinen, 79 breit, Qualität 180.

Diese Stücke sind etwas streifig ausgefallen, wir geben sie Ihnen mit ℳ 3,50 per Stück unter Liste an die Hand.

Da der Fehler kaum bemerkbar ist, dürfte es Ihnen nicht schwer fallen, Nehmer zu finden.

Achtungsvoll

Westfälische Leinenweberei, G. m. b. H.
Albert Hess.

## 46.

**Félix Bertrand.**
**Douai.**

Douai, le 11 mars 19..

Filature de Cambrai à Cambrai.

Monsieur le Directeur,

Rentré de ma première tournée, j'ai l'honneur de vous adresser, sous ce pli, les bons de commandes Nos 1. 2. 3. 4.

Je vous prie de bien vouloir faire expédier ces marchandises tout de suite.

Agréez, Monsieur le Directeur, l'assurance de mes sentiments très dévoués.

Félix Bertrand.

4 commissions

## 47.

**Filature de Cambrai.**
**Société en commandite par actions, au capital de 4 millions de francs.**
**Téléphone: 5-12.**
**Adresse télégraphique: Filcamb, Cambrai.**

Cambrai, le 12 mars 19..

Monsieur Félix Bertrand à Douai.

Nous avons retiré de votre lettre d'hier les bons de commission Nos 1. 2. 3. et 4.; ces ordres seront exécutés immédiatement.

Nous vous informons que nous avons de disponible:

1° 230 douz. essuie mains, toile pure, qualité 111, $50 \times 130$.

Si vous pouviez placer le lot entier, nous le laisserions à Fr. 6.75, au comptant.

2° 12 pièces toile de ménage, large de 79 c/m, qualité 180.

Cette toile est un peu rayée, nous accorderions une réduction de Fr. 3.50 sur le prix coté dans vos cartes d'échantillons. Le défaut est à peine perceptible, aussi trouverez vous facilement des preneurs à ce prix.

Agréez, Monsieur, nos salutations sincères.

Le directeur-gérant
Victor Passin.

## 48.

Minden, den 14. März 19..

Herrn Max Ernst, Herford.

Soeben wurden mir von meinem Hause ca. 230 Dtzd. ungeklärte rein leinene Jacquard-Handtücher, 50 × 130, Qualität 111, zu dem außerordentlich billigen Preise von ℳ 6,75 netto Kasse bei Abnahme des ganzen Postens angestellt.

Das Sortiment besteht aus 5 Mustern.

Da ich aus dem früheren Briefwechsel mit Ihrer w. Firma ersehe, daß Sie öfter ähnliche Qualitäten von uns bezogen haben, so erlaube ich mir, Ihnen diesen äußerst vorteilhaften Posten als Gelegenheitskauf zu empfehlen, und übersende Ihnen je ein Probedutzend durch Post.

Ebenso offeriere ich Ihnen einen Rest von 180 St. gebleicht rein leinen Damasttischtüchern, 130 × 170, Qualität 96, in einem Dessin, die ich Ihnen äußerst à ℳ 6,25 netto Kasse liefern würde.

Auf Wunsch könnte ich Ihnen zum Dessin passende Servietten, 65 × 65, zu ℳ 11,75 netto Kasse, abgeben.

Ihrer gefl. umgehenden Entscheidung sehe ich gern entgegen und zeichne

hochachtungsvoll

Felix Bertram.

## 49.

**Max Ernst, Herford.** Herford, den 15. März 19..

Herrn Felix Bertram, Minden.

Im Besitz Ihrer gefl. Offerte vom 14. d. M. bin ich nicht abgeneigt, den angestellten Posten Handtücher zu übernehmen, wenn Sie mir dieselben mit ℳ 6,60 überlassen und außerdem 3 Monat Ziel gewähren.

Mein Lager in Tischzeug ist hinreichend sortiert; ich bedaure deshalb für Ihre weitere Offerte keine Verwendung zu haben.

Umgehender Antwort gern gewärtig, zeichnet

hochachtungsvoll

Max Ernst.

## 48.

**Félix Bertrand.**
**Douai.**

Douai, le 14 mars 19..

Monsieur Max Léger, Arras.

Ma maison possède un stock de 230 douz. essuie mains, toile pure, 50 × 130, qualité 111, comprenant 4 modèles différents, au vrai prix de faveur de Fr. 6.75, net au comptant.

J'ai vu, par votre correspondance antérieure, que vous nous avez acheté à maintes reprises des articles de genre et qualité analogues. Je ne saurais donc trop vous conseiller de profiter de cette offre exceptionnelle et vous envoie, pour gouverne, 4 douzaines, à titre d'échantillons.

Je pourrais également vous laisser un solde de:

180 nappes en damas fin, 130 × 170, qualité 96,

que je vous offre au dernier prix de Fr. 13.50 la pièce, au comptant.

Sur demande, je pourrais vous fournir les serviettes assorties du même dessin, 65×65, à Fr. 22.75 la douzaine, net au comptant.

Veuillez, je vous prie, me faire savoir, par retour du courrier, si vous êtes preneur.

Agréez, Monsieur, mes civilités empressées.

Félix Bertrand.

## 49.

**Max Léger.**
**Linge de table et de ménage.**
**Mouchoirs cousus et brodés.**

Arras, le 15 mars 19..

Monsieur Félix Bertrand, Douai.

Je suis assez disposé à vous acheter le lot essuie mains que vous m'offrez par votre lettre d'hier, si vous me le cotez à Fr. 6.50 la douzaine, à 3 mois de date.

Mon stock en linge de table damassé étant complet et très bien assorti, je regrette de ne pouvoir profiter de votre seconde offre.

J'attends votre décision, courrier pour courrier.

Recevez, Monsieur, mes salutations empressées.

Max Léger.

## 50.

Minden, den 16. März 19..

Herrn Max Ernst, Herford.

Im Besitze Ihres gestrigen Schreibens bedauere ich, Ihnen nach nochmaliger Kalkulation das Handtuch nicht anders als zu ℳ 6,75 erlassen zu können. Dagegen bin ich bereit, Ihnen diesen Preis ausnahmsweise netto 3 Monat, anstatt netto Kasse anzustellen.

Ich bitte um Ihre umgehende Erklärung, da ich die Handtücher auch anderweit angestellt habe.

Hochachtungsvoll

Felix Bertram.

## 51.

**Max Ernst, Herford.**

Herford, den 18. März 19..

Herrn Felix Bertram, Minden.

Im Besitze Ihres Briefes vom 16. d. M. ersuche ich Sie, mir als Frachtgut:

230 Dtzd. Handtücher à 6,75 ℳ netto 3 Monat,

in Qualität und Farbe genau der mir am 14. d. M. durch die Post zugegangenen Probe entsprechend, zu übersenden.

Umgehender Erledigung gern gewärtig, zeichne ich

hochachtungsvoll

Max Ernst.

## 50.

**Félix Bertrand.**
**Douai.**

Douai, le 10 mars 19 . .

Monsieur Max Léger, Arras.

Je possède votre honorée d'hier.

A mon grand regret, il m'est impossible, vu le prix de revient, de vous céder l'essuie main à moins de Fr. 6.75. En revanche, j'accepte le mode de règlement à 3 mois, au lieu de paiement au comptant. Adressez-moi votre décision, courrier par courrier; j'ai offert également la marchandise à d'autres clients.

Recevez, Monsieur, mes sincères salutations.

Félix Bertrand.

## 51.

**Max Léger.**
**Linge de table et de ménage.**
**Mouchoirs cousus et brodés.**

Arras, le 18 mars 19 .

Monsieur Félix Bertrand, Douai.

Comme suite à votre lettre du 16 ct, veuillez m'envoyer, par petite vitesse, en gare de n/v, le restant des 230 douzaines offertes le 14 ct, soit 226 douz. essuie mains, au prix de Fr. 6.75, règlement à 3 mois, sans escompte. La marchandise sera semblable, en qualité comme en couleur, aux 4 douz. que j'ai en mains.

Je compte sur une prompte exécution de mon ordre.

Agréez, Monsieur, mes sincères salutations.

Max Léger.

## 52.

*Westfälische Leinenweberei.*

*Gesellschaft mit beschränkter Haftung.*

*Bielefeld,* den 20. März 19..

*Rechnung*

*für Herrn* Max Ernst, Herford.

| | | | | | |
|---|---|---|---|---|---|
| *W. S. W.* 1113—1116 | 230 | *Wir sandten Ihnen in* gewöhnlicher *Fracht durch* Spediteur Otto Müller, hier, in 4 Kisten: Dtzd. 50 × 130 ungekl. Jacquard-Handtücher . . . . . . . . . Dtzd. 30 Tage 2% 90 „ netto. | 6,75 | 1552 | 50 |

## 52.

**Filature de Cambrai.**
Société en commandite par actions, au capital de quatre millions de francs.
Toiles-batiste en tous genres.
Importation et exportation.

Monsieur Max Léger, Arras, Doi[t]

les articles ci après, expédiés par petite vitesse, à ses risques et périls, par l'intermédiaire de M. P. Meunier

et payables dans Cambrai, à 90 jours, sans escompte.

CAMBRAI
le 20 mars 19..

| | | | | Fr. | Ces |
|---|---|---|---|---|---|
| VP | | | | | |
| 113/116 4 caisses | 230 douz. essuie mains 50 × 130, suivant échantillons | Fr. | 6.75 | 1552 | 50 |
| | en port dû, valeur 20 juin prochain. | | | | |

Les marchandises voyagent aux risques et périls du destinataire, sauf son recours contre l'entrepreneur des transports (Art. 10 du Code de Commerce). Tout différend sera jugé devant le Tribunal de Commerce de Cambrai.

Aucune réclamation ne sera admise après 15 jours de date de la facture.

## 53.

**Max Ernst, Herford.** Herford, den 1. Mai 19..

An die

Westfälische Leinenweberei, G. m. b. H., Bielefeld.

Zum Ausgleich Ihrer Rechnung vom 20. März a. c. überreiche ich Ihnen beiliegend:

| | | |
|---|---|---|
| | ℳ 1521,45 | in bar, die Sie mir |
| zuzüglich | „ 31,05 | 2 % Skonto |
| mit | ℳ 1552,50 | gutbringen wollen. |

Hochachtungsvoll

Max Ernst.

Beiliegend:

| | |
|---|---|
| ℳ 1520,— | in Papiergeld |
| „ 1,45 | in Briefmarken |
| ℳ 1521,45 | |

## 54.

**Westfälische Leinenweberei, G. m. b. H.** Bielefeld, den 2. Mai 19..

Herrn Max Ernst, Herford.

Ihrem gestrigen Schreiben entnahmen wir:

| | | |
|---|---|---|
| | ℳ 1521,45 | in bar, die wir |
| zuzüglich | „ 31,05 | 2 % Skonto |
| mit | ℳ 1552,50 | |

zum Ausgleich unserer Rechnung vom 20. März d. J. verwendeten.

Ihren ferneren Aufträgen uns bestens empfohlen haltend, zeichnen wir

hochachtungsvoll

Westfälische Leinenweberei, G. m. b. H.
Albert Hess.

**Max Léger.**
**Linge de table et de ménage.**
**Mouchoirs cousus et brodés.**

**53.**

Arras, le 1er mai 19..

Filature de Cambrai à Cambrai.

Monsieur le Directeur,

J'ai reçu votre facture du 20 mars dernier.
Ci inclus, je vous remets, pour solde de mon compte:

Fr. 1521.45

suivant détail ci dessous.
Recevez, Monsieur le Directeur, mes salutations empressées.

Max Léger.

| | | |
|---|---|---|
| 1 billet banque No 95 431 | Fr. | 1000.— |
| 1 „ „ „ 78 456 | „ | 500.— |
| 1 mandat poste . . . . | „ | 21.45 |
| escompte . . . . . . . | „ | 31.05 |
| | Fr. | 1552.50 |

**Filature de Cambrai.**
**Société en commandite par actions**
**au capital de 4 millions de francs.**
**Téléphone: 5-12.**
**Adresse télégraphique:**
**Filcamb, Cambrai.**

**54.**

Cambrai, le 2 mai 19..

Monsieur Max Léger, Arras.

Nous avons l'honneur de vous accuser réception de votre lettre d'hier, renfermant:

| | | |
|---|---|---|
| | Fr. | 1521.45 |
| escompte 2 % | „ | 31.05 |
| | Fr. | 1552.50 |

dont nous avons crédité votre compte.
Agréez, Monsieur, nos salutations empressées.

**République française.**

*Cambrai, le 2 mai 19 . .*

**FILATURE de CAMBRAI.**

**10c QUITTANCES. Reçus et Décharges.**

Le directeur-gérant
Victor Passin.

# Erkundigung und Mahnung.

**55. Am 6. April 19.. ersucht Emil Held in Braunschweig die Firma Rudolf Reh in Wolfenbüttel um baldige Einsendung eines fälligen Rechnungsbetrags.**

**56. Am 6. April 19.. erkundigt sich Emil Held in Braunschweig bei seinen Geschäftsfreunden A. Feller & Co., Wolfenbüttel, nach der Kreditwürdigkeit seines Schuldners.**

**57. Am 9. April 19.. empfehlen A. Feller & Co., Wolfenbüttel, energisches Vorgehen gegen den Schuldner.**

**58. Am 10. April 19.. zeigt Emil Held, Braunschweig, seinem Schuldner an, daß er den Rechnungsbetrag zuzüglich Verzugszinsen und Spesen durch Postnachnahme erheben werde.**

**59. Am 13. April 19.. schickt Emil Held, Braunschweig, Postnachnahmekarte über den Rechnungsbetrag an Rudolf Reh in Wolfenbüttel ein.**

**60. Am 16. April 19.. verlangt Emil Held, Braunschweig, zur Vermeidung gerichtlicher Klage Zahlung.**

**61. Am 17. April 19.. schlägt Rudolf Reh, Wolfenbüttel, vor, sein von Falb & Co., Helmstedt, indossiertes Akzept in Zahlung nehmen zu wollen.**

**62. Am 18. April 19.. erklärt sich Emil Held, Braunschweig, mit dieser Form der Anschaffung einverstanden.**

**63. Am 20. April 19.. übersendet Rudolf Reh, Wolfenbüttel, das Akzept und bittet um Entlastung.**

**64. Am 21. April 19.. bekennt sich Emil Held, Braunschweig, zum Empfang des Wechsels und quittiert unter dem üblichen Vorbehalt über seine Forderung.**

## 55.

**Emil Held, Braunschweig.** Braunschweig, den 6. April 19..

Herrn Rudolf Reh, Wolfenbüttel.

Bei Durchsicht meiner Bücher finde ich Ihr Konto noch immer mit dem Betrag meiner Rechnung vom 15. Oktober v. J.

ℳ 496,75 per 15./12. v. J.

belastet.

Unter dem 15. Februar d. J. erlaubte ich mir bereits, Sie auf den rückständigen Posten aufmerksam zu machen; eine Antwort ist mir nicht zugegangen.

Da das Ihnen eingeräumte Ziel seit längerer Zeit überschritten ist, ersuche ich Sie um recht baldige Begleichung dieser Summe und zeichne

achtungsvoll

Emil Held.

# Réclamation et recouvrement.

55° Le 6 avril 19 . . Désiré Froment, Montpellier (Hérault), prie Jean Gautier, Narbonne (Aude), de lui adresser le montant de sa facture.

56° Le 6 avril 19 . . Désiré Froment, Montpellier, demande à Dulac et Cie, Narbonne, des renseignements sur la solvabilité de son débiteur.

57° Le 9 avil 19 . . Dulac et Cie, Narbonne, conseillent à Désiré Froment, Montpellier, de procéder énergiquement.

58° Le 10 avril 19 . . Désiré Froment, Montpellier, prévient Jean Gautier, Narbonne, qu'il disposera sur lui par bordereau de recouvrement.

59° L'enveloppe et le bordereau de la valeur à recouvrer.

60° Le 16 avril 19 . . Désiré Froment, Montpellier, prévient Jean Gautier, Narbonne, qu'il aura recours aux voies de justice.

61° Le 17 avril 19 . . Jean Gautier, Narbonne, propose le règlement par traite, avalisée par Thiers et Cie, Saint Pont.

62° Le 18 avril 19 . . Désiré Froment, Montpellier, accepte le règlement par traite, portant l'endos de Thiers et Cie, Saint Pont.

63° Le 20 avril 19 . . Jean Gautier, Narbonne, remet à Désiré Froment, Montpellier, la traite acceptée et endossée.

64° Le 21 avril 19 . . Désiré Froment, Montpellier, accuse réception de la traite et donne quittance, sous les réserves d'usage.

**55.**

Montpellier, le 6 avril 19..

Monsieur Jean Gautier, Narbonne.

En régularisant mes écritures, j'ai constaté que vous étiez mon débiteur de Fr. 496.75, montant de ma facture du 15 octobre dernier.

Le 15 février dernier, je vous ai adressé un relevé de compte, mais j'attends encore votre réponse.

Le délai de règlement stipulé étant écoulé depuis longtemps, vous m'obligeriez à régler sans tarder cet arriéré.

Recevez, Monsieur, mes salutations empressées.

Désiré Froment.

## 56.

**Emil Held, Braunschweig.** Braunschweig, den 6. April 19..

Herren A. Feller & Co., Wolfenbüttel.

Ich gestatte mir heute, Ihre Gefälligkeit in Anspruch zu nehmen, indem ich Sie bitte, mir über den Ruf und die Kreditwürdigkeit der auf dem beiliegenden Zettel verzeichneten Firma eine möglichst genaue Auskunft zu erteilen.

Der in Frage Stehende ist ein langjähriger Kunde meines Hauses und hat früher stets pünktlich reguliert. Eine ihm bereits im Februar d. J. übersandte Mahnung hat er dagegen unbeantwortet gelassen. Das Objekt beträgt annähernd 500 *M*.

Sie wollen sich diskretester Benutzung Ihrer gefl. Mitteilungen versichert halten.

Zu Gegendiensten stelle ich mich Ihnen stets gern zur Verfügung.

Hochachtungsvoll

Emil Held.

Anlage
1 Adresse.

## 57.

**Feller & Co., Wolfenbüttel.** Wolfenbüttel, den 9. April 19..

Herrn Emil Held, Braunschweig.

Im Besitz Ihres Briefes vom 6. d. M. teilen wir Ihnen zu gefl. diskreter Benutzung und ohne jede Gewähr unsererseits mit, daß in neuerer Zeit öfter über langsame Zahlung der in Frage stehenden Firma geklagt wird.

Es scheint, daß der sonst sehr tüchtige und fleißige Inhaber sich über seine Kräfte an industriellen Unternehmungen beteiligt hat, deren Rentabilität zu wünschen übrig läßt.

In Ihrem Interesse dürfte es liegen, energisch vorzugehen, damit Ihnen nicht bei der immerhin gefährdeten Lage andere zuvorkommen.

Zur Zeit ist es recht wohl möglich, daß die sehr wohlhabenden Verwandten Ihres Schuldners etwas für ihn tun.

Wir stellen ergebenst anheim, von vorstehender Auskunft, ohne jede Verbindlichkeit unsererseits, den Ihnen geeignet erscheinenden Gebrauch zu machen, und rechnen auf Ihre Verschwiegenheit.

Hochachtungsvoll

A. Feller & Co.

## 56.

Montpellier, le 6 avril 19..

Messieurs Dulac et $C^{ie}$, Narbonne.

J'ai recours à votre obligeance pour me renseigner aussi exactement que possible sur la loyauté, la moralité et la solvabilité de la maison indiquée sur la fiche ci jointe.

Cette maison est de mes clients depuis nombre d'années. Jusqu'à présent, elle a toujours fait honneur à ses engagements; toutefois, mon dernier relevé de compte, en février dernier, est resté sans réponse. Il s'agit de 500 francs à peu près.

Soyez persuadés que j'utiliserai vos communications avec la plus grande discrétion.

Je vous prie de disposer de moi aussi souvent que vous le jugerez bon.

Recevez, Messieurs, mes salutations empressées.

Désiré Froment.

1 fiche.

## 57.

**Dulac et $C^{ie}$.**
**Vins et denrées coloniales.**
**Narbonne.**

Narbonne, le 9 avril 19..

A titre confidentiel.

Monsieur Désiré Froment, Montpellier.

En réponse à votre lettre du 6 courant, nous vous faisons connaître ci dessous, confidentiellement et sans aucune garantie de notre part, les renseignements que nous avons recueillis sur la maison en question.

Depuis quelque temps, on remarque qu'elle n'est plus aussi exacte dans ses paiements. On dit que son chef, très actif et énergique, s'est lancé dans des spéculations industrielles qui n'ont pas réussi ou dont les résultats sont aléatoires. En un mot, on lui reproche de trop brasser d'affaires et d'être trop audacieux.

Nous croyons que, dans votre intérêt, il faudrait agir avec énergie, car la situation est certainement précaire et d'autres pourraient vous devancer.

Toutefois, il se pourrait fort bien que les parents de votre débiteur, qui sont très à leur aise, lui viennent en aide.

Veuillez faire usage avec grande discrétion de ces renseignements qui, nous le répétons, vous sont donnés à titre strictement confidentiel.

Agréez, Monsieur, nos sincères salutations.

Dulac et $C^{ie}$.

## 58.

**Emil Held, Braunschweig.** Braunschweig, den 10. April 19..

Herrn Rudolf Reh, Wolfenbüttel.

Da Sie meine Briefe vom 15. Februar und 6. April d. J. unbeantwortet gelassen haben, ersuche ich Sie hierdurch, den fälligen Rechnungsbetrag zuzüglich ℳ 8,25 Verzugszinsen à 5 %

mit ℳ 505,—

nunmehr innerhalb 3 Tagen zu begleichen.

Sollte ich bis zum 13. April d. J. nicht im Besitze des Geldes sein, so werde ich den Betrag zuzüglich 65 Pfennig Postgebühr durch Postnachnahme bei Ihnen einziehen lassen.

Zur Vermeidung von Weiterungen und Kosten wollen Sie meine Abgabe bei Vorkommen pünktlich einlösen.

Achtungsvoll

Emil Held.

## 59. (Postnachnahmekarte.)

*Vorderseite.*

| 10 Pf. Vorzeige-gebühr. | 5 Pf. Porto. |
|---|---|

*Nachnahme*: 505 ℳ 65 Pf.
*wörtlich*: Fünfhundertfünf ℳ 65 Pf.

Absender: Emil Held, Braunschweig.

*Herrn* Rudolf Reh

in

Wolfenbüttel.

(*Rückseite.*)

*Quittung über Mark* 505,65

*Von Herrn* Rudolf Reh, Wolfenbüttel, mit Bezugnahme auf mein Schreiben vom 10./4. d. J.

Fünfhundertfünf Mark 65 Pf.

empfangen zu haben, bescheinige ich hiermit

Braunschweig, den 14./4. 19..

Emil Held.

*Falls aus irgend einem Grunde die Einlösung beim ersten Vorzeigen nicht erfolgt, so bleibt die Karte noch 6 Tage beim Postamt liegen und kann bis dahin deren Einlösung bewirkt werden.*

**58.**

Montpellier, le 10 avril 19 . .

Monsieur Jean Gautier, Narbonne.

Mes lettres du 15 février et du 6 avril étant restées sans réponse, je vous préviens que si, dans le délai de 3 jours, je n'ai pas reçu le montant de ma facture, suivant décompte ci dessous, je disposerai à vue, sur votre caisse, pour la même somme, augmentée des frais de négociation. La poste se chargera du recouvrement de cet effet.

J'aime à croire que vous tiendrez à vous éviter des dépenses supplémentaires en réservant bon accueil à cette disposition.

Recevez, Monsieur, mes salutations empressées.

Désiré Froment.

Décompte:

| | | |
|---|---|---|
| Capital . . . . . . . | Fr. | 496.75 |
| Intérêts . . . . . . . | „ | 8.25 |
| Rémunération du receveur | „ | —.25 |
| Rémunération des facteurs | „ | —.25 |
| Droit proportionnel . . . | „ | 2.75 |
| Mandat et timbre . . . | „ | —.75 |
| | Fr. | 509.— |

**59.**

Enveloppe:

N° 1488. République française.
Timbre poste de 25 cent.

Envoyé par M *Désiré Froment*

demeurant à *Montpellier (Hérault),*

Valeurs à recouvrer.

Bureau de poste de *Narbonne*

Département d'*Aude.*

Bordereau:

Bordereau des valeurs à recouvrer déposées
le *14 avril 19 . .* par *Désiré Froment*
*à qui le règlement de compte devra être adressé à Montpellier*
rue *Delpech.*
département de l'*Hérault*

| Noms des débiteurs | Adresses rue et numéro | Montant de chaque valeur fr. | c. |
|---|---|---|---|
| *JeanGautier* | *Narbonne* | 509 | — |

La poste se charge du recouvrement des valeurs, protestables ou non, jusqu'à 2000 francs. — Un droit fixe de 25 centimes est perçu pour l'envoi. — Sur le montant de chaque valeur recouvrée qui est expédiée par mandat-poste, il est prélevé: 1° 10 centimes par 20 francs ou fraction de 20 francs, sans que ce prélèvement puisse dépasser 50 centimes; 2° 1 % sur les premiers 50 francs, ½ % sur le reste de la somme.

## 60.

**Emil Held, Braunschweig.** Braunschweig, den 16. April 19..

Herrn Rudolf Reh, Wolfenbüttel.

Soeben erhalte ich meine Postnachnahmekarte vom 13. d. M. unbezahlt zurück.

Da Sie weder zahlen noch meine Zuschriften beantworten, so sehe ich mich nunmehr gezwungen, gerichtliche Klage gegen Sie anzustrengen.

Ich bedaure, daß unsere mehrjährige Geschäftsverbindung in so unerquicklicher Weise abgebrochen wird, aber Sie werden mir wohl zugeben, daß die Schuld nicht an mir liegt.

Achtungsvoll

Einschreiben. Emil Held.

## 61.

**Rudolf Reh, Wolfenbüttel.** Wolfenbüttel, den 17. April 19..

Herrn Emil Held, Braunschweig.

Ich bitte sehr um Entschuldigung, daß ich Ihre verschiedenen Zuschriften und Mahnungen unbeantwortet ließ und dadurch Ihren Entschluß veranlaßte, klagbar gegen mich zu werden.

Ich habe in der letzten Zeit und ohne mein Verschulden schwere Verluste gehabt, die ich, um größeres Unheil zu verhüten, sofort decken mußte; dadurch bin ich verhindert worden, meinen laufenden Verpflichtungen gerecht zu werden.

Um der mir angedrohten gerichtlichen Klage vorzubeugen, hat sich mein Schwager, Herr W. Falb, alleiniger Inhaber der Firma A. Falb & Co. in Helmstedt, bereit erklärt, ein 3 Monat-Akzept, das ich Ihnen zur Deckung meiner Schuld von ℳ 496,75 zuzüglich Spesen und Zinsen einsenden würde, mit seinem Giro zu versehen.

Der Name der genannten Firma bürgt Ihnen für pünktlichen Eingang des Wechselbetrags; ich gebe mich deshalb der Hoffnung hin, daß Sie auf meinen Vorschlag eingehen und mich damit von einer schweren Sorge befreien werden.

Ich sehe Ihrer gefl. Zustimmung postwendend entgegen und werde Ihnen dann mein Akzept umgehend einsenden.

Hochachtungsvoll

Einschreiben. Rudolf Reh.

**60.**

Montpellier, le 16 avril 19 . .

Monsieur Jean Gautier, Narbonne.

La valeur que je vous ai fait présenter le 13 ct vient de me revenir impayée. Puisque vous ne voulez ni payer ni répondre et que vous faites preuve d'une mauvaise volonté évidente, je me vois obligé de recourir aux tribunaux.

Je regrette que des relations qui ont duré de longues années se terminent d'aussi fâcheuse manière, mais vous conviendrez que vous même me poussez à bout. Toutefois, avant d'entamer les poursuites, je voudrais savoir si vous êtes prêt à me payer, sinon quelles raisons vous font agir de la sorte.

Recevez, Monsieur, mes salutations. Désiré Froment.

Recommandé

**61.**

Narbonne, le 17 avril 19 . .

Monsieur Désiré Froment, Montpellier.

Je vous prie de m'excuser de ne pas avoir répondu à temps à vos lettres des 15 février et 6, 10 et 16 courant et de vous avoir forcé, par là, à me menacer d'avoir recours aux voies de justice.

Dans les derniers temps, et sans qu'il y ait de ma faute, j'ai fait des spéculations malheureuses. Pour éviter de plus grandes pertes, j'ai dû liquider, aux dépens de mes engagements courants.

Afin de m'épargner le déshonneur d'une citation en justice, mon beaufrère M. Thiers, seul propriétaire de la maison Thiers et Cie à Saint Pont (Hérault), a consenti à avaliser une traite de 3 mois, acceptée par moi, en règlement de ma dette de Fr. 496.75, en tenant compte des intérêts courus et des frais de négociation. La bonne réputation de la maison que je vous offre en garantie, doit vous donner tous apaisements quant an paiement.

J'ose espérer que vous accepterez ma proposition et me débarrasserez ainsi d'un grave souci. Je compte sur votre acquiescement et vous ferai parvenir, au reçu de votre réponse, la traite en question avalisée par mon beaufrère.

Agréez, Monsieur, mes salutations empressées.

Jean Gautier.

Recommandé

## 62.

**Emil Held, Braunschweig.** Braunschweig, den 18. April 19..

Herrn Rudolf Reh, Wolfenbüttel.

Den mir soeben mit Ihrem Gestrigen eingeschrieben zugehenden Vorschlag bin ich unter folgenden Bedingungen anzunehmen bereit:

Sie senden mir umgehend ein 3 Monat-Akzept in Höhe des seit 15./12. v. J. offenen Fakturenbetrags von ℳ 496,75, zuzüglich Verzugszinsen bis zum Fälligkeitstag des Akzeptes und meiner Auslagen für Porti.

Dieses Akzept muß das Giro der Firma A. Falb & Co. in Helmstedt tragen und spätestens bis 22. d. M. in meinen Händen sein.

Achtungsvoll

Emil Held.

## 63.

**Rudolf Reh, Wolfenbüttel.** Wolfenbüttel, den 20. April 19..

Herrn Emil Held, Braunschweig.

Für das mir mit Ihrem Geehrten vom 18. d. M. gewährte Entgegenkommen spreche ich Ihnen meinen verbindlichsten Dank aus.

In der Anlage überreiche ich Ihnen mein Akzept auf:

ℳ 512,70 per 20./7. d. J. mit Giro A. Falb & Co.

laut unten folgender Aufstellung.

Ich bitte um Empfangsbestätigung und Entlastungsanzeige.

Hochachtungsvoll

Rudolf Reh.

| | |
|---|---|
| Fakturenbetrag per 15./12. v. J. . . . . . . . . . . | ℳ 496,75 |
| Zinsen 15./12.—20./7. d. J., 215 Tage à 5 % . . . . | „ 14,85 |
| Portoauslagen . . . . . . . . . . . . . . . . | „ 1,10 |
| per 20./7. d. J. | ℳ 512,70 |

Einschreiben.

## 62.

Montpellier, le 18 avril 19..

Monsieur Jean Gautier, Narbonne.

J'accepte, avec les changements suivants, la proposition que vous m'avez faite hier, par lettre recommandée.

Vous m'enverrez une traite acceptée, à 3 mois de date, du montant de Fr. 513.45, suivant décompte ci dessous. Cette acceptation me sera transmise par voie d'endossement, l'endossement sera signé par la maison Thiers et Cie de Saint Pont (Hérault). Cet effet doit être en ma possession le 22 courant, au plus tard.

Recevez, Monsieur, mes salutations empressées.

Désiré Froment.

| | | |
|---|---|---|
| Capital . . . . . . . . . . . . . . | Fr. | 496.75 |
| Intérêts 15/12 au 20/7, 217 jours à 5 % | „ | 15.25 |
| Valeur à recouvrer . . . . . . . . . | „ | —.25 |
| Frais de retour . . . . . . . . . . | „ | —.10 |
| Port de lettres . . . . . . . . . . | „ | 1.10 |
| | Fr. | 513.45 |

Valeur 20 juillet prochain.

## 63.

Narbonne, le 20 avril 19..

Recommandé

Monsieur Désiré Froment, Montpellier.

Je vous remercie très sincèrement d'avoir bien voulu accepter ma proposition du 17 ct par votre lettre du 18 de ce mois.

Je vous remets, sous ce pli recommandé, une traite de:

Fr. 513.45, au 20 juillet prochain,

revêtue de mon acceptation et endossée par MM. Thiers et Cie de Saint Pont.

Veuillez m'en accuser réception et passer écritures conformes.

Agréez, Monsieur, mes civilités empressées.

Jean Gautier.

Recommandé

| | | |
|---|---|---|
| montant de v/facture du 15/12bre | Fr. | 496.77 |
| intérêts et frais . . . . . . . | „ | 16.70 |
| | Fr. | 513.45 |

## 64.

**Emil Held, Braunschweig.** Braunschweig, den 21. April 19..

Herrn Rudolf Reh, Wolfenbüttel.

Ihrem Einschreibebrief, datiert vom 20. April d. J., entfaltete ich:

M 512,70 per 20./7. d. J., mit Giro A. Falb & Co.,

die ich, Eingang vorbehalten, zum Ausgleich meiner Rechnung vom 15. Oktober 19.. verwende.

Achtungsvoll

Emil Held.

## 64.

Montpellier, le 21 avril 19..

Monsieur Jean Gautier, Narbonne.

J'ai retiré de votre lettre recommandée du 20 courant une traite de:

Fr. 513.45, au 20 juillet prochain,

revêtue de votre acceptation et endossée par MM. Thiers et $C^{ie}$, Saint Pont.

Je vous ai crédité de ce montant, pour solde de ma facture du 15 octobre dernier et frais, sous les réserves d'usage.

Recevez, Monsieur, mes salutations empressées.

Désiré Froment.

## B. Das Bankgeschäft.

Da die Banken (Bankiers, Bankhäuser) den Geldverkehr vermitteln, das Geld aber der Wertmesser und zugleich das allgemeine Tauschmittel für alle übrigen Waren ist, so sind alle diejenigen, die das Handelsgewerbe betreiben, auf den Verkehr mit der Bank angewiesen.

Eigengeschäfte; Kommissionsgeschäfte. Der Bankier macht teils Geschäfte für eigene Rechnung (Proper-, Eigengeschäfte); teils handelt er im Auftrag und für Rechnung seiner Kommittenten (Kommissionsgeschäfte).

Kassaverkehr; Verrechnungsverkehr. Beschränkt sich der Verkehr zwischen Kommittent und Bankier auf einzelne Geschäfte, die sofort beglichen werden, so bezeichnet man diese Geschäfte als Einzel- oder Kassegeschäfte. Werden die Geschäfte nicht sofort beglichen, sondern gebucht oder verrechnet, so spricht man von Verrechnungsverkehr. Der Verrechnungsverkehr ist entweder Giroverkehr oder Kontokorrentverkehr.

Giroverkehr. Der Giroverkehr setzt ein ständiges Guthaben des Kunden auf dem für diesen Verkehr geführten Konto (Girokonto) voraus. Dem Girokonto werden bare Einlagen, die der Kontoinhaber für eigene Rechnung macht oder die für seine Rechnung gemacht werden, sofort gutgeschrieben. Außerdem besorgt die Bank das Inkasso der ihr vom Kontoinhaber quittiert übergebenen Wechsel, Anweisungen, Rechnungen und sonstiger Wertpapiere für dessen Rechnung und schreibt ihm die Beträge nach Eingang gut.

Der Kontoinhaber kann jederzeit über sein Guthaben verfügen. Seine sämtlichen Abhebungen sowie alle bar oder durch Verrechnung für ihn eingehenden Beträge werden in ein Kontogegenbuch eingetragen. Die Girogelder werden von den Banken spesenfrei verwaltet, aber gewöhnlich nicht oder doch nur sehr niedrig verzinst. Der Giroverkehr ist ein reines Kassiergeschäft, Anlaß zu Briefwechsel ist selten gegeben.

Kontokorrentverkehr. Der Kontokorrentverkehr setzt ein ständiges Guthaben des Kontoinhabers nicht voraus, sondern dieser nimmt in der Regel den Kredit seines Bankiers in Anspruch.

Der Kredit heißt gedeckt (gedeckter Kredit, Realkredit), wenn der Bankier ein Unterpfand (Deckung) für seine Vorschüsse in Händen hat.

Der Kredit heißt ungedeckt (Blankokredit, Personalkredit), wenn der Bankier lediglich auf persönliches Vertrauen hin Vorschüsse gewährt.

Wird ein gedeckter oder ungedeckter Kredit in der Form gewährt, daß der Bankier die Wechsel akzeptiert, die der Kontoinhaber auf ihn zieht oder auf ihn ziehen läßt, so spricht man von Akzeptkredit.

Der Kontokorrentverkehr ist sehr mannigfaltig; gleichwohl kann ein großer Teil des Briefwechsels durch Formulare erledigt werden, da sich gewisse Geschäftsvorfälle ständig wiederholen.

Kaufleute, die nicht im Kontokorrentverkehr mit einem Bankier stehen, werden die Vermittelung eines solchen gleichwohl in Anspruch nehmen, wenn es sich handelt um:

1. Begebung von Wechseln gegen Zinsenabzug, Diskontwechsel;
2. Vermittelung von Auszahlungen durch Wechsel, Kommissionsrimessen;
3. Vermittelung von Einziehungen durch Wechsel, Kommissionstratten;
4. Vermittelung bei Einlösung von Wechseln, Domizilwechsel;
5. Vermittelung im Notfall (Intervention), Notleidende Wechsel.

## B. Les opérations de banque.

Les banquiers vendent et achètent la monnaie sous quelque forme qu'elle se présente. Or la monnaie, objet de leur commerce, est à la fois une mesure d'évaluation et la marchandise intermédiaire de tous les échanges: tous les commerçants entreront donc forcément en relations avec les banquiers.

*Affaires en propre compte; affaires en commission.* Le banquier travaille tantôt à son propre compte, pour son compte personnel (affaires en propre compte), tantôt en commission, pour le compte et au nom d'autrui (affaires en commission).

*Affaires au comptant, affaires en compte.* Les opérations de banque qui se règlent immédiatement et isolément sont des affaires au comptant. Les opérations en compte, c'est à dire celles dont le règlement définitif est remis à une date ultérieure, comprennent les opérations en compte courant sur dépôts à vue et les opérations en compte courant et d'intérêts.

*Le compte courant sur dépôts à vue ou compte de chèques.* Ainsi que le titre l'indique, un tel compte suppose des fonds déposés en banque par le client et disponibles sans préavis. Ce compte est alimenté des versements effectués par le titulaire, des recouvrements opérés pour le compte de ce dernier et du montant des effets remis à l'escompte. Il est grevé de tous les paiements faits contre chèque, par virement ou en espèces et du montant des effets acquittés par le banquier.

Tous les prélèvements ou versements effectués soit en espèces, soit par mandats de virement (mandats rouges) soit par chèques sont inscrits dans un carnet de compte (livret de banque). Les fonds déposés par le titulaire d'un compte de chèques ne produisent qu'un intérêt minime ou pas du tout d'intérêt. Le banquier, dans ce cas, n'est que simple caissier; ce genre d'affaires ne donne pas lieu à correspondance.

*Le compte courant et d'intérêts.* Lorsque le banquier fait des avances de fonds à ceux de ses clients qui lui offrent les garanties réelles ou morales nécessaires, le compte courant porte intérêt au débit comme au crédit.

Le crédit accordé par le banquier est dit couvert ou réel, si le banquier est en possession d'une garantie matérielle (nantissement, hypothèque, etc.).

Le crédit est dit personnel (crédit à découvert, crédit enblanc) s'il n'est basé que sur la confiance morale du banquier en son client.

Parfois, le montant du crédit accordé se prélève par une série de dispositions, tirées sur la banque et acceptées par elle.

Les affaires en compte courant ont tout particulièrement trait aux opérations journalières du commerce, aussi fréquentes que variées. Aussi le banquier se sert-il, pour la correspondance habituelle résultant de ces transactions, de formules imprimées appelées lettres passe partout.

Les commerçants non titulaires d'un compte courant s'adressent quand même aux banquiers pour les opérations suivantes:

| | |
|---|---|
| 1° La négociation des effets de commerce sous escompte, | Effets à l'escompte; |
| 2° Le paiement par traite pour le compte d'un tiers, | Remises pour compte; |
| 3° Le recouvrement par traite pour le compte d'un tiers, | Tirages pour compte; |
| 4° La domiciliation de la traite, | Effets à domicile; |
| 5° L'intervention faute d'acceptation ou de paiement; | Effets protestés. |

# Briefe im Bankgeschäft.

## Diskontwechsel.

Bei Begebung von Wechseln vor ihrem Verfalltag (Diskontierung) werden die Zinsen (Diskont) für die noch verbleibende Laufzeit des Wechsels von der Wechselsumme gekürzt.

Die Bank, welcher Wechsel zur Diskontierung angeboten werden, kauft dieselben entweder für eigene Rechnung, oder sie vermittelt den Verkauf.

Werden einem Bankhaus Wechsel zur Diskontierung angeboten, so sind zur ordnungsgemäßen Erledigung des Geschäfts folgende drei Briefe erforderlich:

1. Der Wechselverkäufer an die Bank; Zusendung des Diskontwechsels.
2. Die Bank an den Wechselverkäufer; Übermittelung des Gegenwerts.
3. Der Wechselverkäufer an die Bank; Empfangsbestätigung.

65. Am 10. November 19.. übersendet C. Nestel, Ettlingen, an die Rheinische Kreditbank, Karlsruhe, einen Wechsel zur Diskontierung und bittet, ihm den Betrag durch Postanweisung zu übermitteln.

66. Am 12. November 19.. sendet die Rheinische Kreditbank den Wechselerlös unter Abrechnung an C. Nestel, Ettlingen.

67. Am 14. November 19.. bekennt sich C. Nestel, Ettlingen, zum Empfang des Geldes.

### 65.

Ettlingen, den 10. November 19..

Rheinische Kreditbank, Karlsruhe.

Anbei übersende ich Ihnen eingeschrieben:

ℳ 356,30 per 31. Januar n. J. auf A. Stieler, dort,

mit der Bitte, diesen Wechsel in Diskont zu nehmen und mir den Gegenwert durch Postanweisung zugehen zu lassen.

Hochachtungsvoll

C. Nestel.

# Opérations de banque.

## Négociation d'un effet.

Escompter un effet de commerce, c'est en remettre le montant à l'endosseur ou cédant, avant l'échéance, sous déduction de l'agio.

Le banquier peut pratiquer l'escompte à titre de commissionnaire ou en son propre nom.

Pour régler la négociation d'un effet de commerce par correspondance, il faut les trois lettres suivantes:

| | |
|---|---|
| 1° Cédant à cessionnaire, | Envoi de l'effet; |
| 2° Cessionnaire à cédant, | Remise du produit; |
| 3° Cédant à cessionnaire, | Accusé de réception. |

65° Le 10 novembre 19 . . C. Neton, Melun (Seine et Marne), remet au Crédit industriel et commercial, 66, rue de la Victoire, Paris, un effet à l'escompte, avec prière de lui en faire les fonds.

66° Le 12 novembre 19 . . le Crédit industriel et commercial, Paris, envoie à C. Neton, Melun, le produit de la négociation avec décompte.

67° Le 14 novembre 19 . . C. Neton, Melun, accuse réception de l'envoi d'argent.

### 65.

Melun, le 10 novembre 19 . .

Crédit industriel et commercial, Paris.

Monsieur le Directeur,

Sous pli recommandé, je vous remets, accepté:

Fr. 356.30, au 31 janvier prochain, sur A. Scribe, Paris.

Veuillez escompter ce papier et m'en faire parvenir le produit.
Recevez, Monsieur le Directeur, mes salutations empressées.

C. Neton.

## 66.

**Rheinische Kreditbank,
Karlsruhe.**

Karlsruhe, den 12. November 19..

Herrn C. Nestel, Ettlingen.

Für den uns mit Ihrem Schreiben vom 10. d. M. übermittelten Wechsel:

M 356,30 per 31./I. n. J.

übersenden wir Ihnen durch Postanweisung:

| | | | |
|---|---|---|---|
| | M | 351,25, | welche Sie |
| zuzüglich | „ | 3,85 | 5% Diskont 78 Tage |
| | „ | —,90 | $^{1}/_{4}$% Provision |
| | „ | —,30 | Porto |
| | M | 356,30 | |

zur Begleichung dieser Angelegenheit verwenden wollen.

Hochachtungsvoll
Wechselkasse
der
Rheinischen Kreditbank.
Lenz. Müller.

## 67.

Ettlingen, den 14. November 19..

Rheinische Kreditbank, Karlsruhe.

Die mir durch Postanweisung als Gegenwert für meine Rimesse übersandten:

| | | |
|---|---|---|
| M | 351,25 | verwende ich zuzüglich |
| „ | 5,05 | Diskont und Spesen |
| M | 356,30 | |

zu Ihrer Entlastung.

Hochachtungsvoll
C. Nestel.

## 66.

**Crédit industriel et commercial.**
**Société Anonyme**
**au capital de 60 millions de francs.**
**Confirmation de notre lettre du:**
**Accusé de réception de votre lettre du:** 10 ct

Paris, le 12 novembre 19..

Monsieur C. Neton, Melun.

Ci joint nous vous remettons:

Fr. 351.05 sur Paris.

Nous nous référons pour tous détails au décompte ci annexé.
Agréez, Monsieur, nos salutations empressées.

Crédit industriel et commercial.
Le Directeur
Chles Legros.

**Bordereau des effets remis à l'escompte par Monsieur C. Neton, Melun.**

| Sommes: | | Echéances: | Jours: | Tirés: |
|---|---|---|---|---|
| 356 | 30 | 31 janvier pain | 80 | A. Scribe |
| | | Fr. 3.95 escompte 5% | | |
| | | „ —.90 commission ¼% | | |
| 5 | 25 | „ —.40 port de lettre | | |
| Fr. 351 | 05 | | | |

## 67.

Melun, le 14 novembre 19..

Crédit industriel et commercial, Paris.

Monsieur le Directeur,

De votre honorée du 12 courant, j'ai retiré:

| | |
|---|---|
| No 3695, chèque sur Paris, | Fr. 351.05 |
| escompte et frais | „ 5.25 |
| | Fr. 356.30 |

en règlement de mon envoi du 10 courant.
Recevez, Monsieur le Directeur, mes salutations empressées.

C. Neton.

# Kommissionswechsel.

Soll eine Schuld außerhalb des Kontokorrentverkehrs durch Vermittlung eines dritten (Bankier oder Geschäftsfreund) durch Wechsel beglichen werden, so sind zur ordnungsgemäßen Erledigung der Remittierung und der Trassierung je sechs Briefe erforderlich.

Die Remittierung einem Bankhaus zu übertragen wird vorteilhaft sein, wenn demselben gleichzeitig Deckung durch Trassierung gewährt werden kann.

In diesem Falle beauftragt der Auftraggeber die Bank, Rimessen an seinen Gläubiger (Kommissionsrimessen) zu machen, und ermächtigt sie gleichzeitig, sich für den Rimessenbetrag auf einen seiner Schuldner durch Tratte (Kommissionstratte) zu erholen.

## Kommissionsrimessen.

1. Der Schuldner an den Vermittler; Auftrag zu remittieren.
2. „ Schuldner „ „ Gläubiger; Rimessenavis.
3. „ Vermittler „ „ Gläubiger; Zusendung der Rimessen.
4. „ Vermittler „ „ Schuldner; Ausführungsanzeige (Antwort zu 1).
5. „ Gläubiger „ „ Vermittler; Empfangsanzeige (Antwort zu 3).
6. „ Gläubiger „ „ Schuldner; Gutschrift der Rimessen (Antwort zu 2).

## Kommissionstratten.

1. Der Schuldner an den Gläubiger; Auftrag zu trassieren.
2. „ Schuldner „ „ Vermittler; Trattenavis.
3. „ Gläubiger „ „ Vermittler; Bitte um Inschutznahme.
4. „ Gläubiger „ „ Schuldner; Ausführungsanzeige (Antwort zu 1).
5. „ Vermittler „ „ Gläubiger; Zusage der Inschutznahme (Antwort zu 3).
6. „ Vermittler „ „ Schuldner; Belastung für die Trassierung (Antwort zu 2).

68. Am 2. Juli 19.. ersuchen Ritter & Co., Chemnitz, die Kreditbank, Leipzig, an Feller & Sohn, Bremen, rund 6000 Mark ca. 2 Monat laufende Rimessen zu machen.

69. In demselben Briefe weisen Ritter & Co., Chemnitz, die Kreditbank, Leipzig, an, sich unter Diskontberechnung auf Gebrüder Roth, Dresden, per ult. Juli für den Rimessenbetrag zu erholen.

70. Am 2. Juli 19.. verständigen Ritter & Co., Chemnitz, die Firma Feller & Sohn, Bremen, davon, daß ihr durch Kreditbank, Leipzig, Rimessen im Betrage von ca. 6000 Mark zugehen werden, und bitten um Gutschrift auf Einkaufskonto.

# Règlement pour le compte d'un tiers.

Sans être titulaire d'un compte courant, on se servira avec profit de l'intermédiaire d'un banquier, si l'on peut combiner le paiement d'une dette avec le recouvrement d'une créance.

Le banquier chargé de cette opération est alors à la fois remetteur pour compte et tireur pour compte.

La remise pour compte suppose 6 lettres, de même que le tirage pour compte. Mais l'ordonnateur étant le même, les deux premières et les deux dernières lettres se trouveront réunies en une seule.

## Remises pour le compte d'un tiers.

| | |
|---|---|
| 1° Ordonnateur à intermédiaire: | Ordre de faire remise. |
| 2° Ordonnateur à bénéficiaire: | Avis de la remise. |
| 3° Intermédiaire à bénéficiaire: | Envoi des remises. |
| 4° Bénéficiaire à intermédiaire: | Accusé de réception. |
| 5° Bénéficiaire à ordonnateur: | Avis des écritures. |
| 6° Intermédiaire à ordonnateur: | Décompte de l'opération. |

## Tirages pour le compte d'un tiers.

| | |
|---|---|
| 1° Ordonnateur à intermédiaire: | Ordre de faire traite. |
| 2° Ordonnateur à tiré: | Avis de la disposition. |
| 3° Intermédiaire à tiré: | Avis de la disposition. |
| 4° Tiré à intermédiaire: | Acceptation de la disposition. |
| 5° Tiré à ordonnateur: | Avis des écritures. |
| 6° Intermédiaire à ordonnateur: | Décompte de l'opération. |

68° Le 2 juillet 19 . . Joseph Bert, Croix (Nord), prie le Comptoir d'Escompte du Nord, Roubaix, de remettre à Jourdain et Cie au Havre, pour son compte, Fr. 6000.—, en papier de 2 mois à peu près.

69° Le 2 juillet 19 . . et par la même lettre, Joseph Bert, Croix (Nord), autorise le Comptoir d'Escompte du Nord, Roubaix, à se rembourser du montant de la remise, fin courant, sur Menard frères, Lille.

70° Le 2 juillet 19 . . Joseph Bert, Croix (Nord), informe Jourdain et Cie au Havre, que le Comptoir d'Escompte du Nord, Roubaix, leur fera, pour son compte, des remises de 6000 francs à peu près; il prie d'en créditer son compte d'achat.

71. Am 2. Juli 19.. verständigen Ritter & Co., Chemnitz, Gebrüder Roth, Dresden, davon, daß sie die Kreditbank ermächtigt haben, auf sie zu ziehen.

72. Am 3. Juli 19.. macht die Kreditbank, Leipzig, an Feller & Sohn, Bremen, Rimessen für Rechnung von Ritter & Co., Chemnitz.

73. Am 3. Juli 19.. benachrichtigt die Kreditbank, Leipzig, Gebrüder Roth, Dresden, davon, daß sie für Rechnung von Ritter & Co., Chemnitz, Tratte auf sie abgegeben habe.

74. Am 4. Juli 19.. erklären sich Gebrüder Roth, Dresden, der Kreditbank, Leipzig, gegenüber bereit, die auf sie abgegebenen Kommissionstratten zu honorieren.

75. Am 4. Juli 19.. erklären sich Gebrüder Roth, Dresden, der Firma Ritter & Co., Chemnitz, gegenüber bereit, die von der Kreditbank, Leipzig, ausgeschriebene Tratte zu schützen.

76. Am 5. Juli 19.. bestätigen Feller & Sohn, Bremen, der Kreditbank, Leipzig, den Empfang der Kommissionsrimessen.

77. Am 5. Juli 19.. zeigen Feller & Sohn, Bremen, Ritter & Co., Chemnitz, an, daß sie ihnen die von der Kreditbank, Leipzig, übersandten Rimessen per Verfall auf Einkaufskonto gutgeschrieben haben.

78. Am 5. Juli 19.. übersendet die Kreditbank, Leipzig, an Ritter & Co., Chemnitz, Abrechnung über die nach Bremen gemachten Rimessen.

79. In demselben Brief zeigt die Kreditbank, Leipzig, Ritter & Co., Chemnitz, an, daß sie sich auftragsgemäß für den Betrag ihrer Rimessen auf Gebrüder Roth, Dresden, erholt hat.

## 68. 69.

**Ritter & Co.**
**Spinnerei und Weberei,**
**Chemnitz.**

Chemnitz, den 2. Juli 19..

Kreditbank, Leipzig.

Hierdurch ersuchen wir Sie, für unsere Rechnung an die Firma Feller & Sohn, Bremen, Schüsselkorbstr. 12, Rimessen mit ca. zwei Monaten Laufzeit im annähernden Betrag von

ℳ 6000, i. W. Sechs Tausend Mark

zu machen.

Für den Gegenwert belieben Sie sich unter Abrechnung auf die Herren Gebrüder Roth, Dresden, per ult. Juli zu erholen.

Hochachtungsvoll

Ritter & Co.

71° Le 2 juillet 19 . . Joseph Bert, Croix (Nord), donne à Menard frères, Lille, avis du tirage auquel il a autorisé le Comptoir d'Escompte du Nord, Roubaix.

72° Le 3 juillet . . le Comptoir d'Escompte du Nord, Roubaix, remet, d'ordre et pour compte de Joseph Bert, Croix (Nord), 2 effets à Jourdain et Cie au Havre.

73° Le 3 juillet 19 . . le Comptoir d'Escompte du Nord, Roubaix, donne à Menard frères, Lille, avis du tirage, opéré d'ordre et pour compte de Joseph Bert, Croix (Nord).

74° Le 4 juillet 19 . . Menard frères, Lille, informent le Comptoir d'Escompte du Nord, Roubaix, qu'ils acceptant le tirage annoncé.

75° Le 4 juillet 19 . . Menard frères, Lille, promettent à Joseph Bert, Croix (Nord), d'accepter le tirage du Comptoir d'Escompte du Nord, Roubaix.

76° Le 5 juillet 19 . . Jourdain et Cie, au Havre, accusent réception des remises au Comptoir d'Escompte du Nord, Roubaix.

77° Le 5 juillet 19 . . Jourdain et Cie, au Havre, informent Joseph Bert, Croix (Nord), que les remises que le Comptoir d'Escompte du Nord, Roubaix, leur a faites, par son ordre, sont portées à son crédit.

78° Le 5 juillet 19 . . le Comptoir d'Escompte du Nord, Roubaix, remet à Joseph Bert, Croix (Nord), le bordereau des remises faites pour son compte.

79° Le 5 juillet 19 . . et par la même lettre, le Comptoir d'Escompte du Nord, Roubaix, informe Joseph Bert, Croix (Nord), du tirage sur Menard frères, Lille, en couverture des dites remises.

## 68. 69.

**Joseph Bert.**
**Filature et tissage.**
**Croix (Nord).**

Croix (Nord), le 2 juillet 19..

Comptoir d'Escompte du Nord, Roubaix.

Monsieur le Directeur,

Je vous prie de remettre à MM. Jourdain et Cie, au Havre, au débit de mon compte:

Fr. 6000.— six mille francs

en papier de deux mois.

Pour vous couvrir du montant de cette remise, veuillez disposer, fin courant, sur MM. Menard frères, Lille. Ces messieurs sont prévenus et s'empresseront de faire honneur à votre disposition.

En attendant votre décompte, j'ai l'honneur, Monsieur le Directeur, de vous présenter mes civilités empressées.

Joseph Bert.

## 70.

**Ritter & Co.**
**Spinnerei und Weberei,**
**Chemnitz.**

Chemnitz, den 2. Juli 19..

Herren Feller & Sohn, Bremen.

Im Verfolge unseres gestrigen Schreibens teilen wir Ihnen ergebenst mit, daß wir die Kreditbank, Leipzig, beauftragten, Ihnen mittelsichtige Rimessen im Betrage von ca. 6000 ℳ zugehen zu lassen.

Wir bitten, diese Anschaffung unserem Einkaufskonto wie üblich gutzubringen, und zeichnen

hochachtungsvoll

Ritter & Co.

## 71.

**Ritter & Co.**
**Spinnerei und Weberei,**
**Chemnitz.**

Chemnitz, den 2. Juli 19..

Herren Gebrüder Roth, Dresden.

Ihr gestriges Schreiben überbrachte uns Rechnungsauszug per ult. Juni. dessen Saldo wir gleichförmig mit:

ℳ 9530,— zu unseren Gunsten

vortrugen.

Heute ermächtigen wir Kreditbank, Leipzig, ca. 6000 ℳ per ult. Juli auf Sie abzugeben, die Sie gefl. bei Vorkommen zu Lasten unserer Rechnung honorieren wollen.

Hochachtungsvoll

Ritter & Co.

## 70.

**Joseph Bert.**
**Filature et tissage.**
**Croix (Nord).**

Croix (Nord), le 2 juillet 19..

Messieurs Jourdain et Cie au Havre.

Je vous confirme ma lettre d'hier.

Je viens de charger le Comptoir d'Escompte du Nord, Roubaix, de vous faire remise jusqu'à concurrence de 6000 francs, en papier de deux mois.

Veuillez en créditer mon compte d'achat, sous la réserve d'usage.

Recevez, Messieurs, mes salutations empressées.

Joseph Bert.

## 71.

**Joseph Bert.**
**Filature et tissage.**
**Croix (Nord).**

Croix (Nord), le 2 juillet 19..

Messieurs Menard frères, Lille.

J'ai retiré de votre lettre d'hier l'extrait de mon compte courant chez vous, arrêté fin juin dernier et accusant un solde de:

Fr. 9530.— en ma faveur.

Pour m'en couvrir en partie, je viens d'autoriser le Comptoir d'Escompte du Nord, Roubaix, à tirer sur vous:

Fr. 6000.— fin courant.

Veuillez réserver bon accueil à cette disposition, au débit de mon compte.

Agréez, Messieurs, mes salutations empressées.

Joseph Bert.

## 72.

**Kreditbank, Leipzig.**

Leipzig, den 3. Juli 19..

Herren Feller & Sohn, Bremen.

Im Auftrag und für Rechnung der Herren Ritter & Co., Chemnitz, überreichen wir Ihnen anbei:

ℳ 3615,30 per 25. August d. J., auf Wolf & Co., dort,
„ 2352,70 „ 31. „ „ „ „ Fr. Härtel, dort,

mit der Bitte, uns den Empfang zu bestätigen.

Hochachtungsvoll

p. pa. Kreditbank
L. Kühn. H. Krause.

## 73.

**Kreditbank, Leipzig.**

Leipzig, den 3. Juli 19..

Herren Gebrüder Roth, Dresden.

Auf Veranlassung der Herren Ritter & Co., Chemnitz, erlaubten wir uns, heute auf Sie:

ℳ 5954,90 per 31. Juli d. J., O/E.

abzugeben.

Wir bitten, diese Tratte bei Vorkommen zu Lasten der obengenannten Firma zu honorieren.

Hochachtungsvoll

p. pa. Kreditbank
L. Kühn. H. Krause.

## 72.

**Comptoir d'Escompte du Nord.**
**Confirmation de notre dernière lettre:**
**Accusé de réception de votre dernière lettre:**

Roubaix, le 3 juillet 19..

Messieurs Jourdain et C^ie^, au Havre.

D'ordre et pour compte de M. Joseph Bert, Croix (Nord), nous vous remettons, sous pli recommandé:

Fr. 3615.30, au 25 août p^ain^, sur Durand et C^ie^, de v/v.
„ 2352.70, „ 31 „ „ , „ Henri Féral, de v/v.

Veuillez nous accuser réception de cet envoi et agréer, Messieurs, nos salutations empressées.

p. p^on^ Comptoir d'Escompte du Nord.
Finot. Laloy.

recommandé.

## 73.

**Comptoir d'Escompte du Nord.**
**Confirmation de notre dernière lettre:**
**Accusé de réception de votre dernière lettre:**

Roubaix, le 3 juillet 19..

Messieurs Menard frères, Lille.

Par ordre de M. Joseph Bert, Croix (Nord), nous venons de disposer sur vous:

Fr. 5954.55, fin courant, O/nous-mêmes.

Veuillez réserver bon accueil à cette traite, au débit de M. Joseph Bert, Croix (Nord).

Agréez, Messieurs, nos civilités empressées.

p. p^on^ Comptoir d'Escompte du Nord.
Finot. Laloy.

## 74.

**Gebrüder Roth,**
**Kommission u. Spedition.**
**Dresden.**

Dresden, den 4. Juli 19..

Kreditbank, Leipzig.

Die mit Ihrem geehrten gestrigen Schreiben avisierte Tratte:

ℳ 5954,90 per 31. Juli d. J.

werden wir bei Vorkommen zu Lasten der Herren Ritter & Co., Chemnitz, honorieren.

Hochachtungsvoll

Gebrüder Roth.

## 75.

**Gebrüder Roth,**
**Kommission u. Spedition.**
**Dresden.**

Dresden, den 4. Juli 19..

Herren Ritter & Co., Chemnitz.

Wir besitzen Ihr geschätztes Schreiben vom 2. d. Mts.

In Übereinstimmung damit zeigt uns Kreditbank, Leipzig, soeben an, daß sie

ℳ 5954,90 per ult. Juli

auf uns abgegeben hat.

Wir werden diese Tratte bei Verfall zu Ihren Lasten einlösen.

Hochachtungsvoll

Gebrüder Roth.

## 76.

**Feller & Sohn,**
**Export und Import.**

Bremen, den 5. Juli 19..

Kreditbank, Leipzig.

Ihrem Schreiben vom 3. d. M. entfalteten wir:

ℳ 3615,30 per 25./VIII. d. J.
„ 2352,70 „ 31./VIII. d. J.

hier, welche wir zugunsten der Firma Ritter & Co., Chemnitz, verwenden.

Hochachtungsvoll

Feller & Sohn.

## 74.

**Menard frères.**
**Commission et expédition.**
**Lille.**

Lille, le 4 juillet 19..

Comptoir d'Escompte du Nord, Roubaix.

Messieurs,

Nous ferons bon accueil à la traite dont votre lettre d'hier nous portait avis:

Fr. 5954.55, fin courant,

au débit de M. Joseph Bert, Croix (Nord).

Agréez, Messieurs, nos salutations empressées.

Menard frères.

## 75.

**Menard frères.**
**Commission et expédition.**
**Lille.**

Lille, le 4 juillet 19..

Monsieur Joseph Bert, Croix (Nord).

Conformément à votre lettre du 2 courant et à l'avis reçu ce matin du Comptoir d'Escompte du Nord, Roubaix, nous avons pris note que cette banque a disposé sur nous:

Fr. 5954.55 fin courant.

Nous réservons bon accueil à cette disposition, au débit de votre compte.

Recevez, Monsieur, nos civilités empressées.

Menard frères.

## 76.

**Jourdain et Cie.**
**Importation et Exportation.**

Le Havre, le 5 juillet 19..

Comptoir d'Escompte du Nord, Roubaix.

Monsieur le Directeur,

Nous venons de recevoir votre lettre du 3 courant, renfermant:

Fr. 3615.30, au 25 août prochain,
„ 2352.50, „ 31 „ „ ,
Fr. 5968.— sur notre ville.

Conformément à vos instructions, nous avons porté cette somme au crédit de M. Joseph Bert, Croix (Nord), sous les réserves d'usage.

Recevez, Monsieur le Directeur, l'assurance de notre considération très distinguée.

Jourdain et Cie.

### 77.

**Feller & Sohn,**
**Export und Import.**

Bremen, den 5. Juli 19..

Herren Ritter & Co., Chemnitz i. S.

Wir besitzen Ihr Schreiben vom 2. d. M. und erhielten soeben von der Kreditbank, Leipzig, die darin avisierten Rimessen:

ℳ 3615,30 Val. 25. August d. J.,
ℳ 2352,70 Val. 31. August d. J.,

welche wir wie vorstehend Ihrem Einkaufskonto E. V. gutschrieben.

Hochachtungsvoll
Feller & Sohn.

### 78. 79.

**Kreditbank, Leipzig.**

Leipzig, den 5. Juli 19..

Herren Ritter & Co., Chemnitz i. S.

In Ausführung Ihres geschätzten Auftrags vom 2. d. M. haben wir für Sie an die Herren Feller & Sohn, Bremen:

ℳ 3615,30 per 25. August }
„ 2352,70 per 31. August } Bremen

angeschafft und belasten Sie hierfür laut untenstehender Abrechnung mit:

ℳ 5928,45 per 3. Juli d. J.

Zum Ausgleich dieser Forderung entnahmen wir aufgabegemäß auf die Herren Gebrüder Roth, Dresden:

ℳ 5954,90 per 31. Juli d. J.,

wofür wir Sie wie untenstehend mit:

ℳ 5928,45 per 3. Juli d. J.

erkannten.

Stets gern zu Ihren Diensten zeichnen wir

hochachtungsvoll
p. pa. Kreditbank
L. Kühn. H. Krause.

## 77.

**Jourdain et Cie.**
**Importation et Exportation.**

Le Havre, le 5 juillet 19..

Monsieur Joseph Bert, Croix (Nord).

Nous avons reçu du Comptoir d'Escompte du Nord, Roubaix, les remises dont votre lettre du 2 courant nous portait avis.

Conformément à vos instructions de même date, nous avons crédité, sous les réserves d'usage, votre compte d'achat chez nous de:

Fr. 3615.30, valeur 25 août prochain,
Fr. 2352.70, valeur 31 août prochain.

Veuillez agréer, Monsieur, nous salutations empressées.

Jourdain et Cie.

## 78. 79.

**Comptoir d'Escompte du Nord.**
**Confirmation de notre dernière lettre:**
**Accusé de réception de votre dernière lettre: 2 ct.**

Roubaix, le 5 juillet 19..

Monsieur Joseph Bert, Croix (Nord).

Suivant votre ordre du 2 ct, nous avons remis, à MM. Jourdain et Cie au Havre:

Fr. 3615.30, au 25 août prochain, } sur Havre.
„ 2352.70, au 31 „ „ }

Nous vous en débitons, suivant décompte ci dessous, de:

Fr. 5927.25, valeur 3 courant.

En règlement de cette affaire, nous avons tiré, sur MM. Menard frères, Lille:

Fr. 5954.55, au 31 courant,

dont vous êtes crédité par:

Fr. 5927.25, valeur 3 courant,

suivant bordereau ci contre.

Toujours dévoués à vos ordres, nous vous présentons, Monsieur, nos sincères salutations.

p. pon Comptoir d'Escompte du Nord.
Finot. Laloy.

## Rechnung.

### Guthaben.

Tratte auf Dresden:

| | | |
|---|---|---|
| | ℳ 5954,90 | per 31./7., |
| ·/· | „ 23,45 | Diskont 27 Tage, $5^1/_4$ %. |
| | ℳ 5931,45 | |
| | „ 3,— | Stempel |
| | ℳ 5928,45 | Val. 3./7. |

### Schuld.

Rimessen nach Bremen:

| | | | Tage | Nr. |
|---|---|---|---|---|
| | ℳ 3615,30 | per 25./8. | 52 | 1880 |
| | „ 2352,70 | „ 31./8. | 57 | 1341 |
| | ℳ 5968,— | | | 3221 |
| ·/· | „ 47,— | $5^1/_4$ % Diskont. | | |
| | ℳ 5921,— | | | |
| | „ 7,45 | $^1/_8$ % Provision von ℳ 5968,— | | |
| | ℳ 5928,45 | Val. 3./7. | | |

## BORDEREAU.

Avoir:

Traites sur Lille:

| | | |
|---|---|---|
| | Fr. 5954.55, | fin juillet, |
| ·/· | „ 24.30 | escompte 28 jours, $5^1/_4$ % |
| | Fr. 5930.25 | |
| | „ 3.— | timbre |
| | Fr. 5927.25, | valeur 3 juillet. |

Doit:

Remises sur Havre:

| | | | Jours: | Nombres: |
|---|---|---|---|---|
| | Fr. 3615.30, | au 25 août, | 53 | 1916 |
| | „ 2352.70, | au 31 août, | 59 | 1388 |
| | Fr. 5968.— | | | 3304 |
| ·/· | „ 48.20 | $5^1/_4$ % d'escompte | | |
| | Fr. 5919.80 | | | |
| | „ 7.45 | $^1/_8$ % commission s/Fr. 5968.— | | |
| | Fr. 5927.25, | valeur 3 juillet. | | |

# Domizilwechsel.

Für die Begebbarkeit eines Wechsels ist es wichtig, daß derselbe an einem größeren Platze, womöglich an einem Bankplatz zahlbar gestellt ist.

Bei Wechseln, welche auf kleinere Plätze lauten, wird deshalb häufig ein Bankhaus an einem größeren Platze als Zahlstelle (Domizil) vorgeschrieben.

Die Domizilierung von Wechseln außerhalb des Kontokorrentverkehrs erfordert zur ordnungsgemäßen Erledigung folgende sechs Briefe:

1. Der Domiziliant an den Domiziliaten; Anfrage über Domizilbedingungen.
2. „ Domiziliat an den Domizilianten; Angabe der Domizilbedingungen;
3. „ Domiziliant an den Domiziliaten; Avis des Domizilwechsels;
4. „ Domiziliat an den Domizilianten; Bitte um rechtzeitige Deckung.
5. „ Domiziliant an den Domiziliaten; Zusendung der Deckung;
6. „ Domiziliat an den Domizilianten; Rücksendung des quittierten Wechsels.

80. Am 2. Juni 19.. fragt Joseph Braun, Spandau, bei dem Bankhaus Lang & Co., Berlin, an, zu welchen Bedingungen es bereit sein würde, ihm die Domizilierung seiner Wechsel zu gestatten.

81. Am 3. Juni 19.. teilen Lang & Co., Berlin, der Firma Joseph Braun, Spandau, ihre Bedingungen für die Domizilierung mit.

82. Am 12. Juni 19.. zeigt Joseph Braun, Spandau, der Firma Lang & Co., Berlin, an, daß er eine von Paul Herz, Potsdam, per 10. Oktober auf ihn abgegebene Tratte mit Accept versehen bei ihnen, Lang & Co., Berlin, domiziliert habe.

83. Am 13. Juni 19.. erwidern die Domiziliaten, daß sie von der Domizilierung Kenntnis genommen haben, und bitten um rechtzeitige Anschaffung.

84. Am 7. Oktober 19.. übersendet der Acceptant den Domiziliaten Deckung.

85. Am 10. Oktober 19.. bekennen sich die Domiziliaten zum Empfang der Barsendung und überreichen das eingelöste Accept.

## 80.

**Joseph Braun,**
**Kolonialwaren und**
**Landesprodukte.**

Spandau, den 2. Juni 19..

Herren Lang & Co., Berlin.

Ich bitte, mir umgehend mitzuteilen, zu welchen Bedingungen Sie mir gestatten würden, meine Accepte bei Ihnen zu domizilieren.

Deckung würde ich Ihnen stets rechtzeitig zugehen lassen.

Hochachtungsvoll
Joseph Braun.

# Domiciliation d'effets.

Pour rendre l'effet bancable et diminuer les frais de négociation, le tiré qui habite une localité sans importance commerciale rend ses traites payables chez un banquier établi dans une grande ville.

Si le tiré n'est pas en compte courant avec la banque indiquée comme domicile de paiement, il s'entendra avec elle sur les conditions de domiciliation.

Pour régler une transaction de ce genre, il faudra écrire, de part et d'autre, les six lettres suivantes:

| | |
|---|---|
| 1° Le tiré au domiciliataire: | Demande des conditions. |
| 2° Le domiciliataire au tiré: | Envoi des conditions. |
| 3° Le tiré au domiciliataire: | Avis de la traite domiciliée. |
| 4° Le domiciliataire au tiré: | Prière de faire couverture. |
| 5° Le tiré au domiciliataire: | Envoi des fonds. |
| 6° Le domiciliataire au tiré: | Envoi de la traite acquittée. |

80° Le 2 juin 19 . ., Frédéric Leduc, Méry-sur-Seine (Aube), demande à la Banque Parisienne, 7, rue Chauchat, Paris, à quelles conditions elle consentirait à servir de domicile de paiement à ses effets.

81° Le 3 juin 19 . . la Banque Parisienne, Paris, communique à Frédéric Leduc, Méry-sur-Seine, ses conditions de domiciliation.

82° Le 12 juin 19 . . Frédéric Leduc, Méry-sur-Seine, informe la Banque Parisienne, Paris, qu'il l'a indiquée comme domicile de paiement.

83° Le 13 juin 19 . . la Banque Parisienne, Paris, répond qu'elle a pris note de la domiciliation. Elle prie le tiré de la munir à temps des fonds nécessaires.

84° Le 7 octobre 19 . . Frédéric Leduc, Méry-sur-Seine, envoie les fonds nécessaires au paiement de la traite.

85° Le 10 octobre 19 . . la Banque Parisienne, Paris, accuse réception de l'envoi et retourne la traite acquittée.

## 80.

**Frédéric Leduc.**
**Comestibles et denrées coloniales.**

Méry-sur-Seine, le 2 juin 19..

Banque Parisienne, Paris.

Monsieur le Directeur,

Veuillez me dire, par retour du courrier, à quelles conditions je pourrais domicilier mes traites chez vous.

Il est bien entendu que les fonds vous parviendront toujours à temps.

Agréez, Monsieur le Directeur, l'assurance de ma considération très distinguée.

Frédéric Leduc.

## 81.

**Bank- und Wechselgeschäft**
**Lang & Co., Berlin W.,**
**Kanonier-Str. 2.**
**Reichsbank-Girokonto.**
**Telegrammadresse: Langbank.**

Berlin, den 3. Juni 19..

Herrn Joseph Braun, Spandau.

Im Besitz Ihrer gestrigen Anfrage erklären wir uns gern damit einverstanden, daß Sie Ihre Accepte bei uns zahlbar stellen.

Wir würden Ihnen $^1/_4$ % Domizilprovision sowie Selbstauslagen berechnen, wobei wir voraussetzen, daß uns Deckung spätestens zwei Tage vor Verfall zugeht.

Hochachtungsvoll

p. pa. Lang & Co.
E. Frey.

## 82.

**Joseph Braun,**
**Kolonialwaren und**
**Landesprodukte.**

Spandau, den 12. Juni 19..

Herren Lang & Co., Berlin.

Unter Bezugnahme auf Ihr gefl. Schreiben vom 3. d. M. zeige ich Ihnen an, daß ich mir heute gestattete, mein Accept:

ℳ 645,30 per 10./10. d. J., ausgestellt von Paul Herz, Potsdam,

bei Ihnen zu domizilieren.

Ich bitte, hiervon gefl. Vormerkung zu nehmen. Deckung werde ich Ihnen prompt zugehen lassen.

Hochachtungsvoll

Joseph Braun.

## 83.

**Bank- und Wechselgeschäft**
**Lang & Co., Berlin W.,**
**Kanonier-Str. 2.**
**Reichsbank-Girokonto.**
**Telegrammadresse: Langbank.**

Berlin, den 13. Juni 19..

Herrn Joseph Braun, Spandau.

Ihr gestriges Schreiben ist in unseren Händen. Wir bemerkten uns, daß Sie:

ℳ 645,30 per 10./10. d. J., Aussteller Paul Herz, Potsdam,

bei uns domiziliert haben, und sehen rechtzeitiger Anschaffung gern entgegen.

Hochachtungsvoll

p. pa. Lang & Co.
E. Frey.

**Banque Parisienne.**
7, rue Chauchat, 7,
**PARIS.**
Date de notre dernière lettre expédiée:
Date de votre dernière lettre reçue: 2 c$^t$

**81.**

Paris, le 3 juin 19..

Monsieur Frédéric Leduc, Méry-sur-Seine (Aube).

Nous serions très heureux d'entrer en relations avec votre maison.

Voici nos conditions de domiciliation:

1° Envoi des fonds deux jours avant l'échéance de la traite à payer.

2° Commission: $^1/_4$ $^0/_0$ sur le montant des acceptations; 50 centimes par effet au minimum.

3° Remboursement des frais et débours.

Dans l'espoir que ces conditions vous conviendront, nous vous présentons, Monsieur, nos civilités distinguées.

Banque Parisienne.
Le Directeur
Barbé.

**Frédéric Leduc.**
Comestibles et denrées coloniales.

**82.**

Méry-sur-Seine, le 12 juin 19..

Banque Parisienne, Paris.

Monsieur le Directeur,

J'accepte vos conditions du 3 c$^t$ et j'ai indiqué votre honorable maison comme domicile de paiement sur mon acceptation de:

Fr. 645.30, au 10 octobre prochain, fournie p. M. P. Frank, Sèvres.

Les fonds vous parviendront en temps utile.

Agréez, Monsieur le Directeur, l'assurance de ma considération très distinguée.

Frédéric Leduc.

**Banque Parisienne.**
7, rue Chauchat, 7,
**PARIS.**
Date de notre dernière lettre expédiée: 3/6.
Date de votre dernière lettre reçue: 12/6.

**83.**

Paris, le 13 juin 19..

Monsieur Frédéric Leduc, Méry-sur-Seine (Aube).

Nous avons pris bonne note que votre traite de:

Fr. 645.30, au 10 octobre p$^{ain}$, émise p. M. P. Frank, Sèvres,

est domiciliée chez nous. Nous en attendons la provision le 8 octobre prochain au plus tard.

Recevez, Monsieur, nos salutations distinguées.

Banque Parisienne.
Le Directeur
Barbé.

## 84.

**Joseph Braun,**
**Kolonialwaren und**
**Landesprodukte.**

Spandau, den 7. Oktober 19..

Herren Lang & Co., Berlin.

Ich beziehe mich auf mein Schreiben vom 12. Juni d. J. und überreiche Ihnen beigeschlossen zur Deckung meines Acceptes:

| | | |
|---|---|---|
| ℳ | 645,30 | per 10. Oktober d. J., |
| „ | 2,70 | Provision und Porti |
| ℳ | 648,— | in Banknoten und Briefmarken |

mit der Bitte, mir das eingelöste Papier eingeschrieben zusenden zu wollen.

Hochachtungsvoll
Joseph Braun.

## 85.

**Bank- und Wechselgeschäft**
**Lang & Co., Berlin W.,**
**Kanonier-Str. 2.**
**Reichsbank-Girokonto.**
**Telegrammadresse: Langbank.**

Berlin, den 10. Oktober 19..

Herrn Joseph Braun, Spandau.

Wir erhielten rechtzeitig Ihre Sendung vom 7. d. M., die wir aufgabegemäß mit:

| | | |
|---|---|---|
| ℳ | 645,30 | zur Einlösung Ihres Accepts, |
| „ | 2,70 | Provision und Porti |
| ℳ | 648,— | zum Ausgleich dieses Geschäfts |

verwendeten.

Die eingelöste Tratte legen wir bei und zeichnen hochachtungsvoll

Einschreiben.

p. pa. Lang & Co.
E. Frey.

## 84.

**Frédéric Leduc.**
**Comestibles et denrées coloniales.**

Méry-sur-Seine, le 7 octobre 19 . .

Banque Parisienne, Paris.

Monsieur le Directeur,

J'ai reçu, en son temps, votre honorée du 13 juin dernier.

Sous pli chargé, je vous remets, à titre de provision, comprenant Fr. 2.70 de commission et de débours:

| | | | | |
|---|---|---|---|---|
| 1 billet de banque | N° | 16 538. | Fr. | 500.— |
| 1 d° | „ | 27 927. | „ | 100.— |
| 1 mandat poste | | | „ | 48.— |
| | | | Fr. | 648.— |

Veuillez m'adresser la traite acquittée, sous pli recommandé.

Agréez, Monsieur le Directeur, l'assurance de ma considération très distinguée.

Frédéric Leduc.

chargement: Fr. 648.

## 85.

**Banque Parisienne.**
**7, rue Chauchat, 7,**
**PARIS.**
**Date de notre dernière lettre expédiée:** 13 juin
**Date de votre dernière lettre reçue:** 7/8bre

Paris, le 10 octobre 19 . .

Monsieur Fréderic Leduc, Méry-sur-Seine.

Nous vous remettons, sous pli recommandé, votre traite de:

| | | |
|---|---|---|
| Fr. | 645.30 | acquittée ce jour |
| „ | 2.70 | commission et débours |
| Fr. | 648.— | |

dont nous vous créditons comme solde de votre envoi du 7 ct.

Recevez, Monsieur, nos sincères salutations.

Banque Parisienne.
Le Directeur
Barbé.

Recommandé

# Wechsel zur Annahme; Notadresse.

Die Intervention wird durch einen Vermerk auf dem Wechsel vorgesehen, den man „Notadresse" nennt.

Verweigert der Wechselschuldner die Zahlung, so muß der Wechsel protestiert und dem Honoranten vorgelegt werden, der ihn für Rechnung des Ausstellers der Notadresse einlöst und gegen seine Zahlung nebst der Protesturkunde in Empfang nimmt.

86. Am 5. Juli 19.. übersendet Ferdinand Wild, Klingmühl, an das Bankhaus Beck & Co., Cottbus, einen Wechsel zur Einziehung.

87. Am 10. Juli 19.. übersenden Beck & Co., Cottbus, den Gegenwert durch Postanweisung an Ferdinand Wild, Klingmühl.

88. Am 16. Juli 19.. bekennt sich Ferdinand Wild, Klingmühl, zum Empfang des Geldes. Gleichzeitig sendet er an Beck & Co., Cottbus, einen Wechsel zur Besorgung der Annahme. Protest soll unterbleiben; Auskunft über den Bezogenen wird erbeten.

89. Am 18. Juli 19.. senden Beck & Co., Cottbus, den mit Annahme versehenen Wechsel zurück und erteilen Auskunft über den Bezogenen.

90. Am 20. Juli 19.. dankt Ferdinand Wild, Klingmühl, für die Auskunft und bittet Beck & Co., Cottbus, im Notfall zu Ehren seiner Firma zu intervenieren.

91. Am 21. Juli 19.. übersenden Beck & Co., Cottbus, ihre Bedingungen für den Fall der Intervention.

92. Am 16. Oktober 19.. teilen Beck & Co., Cottbus, ihrem Auftraggeber mit, daß der Bezogene Zahlung nicht geleistet hat.

93. Am 18. Oktober 19.. benachrichtigen Beck & Co., Cottbus, durch Einschreibebrief Ferdinand Wild, Klingmühl, daß der Wechsel mangels Zahlung protestiert worden ist. Sie legen Rückrechnung bei.

94. Am 20. Oktober 19.. übersendet Ferdinand Wild, Klingmühl, an Beck & Co., Cottbus, den Betrag der Rückrechnung.

## 86.

**Ferdinand Wild,**
**Klingmühl N. L.**

Klingmühl, den 5. Juli 19..

Herren Beck & Co., Cottbus.

In der Anlage überreiche ich Ihnen:

ℳ 330,65 per 10. d. M. a/W. Frank, dort,

mit der Bitte, den Betrag einziehen und mir abzüglich Provision und Spesen durch Postanweisung zusenden zu wollen.

Im Falle der Nichteinlösung des Wechsels bitte ich von Protesterhebung abzusehen.

Hochachtungsvoll

Ferdinand Wild.

Einschreiben.
1 Tratte.

# Paiement par intervention.

Le paiement par intervention est généralement prévu par la mention «au besoin chez» apposée sur l'effet.

Si le tiré refuse de payer, le porteur de la traite, après avoir fait protester, la présentera à l'intervenant (payeur au besoin). Celui ci paiera pour le compte de son mandant et recevra l'effet et l'acte de protêt.

86° Le 5 juillet 19 . . Louis Roche, Epinac (Saône-et-Loire), envoie à Witt et Cie, banquiers à Autun (Saône-et-Loire), un effet avec prière d'en recouvrer le montant.

87° Le 10 juillet 19 . . Witt et Cie, Autun, remettent à Louis Roche, Epinac, un chèque, en couverture de la somme recouvrée.

88° Le 16 juillet 19 . . Louis Roche, Epinac, accuse réception de l'envoi. — Il remet à Witt et Cie, Autun, un autre effet, avec prière d'en requérir l'acceptation. Il interdit le protêt, en cas de refus, et demande des renseignements sur le tiré.

89° Le 18 juillet 19 . . Witt et Cie, Autun, retournent à Louis Roche, Epinac, la traite acceptée par le tiré, et fournissent des renseignements sur l'accepteur.

90° Le 20 juillet 19 . . Louis Roche, Epinac, remercie Witt et Cie, Autun, des renseignements fournis. Il les informe qu'il a muni sa traite s/J. Renard d'un besoin chez eux.

91° Le 21 juillet 19 . . Witt et Cie, Autun, acceptent de payer au besoin et réitèrent, pour gouverne, leurs conditions d'intervention.

92° Le 16 octobre 19 . . Witt et Cie, Autun, préviennent Louis Roche, Epinac, que sa traite n'a pas été payée à présentation.

93° Le 18 octobre 19 . . Witt et Cie, Autun, notifient au tireur le protêt, faute de paiement, par lettre recommandée. Ils remettent, sous pli, l'effet protesté et le compte de retour.

94° Le 20 octobre 19 . . Louis Roche, Epinac, remet à Witt et Cie, Autun, le montant du compte de retour.

## 86.

**LOUIS ROCHE.**
**Epinac.**
(Saône-et-Loire.)

Epinac, le 5 juillet 19 . .

Messieurs Witt et Cie, Autun.

J'ai l'honneur de vous adresser, sous pli recommandé:

Fr. 330.65, sur M. Jean Renard de v/v., au 10 courant.

Veuillez recouvrer cette traite et m'en faire parvenir le montant, déduction faite de votre commission et de vos frais.

En cas de refus du tiré, je vous prie de ne pas faire protester.

Agréez, Messieurs, mes civilités empressées.

Louis Roche.

Recommandé.
1 effet.

**87.**

**Beck & Co.,**
**Cottbus.**

Cottbus, den 10. Juli 19..

Herrn Ferdinand Wild, Klingmühl.

Als Gegenwert des uns mit Ihrem Geehrten vom 5. d. M. zugegangenen Wechsels:

ℳ 330,65

überreichen wir Ihnen durch Postanweisung:

ℳ 329,50, die Sie
zuzüglich „ 1,15 Provision und Porti

zu unserer Entlastung verwenden wollen.

Hochachtungsvoll

Beck & Co.

**88.**

**Ferdinand Wild,**
**Klingmühl N. L.**

Klingmühl, den 16. Juli 19..

Herren Beck & Co., Cottbus.

Ich bestätige den Empfang Ihres Geehrten vom 10. d. M. und den Eingang der darin avisierten Geldsendung, die ich gleichlautend verbuchte.

Beigeschlossen überreiche ich Ihnen:

ℳ 646,25 per 15. Oktober d. J. a/W. Frank, dort,

mit der Bitte, das Papier zum Accept vorzulegen und mit der Unterschrift des Bezogenen an mich zurückgelangen zu lassen.

Sollte der Bezogene die Annahme verweigern, so bitte ich um Rücksendung ohne Protest.

Sehr angenehm wäre es mir, genau über diese Firma, von der mir weitere größere Bestellungen vorliegen, unterrichtet zu sein. Sie haben wohl die Güte, mich recht bald wissen zu lassen, wie es um Geschäftsführung und Kreditwürdigkeit des Inhabers steht. Meiner Verschwiegenheit wollen Sie sich versichert halten.

Hochachtungsvoll

Ferdinand Wild.

**Witt et Cie.**
**Banquiers.**
**Autun (Saône-et-Loire).**
**Confirmation de n/lettre du:**
**Accusé de réception de v/lettre du:** 5 ct

## 87.

Autun, le 10 juillet 19..

Pièce jointe: 1 chèque.

Monsieur Louis Roche, Epinac.

Ci joint nous vous remettons:

Fr. 329.20 chèque N° 5388

sur le Crédit Lyonnais, Lyon, montant de votre remise encaissée de:

Fr. 330.65.

Pour tous détails, voir le décompte ci annexé.

Nous vous présentons, Monsieur, nos salutations empressées.

p. pon Witt et Cie.
Joubert.

**Bordereau des effets encaissés pour compte de:**
**Monsieur Louis Roche, Epinac.**

| Nos: | Francs: | Tirés: | Echéance: | |
|---|---|---|---|---|
| | 330.65 | Jean Renard | 10 | juillet |
| | | 0.85 commission | | |
| | | 0.40 lettres | | |
| | 1.45 | 0.20 timbre du chèque | | |
| | 329.20 | n/remise s/Lyon. | | |

**LOUIS ROCHE.**
**Epinac.**
**(Saône-et-Loire.)**

## 88.

Epinac, le 16 juillet 19..

Messieurs Witt et Cie, Autun.

J'ai retiré de votre lettre du 10 ct:

chèque N° 5388 Fr. 329.30, sur Lyon,

dont vous êtes crédités, suivant votre décompte.

Sous ce pli, je vous remets:

Fr. 646.25, au 15 octobre pain, sur Jean Renard de v./v.

Veuillez faire présenter cet effet à l'acceptation et me le retourner, revêtu de la signature du tiré.

En cas de refus, vous me renverrez l'effet, sans faire protester.

Je vous serais très obligé de me faire parvenir des renseignements détaillés sur le tiré, celui ci venant de m'adresser de très fortes commandes.

Inutile d'ajouter que je ferai l'usage le plus discret des informations que vous voudrez bien me procurer.

Agréez, Messieurs, mes salutations très empressées. Louis Roche.

## 89.

**Beck & Co.,**
**Cottbus.**

Cottbus, den 18. Juli 19..

Herrn Ferdinand Wild, Klingmühl.

Die uns mit Ihrem vorgestrigen Schreiben übersandte Tratte von:

ℳ 646,25 per 15. Oktober d. J. a/W. Frank, hier,

geben wir Ihnen eingeschrieben mit der Unterschrift des Bezogenen versehen wieder zurück und bitten um Entlastung.

Für unsere Mühewaltung wollen Sie uns ℳ 1,— gutschreiben.

Bezüglich der gewünschten Auskunft teilen wir Ihnen zu diskreter Benutzung und ohne jedes Obligo unsererseits mit, daß die Firma eifrigst bestrebt ist, ihren Umsatz zu erhöhen.

Ob der Inhaber derselben dabei stets die nötige Vorsicht walten läßt, entzieht sich unserer Beurteilung.

Da wir auch die ihm zu Gebote stehenden Mittel, die von mehreren Seiten als unzulänglich bezeichnet werden, nicht kennen, so müssen wir es Ihrem Ermessen ganz anheimstellen, wie weit Sie den geforderten Kredit ausdehnen wollen.

Hochachtungsvoll

Beck & Co.

Einschreiben.
1 Accept.

## 90.

**Ferdinand Wild,**
**Klingmühl N. L.**

Klingmühl, den 20. Juli 19..

Herren Beck & Co., Cottbus.

Ich erhalte soeben Ihren Brief vom 18. d. M. nebst Einlage von:

ℳ 646,25 per 15. Oktober d. J. a/W. Frank, dort.

Beiliegend ℳ 1,— in Briefmarken zu meiner Entlastung.

Gleichzeitig danke ich Ihnen verbindlichst für die erteilte Auskunft, die mir sehr wertvoll ist.

Auf meine unbedingte Verschwiegenheit dürfen Sie zählen.

Der Vorsicht halber möchte ich bitten, mir zu gestatten, daß ich das oben erwähnte Accept für den Notfall mit Ihrer werten Adresse versehe.

Sie teilen mir wohl gleichzeitig mit, ob Sie auch in anderen Fällen bereit sein würden, zu Ehren meiner wechselmäßigen Unterschriften zu intervenieren.

Ich sehe Ihrer gefl. Rückäußerung gern entgegen und zeichne

hochachtungsvoll

Ferdinand Wild.

ℳ 1,— Briefmarken

## 89.

**Witt et Cie.**
**Banquiers,**
**Autun (Saône-et-Loire).**
**Confirmation de n/lettre du:** 10 ct
**Accusé de réception de v/lettre du:** 16 ct

Autun, le 18 juillet 19..

Pièce jointe: 1 traite.

Monsieur Louis Roche, Epinac.

Nous vous retournons, revêtue de la signature du tiré, votre traite de:

Fr. 646.25, au 15 octobre pain, sur M. Jean Renard de n./v.,

avec prière de nous en décharger et de porter à notre crédit 1 franc pour menus frais.

Quant aux renseignements que vous nous demandez, voici ce que nous avons appris:

Le chef de la maison en question fait tous ses efforts pour augmenter son chiffre d'affaires. On ignore toutefois s'il apporte à la surveillance des découverts les précautions indispensables en pareil cas et si ses ressources lui permettront toujours de mener grand train comme il le fait à présent.

Dans le doute, il vaut mieux ne pas lui accorder un crédit trop considérable.

Agréez, Monsieur, nos salutations empressées.

p. pon Witt et Cie.
Joubert.

Recommandé.
1 acceptation.

## 90.

**LOUIS ROCHE.**
**Epinac.**
**(Saône-et-Loire.)**

Epinac, le 20 juillet 19..

Messieurs Witt et Cie, Autun.

Je possède votre lettre du 18 courant, renfermant une traite acceptée de:

Fr. 646.25, au 15 octobre pain, s/M. Jean Renard de v./v.

à votre décharge.

Ci joint 1 franc en timbres-poste, à mon crédit.

Je vous remercie beaucoup des renseignements que vous avez bien voulu me donner sur le tiré; veuillez compter sur ma discrétion absolue.

Par simple mesure de prudence, j'ai muni l'acceptation de M. Renard d'un besoin chez vous, aux conditions usuelles.

Je vous présente, Messieurs, mes salutations très empressées.

Louis Roche.

Fr. 1 timbres-poste.

## 91.

**Beck & Co.,**
**Cottbus.**

Cottbus, den 21. Juli 19..

Herrn Ferdinand Wild, Klingmühl.

In Beantwortung Ihres gestrigen Briefes erklären wir uns gern bereit, im Notfall zu Ehren Ihrer Firma zu intervenieren.

Außer den Protestkosten und Auslagen würden wir Ihnen die gesetzlich vorgesehene Provision von $^1/_3\,^0/_0$ in Anrechnung bringen.

Hochachtungsvoll

Beck & Co.

## 92.

**Beck & Co.,**
**Cottbus.**

Cottbus, den 16. Oktober 19..

Herrn Ferdinand Wild, Klingmühl.

Soeben besuchte uns ein hiesiger Geschäftsfreund, Herr Lenk, und teilte uns mit, daß das Accept:

ℳ 646,25 per gestern a/W. Frank, hier,

welches er in Zahlung erhalten und dem Bezogenen vorgelegt hat, nicht honoriert worden ist.

Der Acceptant hat gebeten, vorläufig keinen Protest zu erheben, und versprochen, er werde morgen vormittag Zahlung leisten.

Da spätestens im Laufe des morgenden Nachmittags Protesterhebung erfolgen müßte, so hat Herr Lenk für alle Fälle den notleidenden Wechsel seinem Notar zu weiterer Veranlassung übergeben, diesen aber angewiesen, dem Acceptanten tunlichst entgegenzukommen.

Wir haben Herrn Lenk auf sein Befragen erklärt, daß wir bereit sind, zu Ehren Ihrer Firma zu intervenieren.

Über die weitere Entwickelung der Angelegenheit berichten wir Ihnen morgen und zeichnen

hochachtungsvoll

Beck & Co.

## 91.

**Witt et Cie.**
**Banquiers.**
**Autun (Saône-et-Loire).**
**Confirmation de n/lettre du:**
**Accusé de réception de v/lettre du: 20 ct**

Autun, le 21 juillet 19..

Monsieur Louis Roche, Epinac.

Nous acceptons de payer au besoin, s'il y a lieu, votre traite de:

Fr. 646.25, au 15 8bre pain, s/M. Jean Renard de n/v.

aux conditions usuelles que nous répétons pour gouverne:

Commission d'intervention: $^1/_3$ %, 50 centimes au minimum.

Remboursement de tous frais, suivant compte de retour.

Agréez, Monsieur, nos salutations empressées.

p. pon Witt et Cie.
Joubert.

## 92.

**Witt et Cie.**
**Banquiers.**
**Autun (Saône-et-Loire).**
**Confirmation de n/lettre du: 21 juillet dernier.**
**Accusé de réception de v/lettre du:**

Autun, le 16 octobre 19..

Monsieur Louis Roche, Epinac.

Votre traite de:

Fr. 646.25, échue hier, sur M. Jean Renard de n/v.,

a été présentée au paiement par M. Luc, un de nos amis sur place. Le tiré ayant demandé un délai de 24 heures, M. Luc n'a pas encore fait protester.

Toutefois, cette formalité devant être remplie demain au plus tard, M. Luc a fait déposer la traite chez un huissier, avec ordre de faire protêt, en cas de non-paiement.

Nous avons informé M. Luc que nous interviendrions au besoin pour l'honneur de votre signature.

Nous vous tiendrons au courant de cette affaire et vous prions d'agréer, Monsieur, nos salutations empressées.

p. pon Witt et Cie.
Joubert.

## 93.

**Beck & Co.,**
**Cottbus.**

Cottbus, den 18. Oktober 19..

Herrn Ferdinand Wild, Klingmühl.

Hierdurch teilen wir Ihnen mit, daß die mit unserer Adresse versehene Tratte:

ℳ 646,25 per 15. Oktober d. J. a/W. Frank, hier,

vom Acceptanten nicht eingelöst, sondern uns unter Protest M. Z. zur Ehrenzahlung vorgelegt worden ist.

Indem wir Sie gemäß Artikel 58 der Allgemeinen Deutschen Wechselordnung von der geschehenen Intervention verständigen, legen wir Ihnen Protesturkunde und notleidenden Wechsel im Original bei und bitten, uns laut untenstehender Aufstellung mit:

ℳ 653,65 per dato

zu erkennen.

Hochachtungsvoll
Beck & Co.

In Protestsachen.

Eingeschrieben.

| | |
|---|---|
| Wechselsumme . . | ℳ 646,25 |
| Protestkosten . . . . | „ 4,60 |
| $^1/_3$ % Provision . . | „ 2,15 |
| Porti . . . . . . | „ 0,65 |
| | ℳ 653,65 |

## 93.

**Witt et Cie.**
**Banquiers.**
**Autun (Saône-et-Loire).**

Autun, le 18 octobre 19 . .

**Confirmation de n/lettre du:** 16 ct.
**Accusé de réception de v/lettre du:**

Pièces jointes: **1 effet impayé,**
**1 acte de protêt,**
**1 compte de retour.**

Monsieur Louis Roche, Epinac.

Conformément à l'article 165 du Code de commerce, nous vous notifions que votre traite de:

Fr. 646.25, sur M. Jean Renard, Autun,

échue le 15 ct, a été protestée, faute de paiement.

En vertu du besoin que vous y aviez mis, nous sommes intervenus pour l'honneur de votre signature.

Nous vous remettons, sous ce pli recommandé:

l'effet impayé, dûment protesté,
l'acte de protêt, dressé le 17 ct,
le compte de retour, au montant de:

Fr. 654.85, valeur ce jour,

à notre crédit, suivant décompte ci dessous.

Agréez, Monsieur, nos salutations empressées.

recommandé.

p. pon Witt et Cie.
Jourdain.

BORDEREAU.

Monsieur Jean Renard, Autun.

| | | |
|---|---|---|
| Principal . . . | Fr. | 646.25 |
| Protêt . . . . . | „ | 5.60 |
| Intérêts . . . . . | „ | —.— |
| Lettres réclamées | „ | —.— |
| Lettres déboursées | „ | —.85 |
| Commission . . | „ | 2.15 |
| Valeur ce jour | Fr. | 654.85 |

## 94.

**Ferdinand Wild,**
**Klingmühl N. L.**

Klingmühl, den 20. Oktober 19..

Herren Beck & Co., Cottbus.

Ich besitze Ihr geschätztes Schreiben vom 16. d. M. nebst Einlagen: Protesturkunde, uneingelöstes Akzept auf Frank und Rückrechnung auf

ℳ 653,65

lautend. Diesen Betrag übersende ich Ihnen anbei mit:

| | | |
|---|---|---|
| ℳ | 600,— | in Banknoten |
| „ | 50,— | „ Reichskassenscheinen |
| „ | 3,65 | „ Briefmarken |
| ℳ | 653,65 | |

zu meiner Entlastung.

Für Ihre Intervention in dieser Angelegenheit spreche ich Ihnen meinen verbindlichsten Dank aus und zeichne

hochachtungsvoll

Ferdinand Wild.

**94.**

Epinac, le 20 octobre 19..

Messieurs Witt et Cie, Autun.

Je possède votre lettre du 16 ct.
J'ai retiré de votre pli recommandé du 18 ct:

1 impayé
1 protêt
1 compte de retour au montant de:

Fr. 654.85.

Pour vous couvrir de cette somme, je vous adresse, sous pli chargé:

| | |
|---|---|
| No 24 191, billet de banque | Fr. 500.— |
| No 43 179, „ „ „ | „ 100.— |
| No 58 712, „ „ „ | „ 50.— |
| 1 mandat poste | „ 4.85 |
| | Fr. 654.85 |

avec prière d'en créditer mon compte.

Veuillez agréer, Messieurs, mes salutations très empressées.

Louis Roche.

Chargement
Fr. 654.85.

# Briefe im Verrechnungsgeschäft.

Kontokorrentverkehr. Im Kontokorrentverkehr beschränkt sich die Tätigkeit des Bankiers nicht wie beim Giroverkehr darauf, für Rechnung der Kontoinhaber Gelder einzuziehen und auszuzahlen; seine Arbeitsleistung ist viel mannigfaltiger; er ist nicht Kassierer, sondern Kommissionär des Kontoinhabers, dem er außerdem meist seinen Kredit zur Verfügung stellt.

Provision. Für die Arbeitsleistung des Bankiers im Kontokorrentverkehr wird ihm eine meist in Prozenten vom Umsatz ausgedrückte Entschädigung (Bankprovision) bezahlt.

Zinsen. Für Kreditgewährung wird außerdem und unbeschadet der Provision eine Zinsvergütung (Soll[Debet]-zinsen) entrichtet. Dagegen werden den Kontoinhabern ihre Guthaben ebenfalls verzinst (Haben[Kredit]-zinsen). Für Sollzinsen wird in der Regel ein höherer Zinsfuß vereinbart als für Habenzinsen.

Abrechnung. Die Abrechnung erfolgt in regelmäßigen, durch Vereinbarung festgestellten Zeitabschnitten, meist per 30. Juni (per ultimo Juni) und per 31. Dezember (per ultimo Dezember).

Briefwechsel. Im Kontokorrentverkehr kommen hauptsächlich folgende Briefgattungen vor:

a) Anträge (Angebote, Anerbieten, Offerten);
b) Antwort: Zustimmung oder Ablehnung;
c) Angabe der Bedingungen (Konditionen);
d) Bestätigung der Bedingungen:
e) Aufträge {zugunsten / zu Lasten} der laufenden Rechnung des Kontoinhabers;
f) Rechnungsabschlüsse (Kontokorrentauszüge);
g) Prüfungsberichte.

### a) Anträge (Angebote, Anerbieten, Offerten).

Der Antrag auf Eröffnung eines Kontokorrentverkehrs kann beiderseitig erfolgen.

### b) Beantwortung des Antrags.

Anfragen, die die Eröffnung eines Kontokorrentverkehrs bezwecken, pflegen auch dann beantwortet zu werden, wenn der Antrag aus irgend einem Grunde abgelehnt wird.

Lautet die Antwort zustimmend, so wird sie gleichzeitig die Bedingungen für den Bankverkehr (Bankbedingungen) enthalten.

### c) Bankbedingungen.

Die Bedingungen, zu welchen der Bankier dem Kontoinhaber seine Dienste widmet, betreffen:

1. Die Höhe und Sicherung des Kredits (gedeckt oder ungedeckt).
2. Die Höhe des Zinsfußes (für Debet und Kredit).
3. Die Höhe der Provision.
4. Die Termine für die Abrechnung.
5. Die Rückvergütung der Auslagen.

# Opérations en compte courant.

***Règlement par compte courant.*** Les commerçants qui entretiennent des relations suivies avec la banque, se font ouvrir un compte courant. Les comptes courants sont alimentés par les remises et grevés par les retraits des clients. Ils présentent deux côtés: au débit (Doit), à gauche, s'inscrivent les retraits ou dettes du titulaire; au crédit (Avoir), à droite, se trouvent ses remises ou créances.

Par le transport en compte courant, les valeurs perdent leur caractère individuel; il y a novation, c'est à dire que l'envoyeur perd le droit de revendiquer les valeurs telles qu'il les a remises. Ces valeurs forment, dès leur entrée en compte courant, un tout indivisible avec les autres articles du même compte.

***Commission.*** En échange de ses services et risques, le banquier prélève une rémunération, calculée à tant pour cent et appelée commission.

***Intérêts.*** Le compte courant tient compte des intérêts à celui qui est en avance de fonds. L'intérêt en faveur du .banquier (intérêt débiteur) est souvent établi à un taux plus élevé que l'intérêt en faveur du client (intérêt créditeur).

***Epoques d'arrêtés.*** Le compte courant est arrêté à des époques déterminées, par trimestre, par semestre ou par fin d'année.

***Correspondance.*** Le commerce de banque en compte courant donnera lieu à la correspondance suivante:

a) Offres de services.
b) Réponses: consentement ou refus.
c) Détermination des conditions.
d) Confirmation de conditions.
e) Ordres { au crédit / au débit } du titulaire.
f) Arrêtés de compte; extraits de comptes.
g) Vérification des extraits de compte.

## a) Offres de services.

Les premières démarches en vue de l'ouverture d'un compte courant peuvent émaner du négociant ou du banquier; il y aura toujours réponse, soit affirmative, soit négative.

## b) Entrée en pourparlers.

Les offres d'entrer en relations sont acceptées ou déclinées. S'il y a consentement, les conditions de compte seront indiquées.

## c) Conditions de compte.

Les conditions à établir concernent:

1° Le montant et la forme du crédit: à couvert ou à découvert.
2° Le taux des intérêts, pour le crédit et pour le débit.
3° Le taux de la commission.
4° Les époques des arrêtés.
5° Le remboursement des frais.

### d) Bestätigung der Bedingungen.

Nachdem die Verhandlungen über die Bankbedingungen abgeschlossen sind, wird das Einverständnis mit den getroffenen Vereinbarungen von beiden Seiten vollinhaltlich bestätigt.

Durch die Bestätigung der Bankbedingungen wird der Kontokorrentvertrag rechtsverbindlich.

### e) Aufträge.

Die Aufträge, die der Kontoinhaber seinem Bankier erteilt, werden auf laufende Rechnung verbucht.

Die Verbuchung geht entweder „zugunsten" oder „zu Lasten" des Kontoinhabers.

Zugunsten der laufenden Rechnung werden verbucht:

1. Einzahlungen in bar, Zinsscheine, Anweisungen, Schecks usw.
2. Wechsel zur Gutschrift per Verfall, zur Diskontierung oder zur Einziehung.
3. Überweisungen von Guthaben.
4. Verkäufe von Wertpapieren, ausländischen Wechseln und Sorten.

Zu Lasten der laufenden Rechnung werden verbucht:

1. Auszahlungen an den Kontoinhaber oder seine Bevollmächtigten.
2. Wechsel als Anschaffung und Rimessen an dritte.
3. Einlösung von Tratten auf den Kontoinhaber oder für seine Rechnung.
4. Einkäufe von Wertpapieren, Sorten und Fremdwechseln.

### f) Rechnungsabschluß.

Nach Ablauf der vereinbarten Abrechnungsfrist sendet der Bankier dem Kontoinhaber einen Auszug seiner Rechnung (Kontokorrentauszug), dem bisweilen eine besondere Zinsrechnung beiliegt.

Außer den Buchungen und den Zinsen führt der Rechnungsauszug die Auslagen und die Provision in besonderen Posten auf.

Ferner wird der Überschuß, der sich zugunsten oder zu Lasten des Kontoinhabers ergibt, der schwächeren Seite unter dem Namen Saldo angefügt, so daß beide Seiten der Rechnung die gleiche Summe aufweisen.

Dieser Saldo wird dann auf der entgegengesetzten Seite auf neue Rechnung vorgetragen und das Kontokorrent vom Kontokorrentgeber unter Angabe des Ausstellungsorts und Datums unterzeichnet.

Vor der Unterschrift befindet sich häufig die Klausel „Irrtum vorbehalten" oder „salvo errore et omissione" (gekürzt „S. E. & O.").

### g) Prüfungsbericht.

Der Kontokorrentauszug wird gewöhnlich mit einem Begleitbrief abgeschickt, in welchem der Saldo nebst Valuta (Abschlußdatum) angegeben ist.

Dieser Brief enthält die Bitte, den Rechnungsauszug auf seine Richtigkeit zu prüfen und dem Kontokorrentgeber das Ergebnis der Prüfung mitzuteilen.

Häufig wird diesem Briefe noch ein Formular beigelegt, welches die Richtigkeit der Abrechnung bestätigt und vom Kontoinhaber unterzeichnet zurückgeschickt werden soll.

### d) Confirmation des conditions.

L'entente établie et les éléments essentiels du compte fixés, les parties contractantes confirmeront les conditions convenues. Cette confirmation donne au contrat sa validité au point de vue légal. S'il y a lieu, le nouveau client donnera à la maison de banque les spécimens de signature des personnes qui ont le droit de signer pour lui.

### e) Ordres.

Les ordres que le titulaire de compte transmet à son banquier sont portés au crédit ou au débit du compte courant, suivant que ce dernier en est alimenté ou grevé.

Le compte courant est alimenté:

1º des versements en espèces chèques, coupons, etc.;
2º „ remises à l'échéance, à l'escompte, à l'encaissement;
3º „ virements en faveur du titulaire;
4º „ valeurs de bourse ou effets de commerce vendus pour son compte.

Le compte du titulaire est grevé:

1º des paiements faits pour le compte du titulaire;
2º „ effets tirés sur le titulaire ou remis pour son compte;
3º „ traites tirées par le client pour compte personnel ou pour compte d'un tiers;
4º „ valeurs de bourse ou effets de commerce achetés pour compte du titulaire.

### f) Règlement de compte.

Aux époques convenues, le banquier enverra à ses clients l'extrait de leur compte courant avec un bordereau des intérêts courus, contenant la balance des intérêts, le montant de la commission, les frais et débours.

La différence entre le total du Doit et le total de l'Avoir, établie sous le nom de solde, est ajoutée du côté le plus faible pour balancer le compte. Le solde formant le contrepoids d'un excédent de débit ou de crédit, le solde débiteur est inscrit à l'Avoir, le solde créditeur au Doit. Le report se fait à nouveau inversement. Puis le compte courant est signé et daté. Souvent la mention: «S. E. & O. = sauf erreurs et omissions» se trouve apposée avant la signature.

### g) Vérification.

Lors de son envoi au client, le compte courant est accompagné d'une lettre indiquant le solde et la date de valeur. Par cette lettre, le client est invité à examiner le compte courant et à en porter le solde à nouveau, après l'avoir trouvé exact.

Généralement le banquier tient à être informé du résultat de la vérification. Pour ce motif, il joint souvent à l'extrait de compte un formulaire constatant que tout est en règle et prie le titulaire d'exprimer son accord, en retournant ce formulaire revêtu de sa signature.

95. Am 13. Februar 19.. bieten Gebrüder Simon, Frankfurt a. M., der Firma Otto Winter, Offenbach, ihre Vermittelung in allen das Bankfach betreffenden Geschäften an; sie stellen günstige Bedingungen.

96. Am 15. Februar 19.. erklärt sich Otto Winter, Offenbach, mit den gestellten Bedingungen einverstanden, falls ihm ein ungedeckter Kredit bis zu 20 000 ℳ gewährt werde.

97. Am 16. Februar 19.. erklären sich Gebrüder Simon, Frankfurt a. M., bereit, den gewünschten Blankokredit zu gewähren. Sie fordern doppelte Provision für ungedeckte Zahlungen.

98. Am 18. Februar 19.. lehnt Otto Winter, Offenbach, es ab, sich für ungedeckte Debetposten höhere Provision anrechnen zu lassen.

99. Am 19. Februar 19.. verzichten Gebrüder Simon, Frankfurt a. M., auf doppelte Provision und bestätigen die übrigen Bedingungen.

100. Am 25. Februar 19.. akzeptiert Otto Winter, Offenbach, die Bankbedingungen vollinhaltlich, überschickt zwei Wechsel zur Gutschrift und bittet um Schutz für seine Tratte.

101. Am 26. Februar 19.. bestätigen Gebrüder Simon, Frankfurt a. M., den Empfang der Wechsel und sichern der avisierten Tratte Schutz zu.

102. Am 27. Mai 19.. stellt Otto Winter, Offenbach, 1450 Kronen in Wien zur Verfügung und bittet um Gutschrift in Mark. Gleichzeitig weist er ℳ 695,50 zur Auszahlung in Berlin an.

103. Am 28. Mai 19.. zeigen Gebrüder Simon, Frankfurt a. M., an, daß die Aufträge vom 27./5. ausgeführt sind.

104. Am 29. Mai 19.. bestätigt Otto Winter, Offenbach, den Empfang des Briefes vom 28./5. 19..

105. Am 2. Juli 19.. überreichen Gebrüder Simon, Frankfurt a. M., Rechnungsauszug und bitten um Gutschrift des Saldo.

106. Am 8. Juli 19.. bestätigt Otto Winter, Offenbach, die Richtigkeit der erhaltenen Abrechnung.

## 95.

**Gebrüder Simon.**
**Bankgeschäft.**
Tel.-Adr.: Banksimon.
Fernsprecher: III 1296.

Frankfurt a. M., den 13. Februar 19..

Herrn Otto Winter, Offenbach.

Von dem lebhaften Wunsche geleitet, mit Ihrer geschätzten Firma in Geschäftsverbindung zu treten, gestatten wir uns, Ihnen unsere Dienste zur Besorgung aller in das Bankfach einschlagenden Geschäfte ergebenst anzubieten.

Wir würden Ihnen wie den bevorzugteren unserer geschätzten Auftraggeber $^1/_8$ % Provision sowie $^1/_2$ % über oder unter dem jeweiligen Reichsbankdiskont berechnen und außerdem nur unsere Auslagen für Porto, Depeschen, Stempel und Courtage in Ansatz bringen.

Sie wollen aus diesen ungewöhnlich günstigen Bedingungen ersehen, daß wir großen Wert darauf legen, mit Ihrer werten Firma in Verkehr zu treten.

Wir sehen Ihrer gefl. Entschließung gern entgegen und zeichnen

hochachtungsvoll

Gebrüder Simon.

95° Le 13 février 13 . . Klein frères, Paris, se recommandent à la maison Paul Laval, Sèvres, pour toutes les opérations de banque en compte courant.

96° Le 15 février 19 . . Paul Laval, Sèvres, se déclare disposé à entrer en relations avec Klein frères, Paris, si un crédit de 20000 francs lui est accordé.

97° Le 16 février 19 . . Klein frères, Paris, accordent le crédit demandé, à condition que la commission sera doublée, quand elle se prélèvera sur un découvert.

98° Le 18 février 19 . . Paul Laval, Sèvres, refuse d'allouer une commission supplémentaire pour avances de fonds.

99° Le 19 février 19 . . Klein frères, Paris, acceptent de donner un crédit à découvert non soumis à une commission supplémentaire. Ils confirment leurs conditions du 13 février et envoient copie de leurs conditions générales.

100° Le 25 février 19 . . Paul Laval, Sèvres, confirme les stipulations faites. Il remet quelques effets et donne avis d'une traite.

101° Le 26 février 19 . . Klein frères, Paris, accusent réception des remises et promettent de faire bon accueil à la traite annoncée.

102° Le 27 mai 19 . . Paul Laval, Sèvres, informe Klein frères, Paris, qu'il les a crédités de ℳ 1450.—, sur Berlin. Il prie d'escompter cette somme et de verser 695.50 francs à une maison parisienne.

103° Le 28 mai 19 . . Klein frères, Paris, informent Paul Laval, Sèvres, de l'exécution de son ordre.

104° Le 29 mai 19 . . Paul Laval, Sèvres, accuse réception de la lettre précédente.

105° Le 2 juillet 19 . . Klein frères, Paris, remettent à Paul Laval, Sèvres, extrait de son compte courant, arrêté fin juin, avec prière de le vérifier.

106° Le 8 juillet 19 . . Paul Laval, Sèvres, annonce à Klein frères, Paris, qu'il a reporté le solde de conformité.

## 95.

**Klein frères.**
**Banquiers.**
46, rue de la Bourse, 46.

Paris, le 13 février 19..

Monsieur Paul Laval, Sèvres.

Désirant vivement entrer en relations avec votre honorable maison, nous nous permettons de vous offrir nos services pour toutes vos opérations de banque et de change.

Nous sommes prêts à vous ouvrir un compte courant semestriel aux conditions suivantes:

Intérêt débiteur: $^1/_2$ % au-dessus du taux officiel, 5 % minimum.
Intérêt créditeur: $^1/_2$ % au-dessous „ „ „ , 3 % maximum.
Commission: $^1/_8$ %.
Remboursement des frais et débours.

Dans l'espoir que vous accepterez ces conditions très avantageuses, nous vous présentons, Monsieur, l'assurance de notre considération distinguée.

Klein frères.

## 96.

**Otto Winter.**
**Offenbach a. M.**

Offenbach, den 15. Februar 19..

Herren Gebrüder Simon, Frankfurt a. M.

Im Besitz Ihrer gefl. Zuschrift vom 13. cr. danke ich Ihnen für freundliches Entgegenkommen.

Ich würde gern bereit sein, zu den angegebenen Bedingungen mit Ihrer Firma in Kontokorrentverkehr zu treten, wenn Sie mir gleichzeitig einen ungedeckten Akzeptationskredit bis zur Höhe von 20 000 ℳ einräumen wollten.

Ihrer baldigen Antwort gern gewärtig, empfehle ich mich Ihnen

hochachtungsvoll

Otto Winter.

## 97.

**Gebrüder Simon.**
**Bankgeschäft.**
**Tel.-Adr.: Banksimon.**
**Fernsprecher: III 1296.**

Frankfurt a. M., den 16. Februar 19..

Herrn Otto Winter, Offenbach.

Aus Ihrem geehrten Gestrigen ersehen wir mit Vergnügen, daß Sie bereit sind, von unserem Dienstanerbieten Gebrauch zu machen.

Wir nehmen keinen Anstand, Ihnen den gewünschten Blankokredit von 20 000 ℳ zu gewähren.

Jedoch würden wir für ungedeckte Zahlungen oder Akzepte die doppelte Provision, das ist $^1/_4$ %, in Anrechnung bringen; die übrigen Bedingungen bleiben dieselben.

In der Erwartung, daß Sie hiermit einverstanden sind, zeichnen wir

mit Hochachtung

Gebrüder Simon.

## 96.

**Paul Laval.**
**Sèvres.**

Sèvres, le 15 février 19..

Messieurs Klein frères, Paris.

Je suis tout disposé à utiliser vos offres du 13 courant, si je puis compter sur un crédit à découvert, jusqu'à concurrence de 20000 francs.

J'attends votre décision à ce sujet et vous présente, Messieurs, mes salutations très empressées.

Paul Laval.

## 97.

**Klein frères.**
**Banquiers.**
**46, rue de la Bourse, 46.**

Paris, le 16 février 19..

Monsieur Paul Laval, Sèvres.

Conformément à votre demande d'hier, nous vous ferons volontiers des avances de fonds jusqu'à concurrence de 20000 francs.

Pour les crédits à découvert, nous prélevons une commission spéciale de $^1/_8$ pour cent, ce qui, pour les découverts, établit la commission de compte à $^1/_4$ pour cent.

Nous comptons sur votre approbation et ferons tout notre possible pour justifier la confiance dont vous voudrez bien nous honorer.

Recevez, Monsieur, l'expression de notre considération distinguée.

Klein frères.

## 98.

**Otto Winter.**
**Offenbach a. M.**

Offenbach, den 18. Februar 19..

Herren Gebrüder Simon, Frankfurt a. M.

Ich besitze Ihr gefl. Schreiben vom 16. d. M. Ich müßte davon absehen, den besprochenen Blankokredit anzunehmen, wenn Sie sich nicht entschließen könnten, für sämtliche Debetposten — gleichviel, ob sie durch Vorentnahmen entstanden oder gedeckt sind — die Provision mit $^1/_8\,\%$ zu berechnen.

Ich sehe Ihrer umgehenden Entschließung gern entgegen und zeichne

hochachtungsvoll

Otto Winter.

## 99.

**Gebrüder Simon.**
**Bankgeschäft.**
**Tel.-Adr.: Banksimon.**
**Fernsprecher: III 1296.**

Frankfurt a. M., den 19. Februar 19..

Herrn Otto Winter, Offenbach.

Um Ihnen zu beweisen, wie viel uns an dem Verkehr mit Ihrer hochachtbaren Firma gelegen ist, haben wir uns entschlossen, Ihre Vorschläge vom gestrigen Tage anzunehmen, und eröffnen Ihnen hiermit eine laufende Rechnung bei uns unter den folgenden Bedingungen:

Wir eröffnen Ihnen einen Kredit bis zu ℳ 20 000, über den Sie nach Belieben verfügen können.

An Zinsen berechnen wir Ihnen: $^1/_2\,\%$ über Reichsbankdiskont, wenn Sie Debitor, und $^1/_2\,\%$ darunter, wenn Sie Kreditor sind.

Sie vergüten uns unsere Selbstauslagen und außerdem $^1/_8\,\%$ Provision für Akzepte, gleichviel, ob sie gedeckt oder ungedeckt sind.

Im übrigen verweisen wir auf unsere „allgemeinen Kontokorrentbestimmungen", von denen wir Ihnen ein Exemplar beilegen.

Dasselbe erbitten wir uns mit Ihrer Unterschrift versehen zurück.

Wir werden gern alles aufbieten, unseren geschäftlichen Verkehr mit Ihnen angenehm zu gestalten und Ihr Vertrauen in jeder Richtung zu rechtfertigen.

Mit größter Hochachtung

Gebrüder Simon

Anlage:
Bestimmungen.

## 98.

**Paul Laval.**
**Sèvres.**

Sèvres, le 18 février 19..

Messieurs Klein frères, Paris.

Je possède votre lettre du 16 courant. Bien que sensible à la marque de confiance que vous me témoignez, je regrette de ne pouvoir admettre une commission supplémentaire pour les découverts.

Veuillez me faire savoir, par retour du courrier, si vous maintenez cette condition.

Recevez, Messieurs, mes salutations empressées.

Paul Laval.

## 99.

**Klein frères.**
**Banquiers.**
**46, rue de la Bourse, 46.**

Paris, le 19 février 19..

Monsieur Paul Laval, Sèvres.

Nous vous accusons réception de votre lettre d'hier.

Pour vous prouver combien nous tenons à vous compter au nombre de nos clients, nous renonçons à la commission d'avance et vous appliquerons les conditions suivantes:

Nous vous ouvrirons un crédit à découvert utilisable en compte courant, à votre gré, jusqu'à concurrence de 20 000 francs.

L'intérêt se calculera à raison de:

$^1/_2$ % au-dessus du taux officiel, minimum 5 % pour le Doit;
$^1/_2$ % au-dessous „ „ „ , maximum 3 % „ l'Avoir.

Notre commission sera de: $^1/_8$ %, les frais de correspondance étant à votre charge.

Le compte sera arrêté fin juin et fin décembre, le solde deviendra définitif et sera reporté si, dans un délai de trois mois après l'envoi de l'extrait du compte, aucune rectification n'est demandée.

Veuillez nous retourner, revêtue de votre signature, la copie de nos „Conditions générales" que nous vous adressons sous ce même pli.

Dans l'espoir d'être favorisés prochainement de vos ordres, que nous exécuterons toujours de notre mieux, nous vous prions d'agréer, Monsieur, nos sincères salutations.

Klein frères.

Annexe
Conditions.

## 100.

**Otto Winter.**
**Offenbach a. M.**

Offenbach, den 25. Februar 19..

Herren Gebrüder Simon, Frankfurt a. M.

Ich besitze Ihr gefl. Schreiben vom 22. d. M. und bemerkte mir Ihre Bedingungen wie folgt:

Sie eröffnen mir einen Blankokredit bis zu 20 000 ℳ.

Für Kreditzinsen berechen Sie mir $^1/_2\,\%$ unter, für Debetzinsen $^1/_2\,\%$ über Reichsbankdiskont.

Ich vergüte Ihnen sämtliche Auslagen sowie $^1/_8\,\%$ Provision.

Die mir gesandten Kontokorrentbestimmungen gebe ich vollzogen zurück.

Ich eröffne gleichzeitig die Geschäftsverbindung, indem ich Ihnen anbei:

ℳ 600,— per 12./5. a. c. a/Helm & Co., dort,
„ 715,— per 15./6. a. c. a/Köhler & Sohn, Hanau,
ℳ 1315,— zur gefl. Gutschrift per Verfall übersende.

Dagegen erlaubte ich mir:

ℳ 5000,— per 25./5. O./E.

auf Sie abzugeben, um deren Inschutznahme ich bitte.

Hochachtungsvoll
Otto Winter.

Einschreiben.
2 Wechsel.

## 100.

**Paul Laval.**
**Sèvres.**

Sèvres, le 25 février 19..

Messieurs Klein frères, Paris.

Je vous retourne, revêtue de ma signature, la copie de vos conditions générales contenue dans votre lettre du 19 courant.

J'accepte le crédit en blanc que vous m'accordez, aux conditions que voici:

Intérêts { $^1/_2$ % au-dessus / $^1/_2$ % au-dessous } du taux officiel; { 5 % minimum pour le débit, / 3 % maximum „ „ crédit;

Commission: $^1/_8$ %; frais et débours à ma charge.

Le compte sera arrêté fin juin et fin décembre. Vous me ferez alors tenir un extrait de compte dont le solde deviendra définitif et sera porté à nouveau après approbation expresse ou tacite; dans ce dernier cas, trois mois après la date de l'envoi.

Je vous remets, sous même pli:

Fr. 600.—, au 12 mai p^ain^, sur Blanc et fils, Paris,
„ 715.—, „ 15 juin „ „ Lefer frères, Lyon.
Fr. 1315.— dont veuillez me créditer.

J'ai fourni sur vous:

Fr. 5000.—, au 25 mai p^ain^, O/moi-même.

Veuillez réserver bon accueil à cette traite.

Agréez, Messieurs, mes salutations empressées.

Paul Laval.

Recommandé.
2 effets

## 101.

**Gebrüder Simon.**
**Bankgeschäft.**
Tel.-Adr.: Banksimon.
Fernsprecher: III 1296.

Frankfurt a. M., den 26. Februar 19..

Herrn Otto Winter, Offenbach.

Ihrem gestrigen Schreiben entfalteten wir:

ℳ 600,— per 12./5. a/hier,
ℳ 715,— „ 15./6. a/Hanau,

die wir unter dem üblichen Vorbehalt in das Haben Ihrer laufenden Rechnung brachten.

Die uns gleichzeitig angekündigte Tratte von:

ℳ 5000,— Wert 25./5.

werden wir bei Vorkommen honorieren.

Hochachtungsvoll

Gebrüder Simon.

## 102.

**Otto Winter.**
**Offenbach a. M.**

Offenbach, den 27. Mai 19..

Herren Gebrüder Simon, Frankfurt a. M.

Ich gehe mit dem Inhalt Ihres Schreibens vom 26. Februar d. J. konform.
Heute stelle ich Ihnen:

K. 1450,— per 25./7.

bei Franz Bär, Wien (III., Hauptstraße 42) zur Verfügung und bitte um Abrechnung.

Dagegen wollen Sie:

ℳ 695,50 Sechs Hundert Fünf und Neunzig, 50 Pf.

am 6. Juni d. J. an Schäfer & Sohn, Berlin W., Behren-Straße 12, zu Lasten meiner Rechnung auszahlen lassen.

Hochachtungsvoll

Otto Winter.

Einschreiben.
1 Wechsel.

## 101.

**Klein frères.**
**Banquiers.**
**46, rue de la Bourse, 46.**

Paris, le 26 février 19..

Monsieur Paul Laval, Sèvres.

Votre lettre d'hier nous portait:

Fr. 600.—, au 12/5, sur Paris,

Fr. 715.—, au 16/6, sur Lyon,

dont vous êtes crédité, sous les réserves d'usage.

Nous ferons bon accueil à votre traite de:

Fr. 5000.—, valeur 25 mai prochain.

Agréez, Monsieur, nos civilités empressées.

Klein frères.

## 102.

**Paul Laval.**
**Sèvres.**

Sèvres, le 27 mai 19..

Messieurs Klein frères, Paris.

J'ai passé écritures conformément à votre lettre du 26 février dernier.

Veuillez me créditer, sous escompte, de:

Mark 1450.—, au 25 juillet prochain,

que MM. Berger & Sohn, 26, Leipziger Straße, Berlin, tiennent à votre disposition.

Le 6 juin p$^{ain}$, vous ferez verser:

Fr. 695.50 Six cent quatre vingt quinze francs, 50 c$^{es}$

à MM. Favre et Bloch, 39, rue des Capucines, Paris, au débit de mon compte.

Recevez, Messieurs, mes civilités empressées.

Paul Laval.

## 103.

**Gebrüder Simon.**
**Bankgeschäft.**
**Tel.-Adr.: Banksimon.**
**Fernsprecher: III 1296.**

Frankfurt a. M., den 28. Mai 19..

Herrn Otto Winter, Offenbach.

In Ausführung Ihres gestrigen Auftrags kreditieren wir Ihr wertes Konto für die uns zur Verfügung gestellten:

K. 1450,— per 25. Juli zu 84,60 t. q. mit
ℳ 1226,75 per heute.

Dagegen bemerkten wir uns, daß für Ihre Rechnung:

ℳ 695,50 am 6. Juni a. c.

auszuzahlen sind, für welchen Betrag wir Sie belasten.

Hochachtungsvoll

Gebrüder Simon.

## 104.

**Otto Winter.**
**Offenbach a. M.**

Offenbach, den 29. Mai 19..

Herren Gebrüder Simon, Frankfurt a. M.

Ich bestätige den Empfang Ihres geschätzten Schreibens von gestern und gehe mit den darin enthaltenen Aufstellungen konform.

Hochachtungsvoll

Otto Winter.

## 103.

**Klein frères**
**Banquiers.**
**46, rue de la Bourse, 46.**

Paris, le 27 mai 19..

Monsieur Paul Laval, Sèvres.

Nous possédons votre lettre d'hier.
Nous vous avons crédité de:

ℳ 1450.—, au 25/7 $p^{ain}$, sur Berlin, au cours de 123.50,
Fr. 1790.75, valeur ce jour,

En temps utile, nous ferons verser pour vous:
Fr. 695.50, valeur 6 juin prochain,

à votre débit.
Agréez, Monsieur, nos salutations empressées.

Klein frères.

## 104.

**Paul Laval.**
**Sèvres.**

Sèvres, le 29 mai 19..

Messieurs Klein frères, Paris.

J'ai reçu votre lettre d'hier et passé écriture conforme.
Recevez, Messieurs, mes civilités empressées.

Paul Laval.

## 105.

**Gebrüder Simon.**
**Bankgeschäft.**
**Tel.-Adr.: Banksimon.**
**Fernsprecher: III 1296.**

Frankfurt a. M., den 2. Juli 19..

Herrn Otto Winter, Offenbach.

Wir beehren uns, Ihnen anbei den Auszug Ihrer Rechnung bei uns zu übersenden, welche mit einem Saldo von:

ℳ 3183,— per 30. Juni a. c.

zu unseren Gunsten abschließt.

Wir bitten, den Auszug zu prüfen und den Saldo nach Richtigbefund unter gefl. Anzeige übereinstimmend mit uns vorzutragen.

Hochachtungsvoll

Gebrüder Simon.

*Soll* *Herrn* Otto Winter, Offenbach im Kontokorrent mit Gebrüder Simon. *Hab*

| 19.. | | | *Verfall* | | *Tage* | *Zahlen* | *Betrag* ℳ | *Pf.* | 19.. | | | *Verfall* | | *Tage* | *Zahlen* | *Betra* ℳ |
|---|---|---|---|---|---|---|---|---|---|---|---|---|---|---|---|---|
| Febr. | 26. | Tratte | Mai | 25. | 35 | 1750 | 5000 | — | Febr. | 26. | Rimesse | Mai | 12. | 48 | 288 | 600 |
| Mai | 28. | Zahlung Berlin | Juni | 6. | 24 | 167 | 695 | 50 | „ | „ | do. | Juni | 15. | 15 | 107 | 715 |
| Juni | 30. | 6% Zinsen v. No. 1129 | | | | | 18 | 85 | Mai | 28. | Anweisung a/Wien | Mai | 28. | 32 | 393 | 1226 |
| „ | „ | Provision $^1/_8$% v. 5695,50 | | | | | 7 | 15 | Juni | 30. | Ausgleich d. Zinszahlen | | | | 1129 | |
| „ | „ | Spesen | | | | | 3 | 25 | „ | „ | Saldo | | | | | 3183 |
| | | | | | | 1917 | 5724 | 75 | | | | | | | 1917 | 5724 |
| Juli | 1. | Saldovortrag | | | | | 3183 | — | | | S. E. & O. | | | | | |

Frankfurt a. M., den 2. Juli 19..

Gebrüder Simon.

## 105.

**Klein frères.**
**Banquiers.**
**46, rue de la Bourse, 46.**

Paris, le 2 juillet 19..

Monsieur Paul Laval, Sèvres.

Nous vous confirmons notre lettre d'hier.

Sous ce pli, nous vous adressons l'extrait de votre compte courant chez nous, arrêté fin juin et présentant un solde de:

Fr. 2616.40, en notre faveur,

que nous reportons à nouveau.

Veuillez nous dire, après vérification, si nous sommes d'accord avec vous et agréez, Monsieur, nos civilités empressées.

Klein frères.

it

Monsieur Paul Laval, Sèvres; son compte courant et d'intérêts, arrêté au 30 juin 19.., chez Klein frères, Paris.

Avoir

peine de déchéance, les rectifications au solde de ce compte devront être signalées dans les trois mois.

| Dates | | Motifs des Débits | Echéances | | Jours | Nombres | Sommes | | Dates | | Motifs des Crédits | Echéances | | Jours | Nombres | Sommes | |
|---|---|---|---|---|---|---|---|---|---|---|---|---|---|---|---|---|---|
| rier | 26 | Traite | Mai | 25 | 36 | 1800 | 5000 | — | Février | 26 | Remise s/France | Mai | 12 | 49 | 294 | 600 | — |
| i | 28 | Versement | Juin | 6 | 24 | 167 | 695 | 50 | „ | 26 | „ „ „ | Juin | 15 | 15 | 107 | 715 | — |
| n | 30 | 6 % intérêts sur balance des nombres 975 | | | | | 16 | 25 | Mai | 28 | „ „ Allemagne | Mai | 28 | 33 | 591 | 1790 | 75 |
| | „ | $^{1}/_{8}$ % commission s/Fr. 5695.50 | | | | | 7 | 15 | Juin | „ | Balance des nombres | | | | 975 | | |
| | „ | Débours | | | | | 3 | 25 | „ | „ | Solde | | | | | 2616 | 40 |
| | | | | | | 1967 | 5722 | 15 | | | | | | | 1967 | 5722 | 15 |
| llet | 1 | Solde à nouveau | | | | | 2616 | 40 | | | | | | | | | |

Paris, le 2 juillet 19..

Klein frères.

## 106.

**Otto Winter.**
**Offenbach a. M.**

Offenbach, den 8. Juli 19..

Herren Gebrüder Simon, Frankfurt a. M.

Den mir mit Ihrem Schreiben vom 2. d. M. zugegangenen Auszug meiner laufenden Rechnung bei Ihnen habe ich geprüft und richtig befunden.

Ich erkenne demgemäß den Saldo von:

ℳ 3183,— per 30. Juni a. c.

als richtig an und habe ihn gleichlautend zu Ihren Gunsten vorgetragen.

Hochachtungsvoll

Otto Winter.

## 106.

**Paul Laval.**
**Sèvres.**

Sèvres, le 8 juillet 19 . .

Messieurs Klein frères, Paris.

Je vous accuse réception de votre lettre du 2 courant.

J'ai vérifié le compte courant qu'elle renfermait et reporté à nouveau le solde de:

Fr. 2616.40, valeur fin juin, en votre faveur.

Recevez, Messieurs, mes civilités empressées.

Paul Laval.

## C. Das Kommissionsgeschäft.

Man nennt Kommissionsgeschäfte die durch Vermittlung eines selbständigen Kaufmanns (Kommissionär) im Auftrag und für Rechnung seines Auftraggebers (Kommittent) abgeschlossenen Ein- oder Verkäufe.

Der Kommissionär schließt die Geschäfte in seinem eigenen Namen ab.

Er erhält für seine Mühwaltung und seine Auslagen eine im voraus vereinbarte Vergütung, die meist nach Prozenten berechnet und Provision genannt wird.

Die bei Ausführung des Auftrags entstehenden Kosten und Auslagen gehen zu Lasten des Kommittenten.

Limitum. Bei vielen Waren ist es dem Kommittenten nicht möglich, den Einkaufs- oder Verkaufspreis im voraus zu begrenzen, er läßt dem Kommissionär freie Hand.

Oder der Kommittent schreibt eine Preisgrenze (Limitum) vor, das heißt, er bestimmt bei Einkäufen den Höchstpreis, den er bezahlen, bei Verkäufen den Mindestpreis, zu dem er verkaufen will.

Der Kommissionär darf dieses Limitum nicht zuungunsten des Kommittenten überschreiten. Erzielt er günstigere Preise, so geht der Vorteil zugunsten des Kommittenten.

Delkredere heißt die Bürgschaft, die der Kommissionär — nach Vereinbarung mit dem Kommittenten — für den richtigen Eingang der Kaufgelder übernimmt. Hat der Kommissionär das Delkredere übernommen, so haftet er mit seinem eigenen Vermögen für den Eingang der Zahlungen.

Für die durch diese Haftung übernommene Verpflichtung erhält er eine weitere Vergütung, Delkredereprovision genannt.

Courtage. Bedient sich der Kommissionär bei Abschluß eines Geschäfts der Vermittlung eines Maklers (Courtier), so ist er berechtigt, Maklergebühren (Courtage) zu berechnen.

Einkaufsrechnung. Der Kommissionär vermittelt den Ankauf der Ware, oft auch ihre Versendung und Bezahlung.

Über den Einkauf stellt er eine Einkaufsrechnung aus, in welcher zum Preise, der für die Ware vereinbart ist, die Provision und die Auslagen hinzugerechnet sind, die der Kommissionär gehabt hat.

Verkaufsrechnung. Der Kommissionär übernimmt die zu verkaufende Ware auf Lager (Konsignationsfaktur), oder er vermittelt den Verkauf auf Grund von Angaben, Proben, Mustern.

Über den Verkauf stellt er eine Verkaufsrechnung aus, in welcher von dem erzielten Preise Provision und Auslagen, die er gehabt hat, abgerechnet sind.

## C. Commission et consignation.

*Commission.* Une très grande partie du commerce moderne se fait par l'entremise du commissionnaire. Le commissionnaire est celui qui agit en son propre nom ou sous un nom social pour le compte d'autrui.

Le commissionnaire en marchandises achète et vend donc aux risques de son commettant. En échange de ses services, il reçoit une rémunération, calculée en tant pour cent sur le prix de la marchandise et appelée commission ou droit de commission. Les frais et débours nécessités par l'entremise du commissionnaire sont à charge du commettant.

*Limite.* Souvent le commettant n'est pas à même de fixer d'avance le prix de la marchandise que son commissionnaire doit acheter ou vendre pour son compte. En ce cas, le commettant fixera le prix au dessus duquel, pour l'achat, ou au dessous duquel, pour la vente, le commissionnaire ne doit pas faire l'opération demandée: il limite donc le prix d'achat ou le prix de vente. Le commissionnaire ne doit pas dépasser cette limite. Lorsqu'il peut exécuter l'opération dans de meilleures conditions, l'avantage est en faveur du commettant.

*Ducroire.* Lorsque le commissionnaire assume les risques de paiement résultant des ventes opérées par son entremise, c'est à dire lorsqu'il s'engage à payer, en cas d'insolvabilité de l'acheteur, le prix des marchandises vendues, il se porte ducroire.

Sa rétribution en échange de la garantie qu'il donne se calcule en tant pour cent du montant de la facture de vente et s'appelle également ducroire ou commission double.

*Courtage.* On appelle courtage le droit perçu par le courtier, en rémunération de son intervention.

*Compte d'achat.* Le commissionnaire qui achète pour compte de son commettant est souvent chargé d'expédier et de payer les marchandises. Après avoir terminé l'opération, le commissionnaire en remet à son commettant le compte détaillé appelé compte d'achat. Dans le compte d'achat, le commissionnaire joint ses débours et sa commission au montant des marchandises achetées.

*Compte de vente.* Souvent le commissionnaire vend sur échantillons, sans que la marchandise passe par ses mains. Ensuite il remet à son commettant le compte détaillé de la vente effectuée; c'est le compte de vente. Dans le compte de vente, le commissionnaire déduit ses débours, ses frais et sa commission du prix des marchandises vendues.

**Konsignationsfaktur.** Waren, die der Käufer sehen will, bevor er kauft, ist der Kommittent genötigt, bei seinem Kommissionär zu lagern.

Ein solches Lager heißt Kommissionslager, die Rechnung, welche der Verkäufer über die hinterlegten (konsignierten) Waren ausstellt, Konsignationsfaktur (-nota, -schein).

**Briefwechsel im Kommissionsgeschäft.** Abgesehen von dem Briefwechsel, den die Gründung eines Geschäfts oder die Anbahnung neuer Geschäftsverbindungen veranlaßt, kommen im Kommissionsgeschäft die folgenden Briefgattungen in Betracht:

Einkaufskommission:

| | |
|---|---|
| a) Bestellung der Ware; | Der Kommittent an den Kommissionär. |
| b) Versandanzeige und Rechnung; | „ Kommissionär an den Kommittenten. |
| c) Empfangsbestätigung; | „ Kommittent an den Kommissionär. |
| d) Regulierung; | „ Kommittent an den Kommissionär. |

Verkaufskommission:

| | |
|---|---|
| a) Konsignationssendung; | Der Kommittent an den Kommissionär. |
| b) Empfangsanzeige; | „ Kommissionär an den Kommittenten. |
| c) Verkaufsanzeige; | „ Kommissionär an den Kommittenten. |
| d) Regulierung; | „ Kommissionär an den Kommittenten. |

*Consignation.* Lorsque le commettant dépose chez le commissionnaire les marchandises destinées à être vendues pour son compte, ce dépôt s'appelle consignation et le négociant chargé de la vente devient dépositaire ou consignataire.

Après vente totale ou partielle de la marchandise consignée, le consignataire remet à son commettant le compte de vente, dont il déduit ses débours, ses frais et sa commission.

*Correspondance.* Abstraction faite des lettres destinées à donner connaissance de la fondation d'une maison ou à se créer de nouvelles relations et des lettres de contestations et de réclamations, les affaires en commission donneront lieu à la correspondance suivante:

Commission d'achat:

| | |
|---|---|
| a) l'ordre d'acheter; | le commettant au commissionnaire. |
| b) l'avis d'achat et d'expédition; | le commissionnaire au commettant. |
| c) l'accusé de réception; | le commettant au commissionnaire. |
| d) règlement; | le commettant au commissionnaire. |

Commission de vente:

| | |
|---|---|
| a) l'ordre de vendre; | le commettant au commissionnaire. |
| b) l'accusé de réception; | le commissionnaire au commettant. |
| c) l'avis de la vente; | le commissionnaire au commettant. |
| d) règlement; | le commissionnaire au commettant. |

# Briefe im Kommissionsgeschäft.

## Einkaufskommission.

## Rauchwaren.

107. Am 10. Januar 19.. teilt Max Werner, Leipzig, durch Zirkular mit, daß er sich als Kommissionär in Rauchwaren etabliert habe, und bittet um Aufträge.

108. Am 16. Januar 19.. wiederholt Max Werner, Leipzig, der Firma Simon frères, Paris, gegenüber brieflich sein Dienstanerbieten und gibt an, zu welchen Bedingungen er die Besorgung von Einkäufen übernehmen würde.

109. Am 20. Januar 19.. erklären sich Simon frères, Paris, bereit, Max Werner, Leipzig, mit dem Einkauf von Rauchwaren für ihre Rechnung zu beauftragen, und geben ausführlich an, welche Bedingungen sie stellen.

110. Am 22. Januar 19.. erklärt Max Werner, Leipzig, sein Einverständnis mit den von Simon frères, Paris, gestellten Bedingungen; er hofft, daß die angeknüpfte Geschäftsverbindung beide Teile befriedigen werde.

111. Am 25. Januar 19.. erteilen Simon frères, Paris, ihrem Kommissionär Max Werner, Leipzig, Auftrag, für sie 6 Bund (gleich 60 Stück) gefärbte Persianer, deren Beschaffenheit und Preis sie vorschreiben, anzukaufen und ihnen die Ware als Postpakete über Belgien zuzuschicken.

112. Am 28. Januar 19.. meldet der Kommissionär Max Werner, Leipzig, seinen Kommittenten Simon frères, Paris, daß der Auftrag ausgeführt ist, und gibt einen kurzen Bericht über die Marktlage.

113. Verkaufsrechnung vom gleichen Tage, welche vom Verkäufer Bernhard Jung, Leipzig, ausgestellt ist, legt er im Original seinem Briefe bei.

114. Am 1. Februar 19.. bekennen sich die Kommittenten Simon frères, Paris, zum Empfang der Ware und teilen mit, daß sie den Verkäufer Bernhard Jung, Leipzig, ermächtigt haben, den Fakturenbetrag durch Tratte auf sie zu entnehmen.

115. Am gleichen Tage beauftragen die Käufer Simon frères, Paris, den Verkäufer, Bernhard Jung, Leipzig, auf sie zu ziehen.

116. Am 3. Februar 19.. meldet der Verkäufer Bernhard Jung, Leipzig, der Pariser Firma, daß er den Fakturenbetrag durch Tratte erhoben habe.

# Affaires en commission.

## Commission d'achat.

# Pelleteries.

107° Le 10 janvier 19 . . Max Werner, Leipzig, annonce par lettre circulaire imprimée, qu'il s'est établi dans cette ville; il offre ses services pour l'achat et la vente des pelleteries de toutes provenances.

108° Le 16 janvier 19 . . Max Werner, Leipzig, réitère ses offres de services à Simon frères, Paris, par lettre manuscrite; il fait connaître à quelles conditions il se chargerait des achats à la commission.

109° Le 20 janvier 19 . . Simon frères, Paris, font connaître les conditions auxquelles ils consentiraient à confier leurs achats à Max Werner, Leipzig.

110° Le 22 janvier 19 . . Max Werner, Leipzig, accepte les conditions faites par Simon frères, Paris; il exprime l'espoir que leurs relations d'affaires seront de part et d'autre agréables.

111° Le 25 janvier 19 . . Simon frères, Paris, prient Max Werner, Leipzig, d'acheter pour leur compte 6 paquets de peaux d'astrakan. Ils indiquent la qualité, limitent le prix et demandent l'expédition par la voie de la Belgique.

112° Le 28 janvier 19 . . Max Werner, Leipzig, informe les commettants de l'exécution de leur ordre. Il donne un résumé de la situation du marché et joint à sa lettre la facture originale de même date.

113° Facture originale, dressée par le vendeur, Paul Jung, Leipzig.

114° Le 1er février 19 . . Simon frères, Paris, accusent à Max Werner, Leipzig, réception de l'envoi Paul Jung, Leipzig. Ils ajoutent qu'ils ont autorisé ce dernier à disposer sur eux, pour le montant de la facture.

115° Le 1er février 19 . . Simon frères, Paris, autorisent Paul Jung, Leipzig, à faire traite sur eux.

116° Le 3 février 19 . . Paul Jung, Leipzig, informe Simon frères, Paris, de sa disposition de même date.

## 107.

**Max Werner,**
**Leipzig.**
**Brühl 280.**

Leipzig, den 10. Januar 19..

P. P.

Mit Gegenwärtigem gestatte ich mir, Ihnen ergebenst mitzuteilen, daß ich am hiesigen Platze ein

Rauchwaren-Kommissionsgeschäft

unter der eingetragenen Firma

Max Werner

eröffnet habe.

Meine vieljährige Tätigkeit als Ein- und Verkäufer in der Branche setzt mich in den Stand, allen Anforderungen meiner geehrten Auftraggeber zu genügen.

Nehmen Sie die Versicherung entgegen, daß ich jederzeit bestrebt sein werde, Ihr Vertrauen, um welches ich hierdurch bitte, durch gewissenhafte Wahrung Ihrer Interessen zu rechtfertigen.

Belieben Sie von meiner Unterschrift Kenntnis zu nehmen und mich bei Bedarf mit Ihren geschätzten Aufträgen zu beehren.

Ich werde zeichnen: Hochachtungsvoll

(Faksimile der Unterschrift des Max Werner.) Max Werner.

## 108.

**Max Werner,**
**Leipzig.**
**Brühl 280.**

Leipzig, den 16. Januar 19..

Herren Simon frères, Paris.

Vor einigen Tagen erlaubte ich mir, Ihnen durch Zirkular mitzuteilen, daß ich mich am hiesigen Platze als Kommissionär für Ein- und Verkauf von Rauchwaren aller Art niedergelassen habe.

Da ich besonderen Wert darauf lege, mit Ihrem geschätzten Hause in Verbindung zu treten, so erlaube ich mir, Sie hierdurch nochmals auf mein Unternehmen aufmerksam zu machen und bei dieser Gelegenheit zu betonen, daß die reichen Erfahrungen, die ich mir im Dienste hervorragender Firmen in der Branche erworben habe, Ihnen für sachkundige Vertretung Ihrer Interessen Gewähr bieten dürften.

## 107.

**Max Werner.**
**Leipzig.**
**Brühl 280.**

Leipzig, le 10 janvier 19..

M

J'ai l'honneur de porter à votre connaissance que je viens d'établir, sur cette place, sous la dénomination:

Max Werner

une maison de commission pour l'achat et la vente de pelleteries de toutes provenances.

Une longue expérience des affaires, d'excellentes relations dans les pays d'exportation et d'importation et une connaissance approfondie de l'article, tels sont mes titres à la confiance que je sollicite de vous. Je saurai la mériter par la promptitude et les soins dévoués avec lesquels j'exécuterai les ordres dont vous voudrez bien m'honorer.

Veuillez prendre note de ma signature reproduite ci-dessous.

Je vous présente, M , mes salutations bien empressées.

Signature de Max Werner. Max Werner.

## 108.

**Max Werner.**
**Leipzig.**
**Brühl 280.**

Leipzig, le 16 janvier 19..

Messieurs Simon frères, Paris.

Sous les auspices des maisons indiquées ci dessous, je prends la liberté de vous offrir mes services pour l'achat et la vente en commission sur cette place de vos pelleteries et fourrures.

Ainsi que le mentionnait ma dernière circulaire, je connais à fond l'article, grâce à ma longue expérience acquise dans les premières maisons de Leipzig et de Londres.

Sollten Sie sich entschließen, mich mit Ihrem Vertrauen zu beehren, so würde ich Ihnen für Einkäufe außer dem üblichen Ersatz für Barauslagen 2% (zwei vom Hundert) Provision in Anrechnung bringen.

Ich sehe Ihrer geneigten Entschließung gern entgegen und zeichne, indem ich noch auf die untenstehenden Referenzen verweise, hochachtungsvoll

Max Werner.

Referenzen.

Ludwig Blank & Söhne, Leipzig.
H. Breton & fils, 23, rue de Richelieu, Paris.
M. Cameron & Co., 36, Victoria Street, London E C.

## 109.

**Simon frères,**
**28, Fbg. Poissonnière,**
**Paris.**

Paris, den 20. Januar 19..

Herrn Max Werner, Leipzig.

Wir besitzen Ihr gefl. Schreiben vom 16. d. M. und erklären uns im Prinzip geneigt, Ihnen den Einkauf von Rauchwaren für unsere Rechnung am dortigen Platze zu übertragen.

Zu diesem Zwecke unterbreiten wir Ihnen unsere Bedingungen wie folgt:

Provision. Wir gewähren Ihnen 2% (zwei vom Hundert) vom Nettobetrag der Originalfakturen sowie Rückerstattung Ihrer Barverläge. Die Fakturen sind gleichzeitig mit der Ware im Original an uns einzusenden.

Abrechnung. Sie übersenden uns am Schluß eines jeden Kalendervierteljahres einen Kontoauszug und eine Aufstellung Ihrer Provision und Ihrer Barauslagen.

Versendung. Alle an uns abgehenden Waren sind, soweit sie nicht Postpakete bilden, unfrankiert an unseren hiesigen Spediteur L. Thibault zu unserer Verfügung zu schicken; Versicherung decken wir selbst.

Marktberichte. Wir legen großen Wert darauf, fortwährend über den Stand des Marktes unterrichtet zu sein. Wir bitten deshalb, uns so oft als erforderlich zu berichten.

Wir sehen umgehender Bestätigung unserer Bedingungen gern entgegen und hoffen, daß sich die Geschäftsverbindung für beide Teile nutzbringend und angenehm gestalten möge.

Hochachtungsvoll

Simon frères.

Mes conditions seraient: 2 pour cent de commission et remboursement de mes débours.

Je m'engage à faire de mon mieux pour mériter votre confiance et vous prie d'agréer, Messieurs, l'assurance de ma considération très distinguée.

Max Werner.

Références:

Ludwig Blank & Söhne, Leipzig.
H. Breton et fils, 23, rue de Richelieu, Paris.
M. Cameron & Co., 36, Victoria Street, London EC.

## 109.

**Simon frères.**
**28, Fbg Poissonnière, 28.**
**Paris.**

Paris, le 20 janvier 19..

Monsieur Max Werner, Leipzig.

Nous possédons votre lettre du 16 courant.

Nous sommes tout disposés à vous confier nos achats de pelleteries sur votre place si les conditions suivantes vous conviennent:

Commission. Sur toutes les marchandises que vous achèterez pour notre compte, une commission de 2 % (deux pour cent) vous sera allouée sur le montant net des factures originales qui nous seront expédiées en même temps que la marchandise.

Règlement. A la fin de chaque trimestre, vous nous ferez un relevé général de toutes les factures, en y ajoutant votre commission et les débours à notre charge: port de lettres, télégrammes, pourboires, etc.

Expédition. Vous nous ferez tous les envois en port dû, par l'intermédiaire de M. L. Thibault, 90, rue de Marais, Paris, qui aura soin de dédouaner et de faire assurer vos envois. Les colis postaux font exception, bien entendu.

Rapport de marché. Il est essentiel de nous tenir constamment au courant des fluctuations du marché et des quantités disponibles, par téléphone ou par télégraphe, s'il y a lieu.

Dans l'attente de vos nouvelles, nous vous prions d'agréer, Monsieur, nos salutations empressées.

Simon frères.

## 110.

**Max Werner,**
**Leipzig.**
**Brühl 280.**

Leipzig, den 22. Januar 19..

Herren Simon frères, Paris.

Im Besitz Ihres Geehrten vom 20. d. M. erkläre ich mich hierdurch mit den darin enthaltenen Bedingungen einverstanden.

Der Ordnung wegen wiederhole ich dieselben kurz:

Ich übernehme den Einkauf von Rauchwaren für Ihre Rechnung am hiesigen Platze gegen eine Einkaufsprovision von 2% vom Nettobetrag der Fakturen, die ich Ihnen im Original einsende.

Die Abrechnung erfolgt in der Weise, daß ich Ihnen am Schluß eines jeden Kalendervierteljahres einen Kontoauszug sowie eine Aufstellung über Provision und Verläge einsende.

Die Zusendung der Ware erfolgt durch Vermittlung Ihres dortigen Spediteurs, der zugleich Fracht, Versicherung und Verzollung besorgt.

Ich berichte Ihnen so oft als erforderlich über den Stand des Rauchwarengeschäfts am hiesigen Platze, nötigenfalls telegraphisch oder telephonisch.

Ich betrachte nunmehr die Geschäftsverbindung als eröffnet und werde bestens bemüht sein, sie für beide Teile nutzbringend und angenehm zu gestalten.

Ihren geschätzten Aufträgen gern entgegensehend, zeichne ich hochachtungsvoll

Max Werner.

## 111.

**Simon frères.**
**28, Fbg. Poissonnière,**
**Paris.**

Paris, den 25. Januar 19..

Herrn Max Werner, Leipzig.

Wir besitzen Ihr Geehrtes vom 22. d. M. und erklären uns mit dessen Inhalt einverstanden.

Zugleich ersuchen wir Sie, für uns bei einem leistungsfähigen Hause dort:

6 Bund Persianer

in großer Mittellocke mit hohem Glanze in der Preislage von 160—180 Mark auszuwählen.

Falls uns die Ware gefällt, werden wir Ihnen bald weitere belangreiche Aufträge zugehen lassen.

Wir bitten, uns die Sendung in Postpaketen zu 5 kg über Belgien zugehen zu lassen, und zeichnen hochachtungsvoll

p. pa. Simon frères.

M. Richard.

## 110.

**Max Werner.**
**Leipzig.**
**Brühl 280.**

Leipzig, le 22 janvier 19.

Messieurs Simon frères, Paris.

En réponse à votre honorée du 20 courant, j'accepte vos conditions que je vous confirme ci après:

Je me charge pour votre compte des achats de pelleteries sur notre place. Je prélèverai une commission de 2 pour cent sur le montant net des factures originales et rentrerai dans mes frais.

A la fin de chaque trimestre, je vous enverrai un relevé de compte, ainsi qu'un bordereau de mes droits de commission et de mes débours.

Je vous ferai mes envois, sauf toutefois ceux par colis postaux, en port dû, par l'intermédiaire de M. L. Thibault, 90, rue des Marais, Paris; assurance et formalités de douane à la charge de ce dernier.

Je vous tiendrai au courant des fluctuations de notre marché; en cas d'urgence, je vous avertirai par téléphone ou télégraphe.

Soyez bien persuadés que j'aurai toujours à cœur de justifier, par mon exactitude et mon zèle, la confiance dont vous avez bien voulu m'honorer.

Dans l'attente de vous lire bientôt, je vous présente, Messieurs, mes civilités empressées.

Max Werner.

## 111.

**Simon frères.**
**28, Fbg Poissonnière, 28.**
**Paris.**

Paris, le 25 janvier 19..

Monsieur Max Werner, Leipzig.

Nous avons pris bonne note de votre lettre du 22 courant.

Veuillez choisir pour nous:

6 paquets de peaux d'astrakan,

belle boucle moyenne, ferme et bien lustrée, au prix de 160 à 180 Mark le paquet et les faire expédier par colis postaux, par la voie de la Belgique.

Si nous sommes satisfaits, nous vous chargerons sous peu de commandes plus importantes.

Recevez, Monsieur, nos salutations empressées.

P. P^on^ Simon frères.
M. Richard.

**Max Werner,**
**Leipzig.**
**Brühl 280.**

## 112.

Leipzig, den 28. Januar 19..

Herren Simon frères, Paris.

Ihrem Auftrag vom 25. d. M. gemäß ließ ich soeben:

60 Stück gefärbte Persianer

in 5 Postpaketen an Sie abgehen.

Nur durch ganz besondere Vergünstigung ist es mir gelungen, diese Ware in der gewünschten Lockung zum Preise von ℳ 180,— zu erhalten.

Da die Nachrichten aus der Bocharei über den Ausfall der diesjährigen Ernte sehr ungünstig lauten, so werden Persianer einen Preisaufschlag von 20—25% erleiden.

Einliegend überreiche ich Ihnen die Rechnung Bernhard Jung, hier, im Original.

Hochachtungsvoll

1 Faktur.

Max Werner.

## 113.

Fol. 315.

Leipzig, den 28. Januar 19..

RECHNUNG

für Herrn Max Werner, Leipzig.

von

Bernhard Jung.

Valuta per 6 Monat netto oder ·/. 3% binnen 30 Tagen.

| | | | | | | | |
|---|---|---|---|---|---|---|---|
| | 60 | gefärbte Persianer . . . . . . . . . . . . | 18 | — | ℳ | 1080 | — |

**Simon frères,**
**28, Fbg. Poissonnière,**
**Paris.**

## 114.

Paris, den 1. Februar 19..

Herrn Max Werner, Leipzig.

Wir empfingen vorgestern Ihr Geehrtes vom 28. Januar nebst Rechnung Bernhard Jung; soeben treffen auch die darin avisierten 5 Postpakete ein.

Die Auswahl der Persianer befriedigt uns noch nicht ganz. Die Ware ist zwar großlockig und glänzend, aber zu weich im Haar, nicht fest und gedrungen genug.

Herrn Bernh. Jung haben wir veranlaßt, den Rechnungsbetrag von ℳ 1080,— abzüglich 3% Skonto, zum Tageskurse in Franken umgerechnet, per ultimo März auf uns zu entnehmen.

Hochachtungsvoll

p. pa. Simon frères
M. Richard.

## 112.

**Max Werner.**
**Leipzig.**
**Brühl 280.**

Leipzig, le 28 janvier 19..

Messieurs Simon frères, Paris.

Comme suite à votre lettre du 25 courant, j'ai l'avantage de vous remettre, sous ce pli, facture originale de M. B. Jung, Leipzig, à 6 paquets peaux d'astrakan, expédiés en 5 colis postaux, par la Belgique.

Ce n'est que par faveur exceptionnelle que j'ai réussi à vous procurer, au prix de 180 Mark, le genre de boucle demandé.

Les nouvelles du marché russe annoncent une très mauvaise récolte, aussi faut-il s'attendre à une hausse de 20 à 25 %.

Recevez, Messieurs, mes salutations empressées.

Max Werner.

Facture orig.

## 113.

Fol. 315. Leipzig, den 28. Januar 19..

RECHNUNG

für Herrn Max Werner, Leipzig.

von

Bernhard Jung.

Valuta per 6 Monat netto oder ·/. 3 % binnen 30 Tagen.

| | | | | | | | |
|---|---|---|---|---|---|---|---|
| | 60 | gefärbte Persianer . . . . . . . . . . . . | 18 | — | ℳ | 1080 | — |

## 114.

**Simon frères.**
**28, Fbg Poissonnière, 28.**
**Paris.**

Paris, le 1er février 19..

Monsieur Max Werner, Leipzig.

Nous possédons votre lettre du 28 février, renfermant facture originale de M. B. Jung et avons également reçu les 5 colis postaux annoncés.

Nous ne sommes pas tout à fait satisfaits des astrakans; la boucle est assez grosse et bien lustrée mais pas assez ferme.

Nous avons prié M. Jung de disposer sur nous du montant de sa facture de ℳ 1080.—, fin mars prochain, au cours officiel du change sur Berlin, sous escompte de 3 %.

Recevez, Monsieur, nos salutations empressées.

P. Pon Simon frères.
M. Richard.

## 115.

**Simon frères,**
**28, Fbg. Poissonnière,**
**Paris.**

Paris, den 1. Februar 19..

Herrn Bernhard Jung, Leipzig.

Für den Fakturenbetrag der uns durch Herrn Max Werner dort übersandten 60 Stück gefärbten Persianer, die heute ordnungsmäßig hier eintrafen, belieben Sie sich mit:

| | | |
|---|---|---|
| | ℳ 1080,— | |
| abzüglich | „ 32,40 | 3% Skonto |
| | ℳ 1047,60 | per ultimo März d. J. |

zum Tageskurs unter Anzeige auf uns zu erholen.

Hochachtungsvoll

Simon frères.

## 116.

**Bernhard Jung.**
**Leipzig.**
**Brühl 280.**

Leipzig, den 3. Februar 19..

Herren Simon frères, Paris.

Der mir am 1. d. M. erteilten Ermächtigung gemäß gab ich heute:

Frs. 1296,55 per ultimo März d. J.

auf Sie ab, welche ich zum Kurs von:

| | |
|---|---|
| 80,80 t. q. = | ℳ 1047,60 |
| zuzüglich 3% Skonto = | „ 32,40 |
| mit | ℳ 1080,— |

zur Begleichung meiner Faktur vom 28. Januar d. J. verwendete.

Hochachtungsvoll

Bernhard Jung.

## 115.

**Simon frères.**
**28, Fbg Poissonnière, 28.**
**Paris.**

Paris, le 1er février 19..

Monsieur Bernhard Jung, Leipzig.

Pour vous couvrir du montant de votre facture du 28 janvier dernier aux 60 peaux d'astrakan facturées à M. Max Werner de v/v., nous vous prions de disposer sur nous, fin mars prochain, au cours officiel du change sur Berlin, sous escompte de 3 %, suivant décompte ci-dessous.

Recevez, Monsieur, nos salutations empressées.

P. Pon Simon frères.
M. Richard.

| | | |
|---|---|---|
| ℳ | 1080.—, | montant, |
| „ | 32.40, | 3 % d'escompte, |
| ℳ | 1047.60, | valeur fin mars prochain. |

## 116.

**Bernhard Jung.**

Leipzig, le 3 février 19..

Messieurs Simon frères, Paris.

J'ai l'honneur de vous accuser réception de votre lettre du 1er courant.

Pour solde de ma facture du 28 janvier dernier, j'ai disposé sur vous, suivant vos instructions, par ma traite de:

Fr. 1296.55, fin mars prochain,

selon décompte ci dessous.

Veuillez réserver bon accueil à ma disposition et agréer, Messieurs, mes salutations très empressées.

Bernhard Jung.

| | | |
|---|---|---|
| Fr. 1296.55, au cours de 80.80 | ℳ | 1047.60 |
| 3 % escompte | „ | 32.40 |
| | ℳ | 1080.— |

## Verkaufskommission.

# Leder.

117. Am 4. Mai 19.. bietet die Kommissionsfirma L. Ernst & Söhne, Leipzig, dem Importgeschäft Friedrich Kern, Hamburg, unter Angabe von Referenzen und Kommissionsbedingungen ihre Dienste als Verkäufer in Sohlleder an.

118. Am 11. Mai 19.. erklärt sich Friedrich Kern, Hamburg, zu einer Konsignationssendung unter den angegebenen Bedingungen bereit, wünscht aber Herabminderung der Verkaufskommission. Dem Briefe liegt

119. Die Konsignationsfaktur über die am gleichen Tage abgehende Sendung Sohlleder bei.

120. Am 20. Mai 19.. bekennen sich L. Ernst & Söhne, Leipzig, zum Empfang der Ware, bei deren Übernahme sich eine kleine Gewichtsdifferenz ergeben hat, und erklären sich bereit, die Verkaufsprovision von $2^1/_2$% auf 2% zu ermäßigen.

121. Am 31. Mai 19.. zeigen L. Ernst & Söhne, Leipzig, ihrem Kommittenten durch Depesche und Brief an, daß sie die Konsignationssendung zum limitierten Preise verkauft haben; sie legen

122. Verkaufsrechnung bei, deren Betrag sie nach Eingang beim Bankhause des Kommittenten: Dresdener Bank, Filiale Leipzig, erlegen werden.

123. Am 30. Juni 19.. zeigen die Leipziger Kommissionäre ihrem Kommittenten in Hamburg an, daß sie den Betrag der Verkaufsrechnung vom 31. Mai bei der Dresdener Bank, Filiale Leipzig, eingezahlt haben, und bitten um Gutschrift.

### 117.

**L. Ernst & Söhne.**
**Leder-Kommission.**
**Leipzig,**
**Brühl 96.**

Leipzig, den 4. Mai 19..

Herrn Friedrich Kern, Hamburg.

Ihre werte Adresse verdanken wir Herrn Kurt Hermann, dort, der uns gleichzeitig gestattet hat, uns auf ihn zu berufen, und auch gern bereit sein wird, Ihnen jede erwünschte Auskunft über uns zu erteilen.

Unser Leder-Kommissionsgeschäft besteht seit fast zehn Jahren und erfreut sich eines lebhaften Zuspruchs seitens der Konsumenten am hiesigen Platze und in ganz Sachsen.

## Commission de vente.

# Veaux cirés et vernis.

117° Le 4 mai 19.. Petit et Cie, commissionnaires à Toulouse (Hte Garonne), offrent leurs services à Fauché jeune, Millau (Aveyron), sous les auspices d'un correspondant commun. Ils font connaître leurs conditions.

118° Le 11 mai 19.. Fauché jeune, Millau, se déclare prêt à établir un dépôt de ses produits chez Petit et Cie, Toulouse. Il leur propose de réduire la commission et leur annonce un envoi à titre d'essai.

119° Bordereau aux marchandises consignées par Fauché jeune, Millau, chez Petit et Cie, Toulouse.

120° Le 20 mai 19.. Petit et Cie, Toulouse, accusent à Fauché jeune, Millau, réception de son envoi du 11 mai dernier. Ils accordent la réduction demandée sur leur commission, dans l'espoir qu'un chiffre d'affaires plus élevé leur permettra de compenser cette diminution de bénéfice.

121° Le 31 mai 19.. Petit et Cie, Toulouse, confirment les télégrammes échangés et adressent le compte de vente à leur commettant.

122° Compte de vente.

123° Le 30 juin 19.. Petit et Cie, Toulouse, règlent le solde de la facture du 31 mai dernier.

## 117.

**Petit et Cie.**
**Commission et consignation.**
**13, Place Dupuy, 13.**

Toulouse, le 4 mai 19..

Monsieur Fauché Jeune, Millau.

Sous les auspices de M. Frédéric Durand de cette ville, nous prenons la liberté de vous faire nos offres de services pour la vente de vos produits sur notre place.

Notre maison, fondée en 1890, est avantageusement connue de la clientèle qui vient en ligne de compte. Nous pouvons ajouter, en toute bonne foi, que nous ne négligeons rien pour conserver la bonne réputation que nous avons su nous acquérir.

Sollten Sie geneigt sein, uns mit dem kommissionsweisen Verkauf Ihrer Sohlleder und Kipse zu beauftragen, so können wir Ihnen in preiswerter Ware einen bedeutenden Umsatz in sichere Aussicht stellen.

Für unsere Vermittelung würden wir Ihnen $2^1/_2$ % Kommission berechnen und um Rückvergütung sämtlicher Auslagen zuzüglich des der Kundschaft zu gewährenden Skontos bitten.

Wir geben uns der Hoffnung hin, daß Ihnen diese Bedingungen genehm sein werden, und zeichnen, Ihrer geneigten Antwort gern entgegensehend,

hochachtungsvoll

L. Ernst & Söhne.

## 118.

**Friedrich Kern,**
**Rohprodukten-**
**Import und Kommission.**
**Girokonto: Filiale der Dresdener Bank, Hamburg.**
**Telegrammadresse: Kernleder.**

Hamburg, den 11. Mai 19..

Herren L. Ernst & Söhne, Leipzig.

Im Verfolg Ihres gefl. Schreibens vom 4. d. M. bin ich nicht abgeneigt, Ihnen die kommissionsweise Vertreibung meiner Sohlleder und Kipse am dortigen Platze und für das Königreich Sachsen zu übertragen.

Bevor wir uns beiderseitig binden, möchte ich Ihnen eine Wagenladung Sohlleder zu den angegebenen Bedingungen in Konsignation geben.

Ich hoffe, daß Sie sich unter Berücksichtigung der Preiswürdigkeit meiner Ware entschließen werden, die geforderte Verkaufsprovision von $2^1/_2$ % auf 2 % zu ermäßigen.

Ein solches Entgegenkommen Ihrerseits würde selbstverständlich meine endgültige Entschließung wesentlich erleichtern; der größere Umsatz würde Sie für den Ausfall sehr bald entschädigen.

Ich darf mich wohl einer wohlwollenden Berücksichtigung meines Vorschlags versichert halten und übersende Ihnen heute direkt und franko in Wagenladung, zum kommissionsweisen Verkauf:

80 Bürden Sohlleder,

worüber ich Ihnen Konsignationsrechnung beifüge.

Ich bitte, mir den Eingang der Ware sofort anzuzeigen, und sehe baldiger Zusendung der Verkaufsrechnung gern entgegen.

Sollte ein kleiner Preisnachlaß Ihnen den Verkauf des ganzen Postens ermöglichen, so bitte ich um telegraphische Mitteilung.

Eingänge zugunsten meines Kontos bitte bei der dortigen Filiale der Dresdener Bank erlegen zu wollen.

Hochachtungsvoll

Friedrich Kern.

Konsignationsfaktur.

Nos nombreuses relations et la confiance que nos clients veulent bien nous accorder nous garantissent un placement assez prompt et assez aisé de vos articles.

Nos conditions seraient: $2^1/_2$ $^0/_0$ de commission sur le produit net de la vente et remboursement des frais et faux frais nécessités par la consignation.

Dans l'espoir que ces propositions seront à votre convenance, nous vous présentons, Monsieur, nos civilités empressées.

Petit et C^ie^.

## 118.

**Veaux cirés, vernis et de couleurs.**
**Fauché Jeune.**

Millau, le 11 mai 19..

Messieurs Petit et C^ie^, Toulouse.

Je vous remercie de vos offres de services du 4 courant.

Je suis tout disposé à vous charger de ma représentation sur votre place et à entretenir chez vous un assortiment de mes produits.

Toutefois, avant de nous lier définitivement, je vous adresse, à titre d'essai, une petite collection de veaux vernis et cirés de dimensions et qualités différentes.

Cet envoi, composé de 24 douzaines, dont vous trouverez la spécification sur le bordereau ci joint, vous permettra de vous rendre compte de mes produits et de choisir ceux qui conviennent le mieux à votre clientèle.

Je vous ai fait les prix les plus réduits possibles. J'espère toutefois que vous diminuerez votre commission de $^1/_2$ pour cent. Elle serait donc de 2 $^0/_0$. Une telle concession de votre part faciliterait beaucoup un arrangement définitif. Un chiffre d'affaires plus élevé vous dédommagerait d'ailleurs largement de cette réduction. Veuillez examiner cette proposition et me faire connaître, au plus tôt, votre décision à ce sujet.

Agréez, Messieurs, mes salutations empressées.

Fauché Jeune.

1 bordereau

**Friedrich Kern,**
**Rohprodukten-**
**Import und Kommission.**
**Girokonto: Filiale der Dresdener Bank,**
**Hamburg.**
**Telegrammadresse: Kernleder.**

## 119.

*Hamburg,* den 11. Mai 19..

*Konsignationsfaktur*

*für Herren* L. Ernst & Söhne, Leipzig.

*Ich versandte heute per* Bahn, direkt und franko an Ihre Adresse, *zum kommissionsweisen Verkauf:*

| | | *auf meine Rechnung und Gefahr mit Ziel 6 Monat.. oder per Kasse mit 2 %  Skonto:* |
|---|---|---|
| F. K. | 1—40 | An 40 Bürden Sohlleder I 8010 Pfd. à 1,10 |
| F. K. | 41—60 | „ 20 „ do. II 4005 „ à 1,— |
| F. K | 61—80 | „ 20 „ do. III 3810 „ à —,80 |

**L. Ernst & Söhne,**
**Leder-Kommission.**
**Leipzig,**
**Brühl 96.**

## 120.

Leipzig, den 20. Mai 19..

Herrn Friedrich Kern, Hamburg.

Soeben ist die mit Ihrem Geehrten vom 11. d. M. fakturierte Wagenladung Sohlleder eingetroffen.

Wir haben die Ware sofort auf Lager genommen.

Die sich bei Abnahme hier ergebenden Gewichte betrugen für:

| | | | | |
|---|---|---|---|---|
| 40 | Bürden | Sohlleder | I | 8007 Pfd. |
| 20 | „ | „ | II | 3999 „ |
| 20 | „ | „ | III | 3804 „ |

Die Qualität entspricht unseren Erwartungen, wir glauben, auf schlanken Absatz rechnen zu dürfen.

Ihren Wunsch, die Verkaufskommission von $2^1/_2$ auf 2 % ermäßigt zu sehen, haben wir ernstlich erwogen und erklären uns hierdurch bereit, denselben zu erfüllen, obgleich wir bisher noch nie zu diesem niedrigen Satze gearbeitet haben.

Wir gehen bei unserer Entschließung von der Annahme aus, daß größere Umsätze uns für den Ausfall entschädigen werden, und bitten, uns den Vertrieb Ihrer Ware durch geeignete Auswahl bei den Konsignationssendungen, bei großen Umsätzen wohl auch durch entsprechenden Preisnachlaß zu erleichtern.

Für die heute eingegangene Sendung bringen wir bereits den Kommissionssatz von 2 % in Anrechnung.

Hochachtungsvoll

L. Ernst & Söhne.

## 119.

### Fauché Jeune.

Usine à vapeur. Veaux cirés, vernis et de couleurs.

Millau, le 11 mai 19..

Composition de mon envoi de veaux vernis et cirés, expédié ce jour, petite vitesse, franco domicile:

P. F. 108, 1 balle, poids brut 259 kilos,

aux soins de M. G. Laroze, E/V.

| Quantité: | Longueur: | Largeur: | Longueur et largeur additionnées: | Genre: | Prix par douzaine: | Observations: |
|---|---|---|---|---|---|---|
| 4 douz. | 85/90 c/m | 67 c/m | 154 c/m | cirés noirs | Fr. 95.— | |
| „ | 90/95 „ | 70 „ | 162 „ | „ „ | „ 102.— | |
| „ | 95/100 „ | 73 „ | 170 „ | „ „ | „ 110.— | |
| „ | 100/105 „ | 77 „ | 178 „ | „ „ | „ 120.— | |
| „ | 105/110 „ | 80 „ | 186 „ | vernis bordeaux | „ 128.— | |
| „ | 110/115 „ | 83 „ | 195 „ | „ havanes | „ 135.— | |

Valeur au comptant.

## 120.

**Petit et Cie.**
**Commission et consignation.**
**18, Place Dupuy, 18.**

Toulouse, le 20 mai 19..

Monsieur Fauché Jeune, Millau.

Nous avons reçu et vérifié les marchandises dont votre lettre du 11 courant nous donnait avis. La bonne qualité des peaux nous fait espérer que leur vente ne tardera guère.

Après mûre réflexion, nous avons décidé d'accepter votre proposition de réduire notre commission de ½%, bien que, jusqu'à présent, nous n'ayons jamais traité à moins de 2½ pour cent.

Nous espérons qu'un chiffre d'affaires plus considérable compensera la perte que, de prime abord, nous subirons forcément et ne vous compterons que 2% de commission sur la marchandise que nous avons en consignation. En cas de commandes importantes, nous nous réservons toutefois de vous proposer une réduction des prix cotés, plutôt que de manquer l'affaire.

Recevez, Monsieur, nos salutations empressées.

Petit et Cie.

## 121.

Telegraphie des Deutschen Reichs.

Kernleder Hamburg verkauften Sohlleder nach Limit. Ernst Söhne.

## 121 a.

**L. Ernst & Söhne,**
**Leder-Kommission,**
**Leipzig,**
**Brühl 96.**

Leipzig, den 31. Mai 19..

Herrn Friedrich Kern, Hamburg.

Wir bestätigen unsere Depesche: „Verkauften Sohlleder nach Limit" und überreichen Ihnen beigeschlossen über die von uns am 20. d. M. auf Lager genommene Ledersendung Verkaufsrechnung, laut welcher Ihr wertes Konto mit:

ℳ 15 211,45 per Kasse

erkannt wurde.

Anschaffung werden wir Ihnen aufgabegemäß durch Filiale der Dresdener Bank sofort nach Eingang zugehen lassen.

Da es uns so schnell gelungen ist, den Verkauf unter voller Wahrung Ihrer Interessen zu bewerkstelligen, dürfen wir weiteren Konsignationen wohl entgegensehen und zeichnen

hochachtungsvoll

L. Ernst & Söhne.

Verkaufsrechnung.

## 121.

**Petit et Cie.**
Commission et consignation.
13, Place Dupuy, 13.

Toulouse, le 31 mai 19..

Monsieur Fauché Jeune, Millau.

Par feuille séparée, nous vous confirmons les télégrammes échangés ce matin.

Conformément à votre réponse télégraphique, nous avons vendu, pour votre compte, livrables tout de suite, franco Toulouse et payables fin juin:

20 douzaines cirés $105 \times 77 = 178$

dont vous trouverez le duplicata sous ce pli.

Le bon résultat de cette opération vous engagera sans doute à nous faire des consignations plus importantes, surtout en cirés; il est bien plus facile de placer la marchandise dont l'acheteur peut examiner le lot entier.

Recevez, Monsieur, nos salutations empressées.

Petit et Cie.

Copie des télégrammes.
Duplicata du compte de vente.

**Petit et Cie.**
**Commission et consignation.**
**Toulouse.**

### COPIE DES TÉLÉGRAMMES.

| Dépêches envoyées à: Millau | Dépêches reçues de: Millau |
|---|---|
| Le 31 mai 19.. | Le 31 mai 19... |
| Offre sur vingt douzaines cirés cent dix huit francs franco Toulouse; télégraphiez. | Expédierai franco vingt douzaines cirés cent dix huit francs. |

## 122.

*Verkaufsrechnung*

*über* 80 Bürden Sohlleder für Rechnung von

Herrn Friedrich Kern, Hamburg,

*von*

*L. Ernst & Söhne.*

| | | | | | | |
|---|---|---|---|---|---|---|
| F. K. | 1—40 | 40 Bürden Sohlleder I — 8007 Pfd. à 1,10 | ℳ | 8807 | 70 |
| F. K. | 41—60 | 20 „ „ II — 3999 „ à 1,— | „ | 3999 | — |
| F. K. | 61—80 | 20 „ „ III — 3804 „ à 0,80 | „ | 3043 | 20 |
| | | | ℳ | 15849 | 90 |
| | | **Spesen:** | | | |
| | | ab Roll- und Wiegegebühren ℳ 3,65 | | | |
| | | 2% Skonto . . . . . . . „ 317,— | | | |
| | | 2% Kommission . . . . „ 317,— | | | |
| | | Depesche und Porti . . . „ —,80 | | 638 | 45 |
| | | Reinertrag per Kasse | ℳ | 15211 | 45 |

## 123.

**L. Ernst & Söhne,**
**Leder-Kommission,**
**Leipzig,**
**Brühl 96.**

Leipzig, den 30. Juni 19..

Herrn Friedrich Kern, Hamburg.

Zum Ausgleich der Ihnen am 31. Mai d. J. behändigten Verkaufsrechnung erlegten wir heute auf Ihr Girokonto bei der hiesigen Filiale der Dresdener Bank zu Ihren Gunsten:

ℳ 15 211.45,

um deren gefl. Gutschrift wir bitten.

Hochachtungsvoll

L. Ernst & Söhne.

## 122.

**Petit et Cie.**
**Commission et consignation.**
**13, Place Dupuy, 13.**

Toulouse, le 10 juin 19..

Reçu de Monsieur Fauché Jeune, Millau, vendu par son ordre et pour son compte, les marchandises suivantes, payables fin de mois de livraison, livrées franco domicile Toulouse:

| Marques et numéros | Quantité | Désignation des marchandises | Prix | Francs | Ces | Montant | |
|---|---|---|---|---|---|---|---|
| P. F. 122. | 20 douzaines | veaux cirés 105 × 77 = 178 . | 118 | | | 2360 | — |
| | | Frais à défalquer: | | | | | |
| | | Port de lettres et télégrammes | | 3 | 80 | | |
| | | Camionnage et faux frais | | 2 | 70 | | |
| | | Commission 2 % sur Fr. 2360 | | 47 | 20 | 53 | 70 |
| | | Net à votre crédit Fr. | | | | 2306 | 30 |
| | | Règlement fin juin prochain. S. E. et O. | | | | | |

## 123.

**Petit et Cie.**
**Commission et consignation.**
**13, Place Dupuy, 13.**

Toulouse, le 30 juin 19..

Monsieur Fauché Jeune, Millau.

Pour solde de votre compte de vente du 10 courant, nous avons l'honneur de vous remettre:

Fr. 2306.30, chèque No 3691, sur Crédit Lyonnais, Paris.

Veuillez nous en créditer, sous avis.
Recevez, Monsieur, nos salutations empressées.

Petit et Cie.

# D. Das Speditionsgeschäft.

Speditionsgeschäft. Man nennt Speditionsgeschäft die gewerbsmäßig für Rechnung der Auftraggeber bewirkte Versendung von Waren (Gut, Speditionsgut).

Der Spediteur besorgt die Versendung, Umladung, Empfangnahme, Weiterbeförderung und Einlagerung der Güter in seinem eigenen Namen entweder für eigene oder für fremde Rechnung.

Nachnahme, Verzollung. Außer der Versendung des Gutes besorgt der Spediteur sehr häufig die Einziehung der Geldbeträge, die in Form von Nachnahmen oder Vorausbezahlungen auf das Gut erhoben werden können, und erledigt die Formalitäten, die zu erfüllen sind, wenn das Gut über die Zollgrenze geht.

Frachtführer, Verfrachter. Bei der Beförderung zu Lande oder auf Binnenwässern bedient sich der Spediteur der Vermittlung der Frachtführer (Fuhrleute, Eisenbahnen, Schiffer); bei Beförderung zur See der Vermittelung des Verfrachters (Rheder, Charterer).

Versicherung. Die Versicherung wird bei einer Transportversicherungsgesellschaft bewirkt, sie erstreckt sich: auf Verlust des Gutes; auf Beschädigung des Gutes; auf verspätete Lieferung des Gutes.

Prämie, Police. Die Gebühr, welche die Versicherungsgesellschaft für die übernommene Ersatzpflicht erhebt, heißt Prämie; der Versicherungsvertrag wird Police genannt. Lautet der Versicherungsvertrag auf sämtliche Transporte, die der Versicherte innerhalb eines gewissen Zeitraums anmeldet, so spricht man von einer Pauschal- oder Generalpolice.

Voraus-, Nachzahlung. Die Fracht wird entweder vom Absender oder vom Empfänger des Gutes erlegt. Trägt der Empfänger die Fracht, so pflegt sich der Spediteur durch Nachnahme oder Barvorschuß für seine Auslagen und seine Mühwaltung bezahlt zu machen.

Im überseeischen Verkehr sind Gelderhebungen auf Versandgüter nicht üblich. In Hafenplätzen wird deshalb die Auszahlung der Nachnahmen und Barvorschüsse einem Bankhaus übertragen, bei dem der Spediteur die Gelder erhebt.

Tariffracht, Übernahme. Als Fracht wird entweder: der wirkliche Frachtsatz (reine Bahnfracht, reine Seefracht) zuzüglich der Nebenkosten, die der Spediteur einzeln verrechnet, und einer Speditionsprovision, die je nach Art des Transportes als Rollgeld, Einladekosten, Ausladekosten u. s. w. bezeichnet wird, in Anrechnung gebracht; oder es wird mit dem Spediteur ein Frachtsatz in Bausch und Bogen (Übernahmesatz, Übernahmepreis, Aversionalfracht) vereinbart; in diesem vereinbarten Preis sind dann sämtliche Nebenkosten enthalten.

## D. Le transport des marchandises.

*Transports.* On appelle commissionnaires de transport les commerçants qui, par profession et pour compte d'autrui, se chargent des transports de marchandises et objets par terre et par eau. Les entrepreneurs de transports opèrent le chargement et le déchargement, la prise en livraison, la réexpédition et l'emmagasinage des marchandises pour leur propre compte ou pour compte du commettant.

*Remboursement et douane.* L'entrepreneur de transports n'a pas seulement dans ses attributions la simple expédition des marchandises; il reçoit souvent, sous forme de paiements anticipés ou contre remboursement, les sommes dues du chef de la vente; parfois même, il règle personnellement ce montant au vendeur et fait suivre alors cette avance de fonds et ses frais. Il est également chargé de remplir les formalités de douane, lorsque la marchandise passe la frontière.

*Voituriers et chargeurs.* Pour effectuer le transport des marchandises, le commissionnaire de transports a recours, pour les transports par terre ou par eau douce, au voiturier: chemin de fer, roulier, camionneur, batelier. Les transports maritimes se font par l'entremise de chargeurs: armateurs ou consignataires de navires.

*Assurance.* L'assurance de la marchandise contre les risques de transport se fait auprès d'une compagnie d'assurance. La marchandise peut être assurée contre la perte totale ou contre les avaries particulières.

*Prime, police.* La prime est la somme que perçoit l'assureur qui s'engage à indemniser l'assuré en cas de perte ou d'avarie; la police est le libellé de l'assurance. Lorsque la police est applicable à toutes les expéditions faites par l'assuré dans une période fixée d'avance et jusqu'à concurrence d'un chiffre convenu, elle s'appelle police flottante ou police ouverte.

*Frais de transport.* Les frais de transport sont à charge de l'expéditeur ou du destinataire de la marchandise. Lorsque le port est dû par le destinataire, le commissionnaire de transports se couvrira généralement de ses avances et frais sous forme de remboursement. Pour les transports maritimes, les remboursements sont peu employés. On préfère alors indiquer au commissionnaire du port destinataire une maison de banque, chargée de lui remettre les sommes dues.

*Transports tarifés et transports à forfait.* Les frais de transport se calculent suivant les tarifs établis ou sont déterminés à forfait. Le commissionnaire de transport qui expédie suivant tarif mettra en compte le port ou le fret acquitté par lui et sa commission qui, suivant les cas, prendra le nom de roulage, camionnage, chargement, déchargement, etc. Le commissionnaire de transport qui a traité à forfait comprend dans le prix, établi au préalable, le port, les frais additionnels et sa commission.

**Briefwechsel.** Der Briefwechsel des Spediteurs ist bei der vielseitigen Tätigkeit desselben sehr mannigfaltig, sobald Geschäftseröffnung, Anknüpfung neuer Geschäftsverbindungen, Erledigung von Schadenersatzansprüchen und Streitigkeiten aller Art berücksichtigt werden sollen.

Zwischen Spediteur einerseits und Frachtführer oder Verfrachter andererseits beschränkt sich der schriftliche Verkehr für gewöhnlich auf die Ausfertigung der Begleitpapiere: Frachtbrief, Ladeschein, Versandaufgabe, Anlieferungsschein, Konnossement, Zolldeklaration, Begleitschein u. s. w.

Zwischen Spediteur einerseits und Absender oder Empfänger des Gutes andererseits ist der regelmäßige briefliche Verkehr ebenfalls zum großen Teil auf Ausfüllung vorgedruckter Brief- oder Postkartenformulare beschränkt.

Im Einzelfalle erstrecken sich die Verhandlungen auf folgende Punkte:

| | |
|---|---|
| Versandbedingungen | Der Absender (Empfänger) an den Spediteur.<br>Der Spediteur an den Absender (Empfänger) |
| Auftragserteilung | Der Absender (Empfänger) an den Spediteur.<br>Der Spediteur an den Absender (Empfänger). |
| Ausführungsanzeige | Der Spediteur an den Absender (Empfänger).<br>Der Empfänger an den Spediteur. |
| Abrechnung | Der Spediteur an den Absender.<br>Der Absender an den Spediteur. |

# Briefe im Speditionsgeschäft.

## Einzelsendung gegen Frachtübernahme.

Die Transportspesen gehen zu Lasten des Käufers.

124. Am 4. August 19.. fragt Robert Haas, Leipzig, bei Spediteur C. G. Lentsch, Leipzig, an, zu welchem Satze er die Überführung von rund 4000 Kilo Wein von Rivesaltes (Pyrénées Orientales) nach Leipzig übernehmen würde.

125. Am 4. August 19.. stellt C. G. Lentsch, Leipzig, dem Fragesteller zwei Übernahmen an, je nachdem die Ware zu Lande oder zu Wasser reisen soll.

126. Am 5. August 19.. erklärt sich Robert Haas, Leipzig, für den Seeweg; er beauftragt C. G. Lentsch, Leipzig, mit der Versendung und Versicherung und stellt ihm das Gut bei Lecomte Frères, Rivesaltes, zur Verfügung.

*Correspondance.* La correspondance de l'entrepreneur de transports est très compliquée lorsqu'il s'agit de contestations et de réclamations de toutes sortes, inhérentes à son commerce, ou de demandes d'indemnités, en cas de perte ou d'avaries.

Les relations écrites entre le commissionnaire de transport et le voiturier ou armateur se bornent ordinairement à l'échange de documents de transport dûment remplis: lettre de voiture, connaissement, déclaration d'expédition, récépissé, déclaration en douane, etc.

Pour les affaires courantes se répétant toujours dans les mêmes conditions, les correspondants se servent de lettres-formules ou cartes-formules, contenant des espaces en blanc pour les indications nécessaires.

Une affaire de transport considérée isolément donnera lieu à la correspondance suivante:

| | |
|---|---|
| conditions de tranports | commettant à expéditeur.<br>expéditeur à commettant. |
| ordre d'expédition | commettant à expéditeur.<br>expéditeur à commettant. |
| avis d'expédition | expéditeur à commettant.<br>commettant à expéditeur. |
| règlement | expéditeur à commettant.<br>commettant à expéditeur. |

# Expéditions.

## Transport à forfait, opération isolée.

Les frais sont à charge du vendeur.

124° Le 4 août 19 .. Lecomte frères à Rivesaltes (Pyrénées Orientales) demandent à Léon Didier, Marseille, les conditions d'un transport de vin de 4000 kilos à peu près, de Rivesaltes à Leipzig.

125° Le 5 août 19 .. Léon Didier à Marseille fait à Lecomte frères à Rivesaltes, deux prix à forfait: l'un pour le transport par terre, l'autre pour celui par mer.

126° Le 7 août 19 .. Lecomte frères à Rivesaltes chargent Léon Didier à Marseille de l'expédition de 6 fûts de vin, par voie maritime, à l'adresse de M. Robert Haas à Leipzig. L'envoi doit être assuré pour 2000 francs, tous les frais seront à charge des commettants.

127. Am 5. August 19.. beauftragt C. G. Lentsch, Leipzig, Lecomte Frères, Rivesaltes, damit, die ihm von Robert Haas, Leipzig, zur Verfügung gestellte Weinsendung an Léon Didier, Marseille, zu weiterer Verfügung abzusenden.

128. Am 5. August 19.. beauftragt C. G. Lentsch, Leipzig, Léon Didier, Marseille, damit, die ihm von Lecomte Frères, Rivesaltes, zu seiner Verfügung zugehende Weinsendung unversichert und unter Nachnahme der Spesen zu den früher vereinbarten Spesensätzen mit dem ersten nach Hamburg abgehenden Dampfer an Order zu verladen und ihm 3 Konnossemente einzuschicken.

129. Am 15. August 19.. meldet Léon Didier, Marseille, an C. G. Lentsch, Leipzig, daß er die ihm am 5. August übertragene Weinsendung aus Rivesaltes mit Dampfer „Carnot" nach Hamburg an Order und unter Spesennachnahme verladen habe.

130. Am 21. August 19.. überreicht C. G. Lentsch, Leipzig, der Leipziger Generalagentur der „Badischen Schifffahrts-Assekuranz Gesellschaft" ein Konnossement und bittet um Versicherung in Höhe von 1500 Mark.

131. Am 21. August 19.. beauftragt C. G. Lentsch, Leipzig, N. Luchting & Co., Hamburg, mit Übernahme und Weiterbeförderung der an seine Order von Léon Didier, Marseille, eingehenden Weinsendung. Er legt ein indossiertes Konnossement bei und schreibt Wasserweg bis Wallwitzhafen vor.

132. Am 6. September 19.. bittet Robert Haas, Leipzig, C. G. Lentsch, zwei von den sechs Fässern der Sendung aus Rivesaltes von Hamburg direkt an „Berliner Spediteurverein, Berlin", zu schicken; die übrigen vier Fässer sind aufgabegemäß zu behandeln.

133. Am 6. September 19.. übermittelt C. G. Lentsch, Leipzig, den vorstehenden Auftrag an N. Luchting & Co., Hamburg.

134. Am 7. September 19.. melden N. Luchting & Co., Hamburg, daß die Sendung Léon Didier, Marseille, bereits auf Elbkahn 8 verladen und unter Spesennachnahme an Speditionsverein Wallwitzhafen abgegangen sei, der sie zur Verfügung von C. G. Lentsch halte.

135. Am 9. September 19.. beauftragt C. G. Lentsch, Leipzig, den Speditionsverein Wallwitzhafen damit, zwei Fässer direkt an „Berliner Spediteurverein" Berlin, zu schicken, die übrigen vier nach Leipzig zu verladen.

136. Am 16. September 19.. zeigt Speditionsverein Wallwitzhafen C. G. Lentsch, Leipzig, die Verladung an.

137. Am 21. September 19.. zeigt C. G. Lentsch, Leipzig, seinem Auftraggeber Robert Haas, Leipzig, an, daß der Auftrag vollzogen ist, und überreicht Spesennota mit der Bitte um Gutschrift des Betrags.

138. Spesennota von C. G. Lentsch, Leipzig, für Robert Haas, Leipzig.

127º Le 8 août 19 . . Léon Didier à Marseille prie Lecomte frères à Rivesaltes de lui envoyer les 6 fûts de vin, petite vitesse, en port dû, à Marseille. La réexpédition pour Hambourg se fera à bord du vapeur «Carnot», par l'entremise des correspondants de Léon Didier. Ces derniers feront parvenir l'envoi à l'adresse de Robert Haas à Leipzig. L'assurance sera prise pour la somme de 2000 francs, à la prime de 1 %.

128º Le 9 août 19 . . Lecomte frères à Rivesaltes informent Léon Didier à Marseille de l'expédition des fûts de vin, en petite vitesse et port dû.

129º Le 9 août 19 . . Lecomte frères à Rivesaltes informent Robert Haas à Leipzig qu'ils lui ont fait expédier le vin commandé le 1er août dernier, par l'entremise de Léon Didier à Marseille.

130º Le 15 août 19 . . Léon Didier à Marseille accuse à Lecomte frères à Rivesaltes réception des 6 fûts de vin. L'envoi chargé à bord du vapeur «Carnot» est parti ce jour pour Hambourg.

131º Le 15 août 19 . . Léon Didier à Marseille informe Robert Haas à Leipzig qu'il a expédié, à l'adresse de ce dernier, à bord du vapeur «Carnot», par ordre de Lecomte frères à Rivesaltes et par l'entremise de N. Luchting et Cie à Hambourg, 6 fûts de vin, franco de tous frais, en gare de Leipzig.

132º Le 15 août 19 . . Léon Didier à Marseille remet à l'agent général de la Foncière-Transports à Marseille connaissement à cet envoi, avec prière d'assurer pour 2000 francs sur sa police flottante.

133º Le 15 août 19 . . Léon Didier à Marseille envoie à N. Luchting et Cie à Hambourg un duplicata du connaissement, avec ordre d'acquitter les droits d'entrée aux 6 fûts de vin chargés à bord du vapeur «Carnot» et de réexpédier ensuite ces marchandises, par voie d'eau, au prix à forfait convenu de 1 franc 50 centimes par % kilos, à l'adresse de Robert Haas à Leipzig. Il attend le bordereau des frais, après la réexpédition de l'envoi.

134º Le 18 août 19 . . N. Luchting et Cie à Hambourg accusent à Léon Didier, Marseille, réception de sa lettre renfermant un connaissement à l'envoi de Lecomte frères à Rivesaltes. Ils lui confirment le prix du transport, indiqué dans leur tarif du mois d'avril dernier.

135º Le 17 septembre 19 . . N. Luchting et Cie à Hambourg annoncent au Speditionsverein à Wallwitzhafen qu'ils ont chargé, à bord du bateau Nº 8, avec ordre de réexpédition à Wallwitzhafen, en petite vitesse pour Leipzig, 6 fûts de vin, destinés à Robert Haas à Leipzig. Ils prient le Speditionsverein de les débiter, comme à l'ordinaire, des frais du transbordement à Wallwitzhafen et des frais de voiture jusqu' à Leipzig (gare de Berlin).

136º Le 19 septembre 19 . . N. Luchting et Cie à Hambourg donnent à Léon Didier à Marseille avis de l'arrivée à bon port des 6 fûts de vin et de leur réexpédition pour Leipzig, conformément à ses instructions du 15 août dernier. Ils le remercient de cet ordre et ajoutent à leur lettre le bordereau des frais d'expédition et l'acquit de la douane, avec prière d'en passer le montant au crédit de leur compte.

137º Le 21 septembre 19 . . Léon Didier à Marseille remet à Lecomte frères à Rivesaltes le bordereau des frais de transport et l'acquit de la douane de Hambourg de ℳ 557.— soit, au cours de 123.85, Fr. 689.85. Il se recommande à leurs ordres ultérieurs et les débite du montant de Fr. 1141.—, suivant bordereau.

138º Bordereau de frais, annexé à la lettre 137.

## 124.

**Robert Haas.**
**Weinhandlung.**

Leipzig, den 4. August 19..

Herrn C. G. Lentsch, Leipzig.

Ich habe in Rivesaltes (Pyrénées Orientales) eine Partie Wein von rund 4000 Kilo gekauft und bitte Sie um gefl. Auskunft, zu welchem Preise Sie den Transport nach Leipzig übernehmen würden.

Sie wollen Ihre Frachtrate billigst kalkulieren; ich lasse ein Hamburger Speditionshaus in Konkurrenz treten.

Da der Wein versandbereit lagert, erbitte ich mir umgehend Ihre Mitteilung.

Hochachtungsvoll

Robert Haas.

## 125.

**C. G. Lentsch.**
**Spedition, Kommission und Inkasso.**

Leipzig, den 4. August 19..

Herrn Robert Haas, Leipzig.

In umgehender Beantwortung Ihrer gefl. Anfrage von heute teile ich Ihnen mit, daß ich Ihnen für die betreffende Sendung Wein in Fässern im Gewicht von ca. 4000 kg zwei Transportwege vorschlagen kann.

Bei Verladung auf dem Wasserwege via Marseille—Hamburg per Elbkahn bis Wallwitzhafen würde ich den Transport ab Rivesaltes (Pyrénées Orientales) bis Haus Leipzig mit ℳ 7,30 die % kg exkl. Konnossement, Stempel, Zoll und Zollspesen — Assekuranz 1 % — übernehmen.

Die Reisedauer würde allerdings ungefähr 45 Tage betragen, während dieselbe auf dem Landweg — ab Marseille per Eisenbahn über Genf bis hier — nur etwa 18 Tage ausmachen würde.

Meine Frachtübernahme per Landweg würde ich Ihnen ab Rivesaltes bis Haus Leipzig, jedoch ausschließlich Zoll und Zollspesen, Enregistrement, Stempel und Grenzgebühren billigst mit ℳ 13,— die % kg — Assekuranz 1 % — berechnen.

Ich hoffe, daß Ihnen vorstehende Sätze Konvenienz bieten, und bitte Sie, mir den in Frage kommenden Posten bei Ihrem Verkäufer zur Verfügung zu stellen.

Hochachtungsvoll

C. G. Lentsch.

## 124.

**LECOMTE FRERES.**
**Vins et 3/6.**
**RIVESALTES.**
**Pyrénées Orientales.**

Rivesaltes, le 4 août 19..

Monsieur Léon Didier, Marseille.

Nous avons vendu, à destination de Leipzig (Allemagne), 6 fûts de vin dont le poids total atteindra environ 4000 kilos.

Nous vous serions très obligés de nous faire connaître le prix auquel vous vous chargeriez du transport des dits fûts de Rivesaltes à Leipzig.

Vous voudrez bien nous faire connaître votre plus juste prix car nous avons reçu des offres très avantageuses d'une maison d'expédition de Hambourg.

Nous attendons votre réponse par retour du courrier, le vin étant prêt à être expédié.

Agréez, Monsieur, nos salutations empressées.

Lecomte frères.

## 125.

**LÉON DIDIER.**
**Transports pour tous pays.**

Marseille, le 5 août 19..

Messieurs Lecomte frères à Rivesaltes.

En réponse à votre lettre d'hier, je puis vous proposer deux modes de transport pour l'expédition de votre vin en fûts.

1° L'expédition par mer viâ Marseille-Hambourg et de là par eau sur l'Elbe jusqu'à Wallwitzhafen. Le prix de Rivesaltes (gare) à Leipzig (gare) serait de Fr. 9.20 par °/₀ kilos, y compris les droits d'expédition et les frais de transport; le restant: timbres, régie, frais de douane et assurance seraient à charge des commettants. La durée du voyage serait d'environ 45 jours.

2° L'expédition par chemin de fer, Marseille-Lyon-Genève, ne demanderait que 18 jours. Le coût de ce transport, non compris les frais de douane, les droits d'entrée, l'enregistrement, les droits de timbre et de transit, sera de Fr. 16.25 les °/₀ kilos; l'assurance à 1 °/₀ en sus.

Dans l'espoir que l'une ou l'autre des ces propositions vous conviendra, je vous prie de tenir les fûts à ma disposition.

Veuillez agréer, Messieurs, mes salutations distinguées.

Léon Didier.

## 126.

**Robert Haas.**
**Weinhandlung.**

Leipzig, den 5. August 19 .

Herrn C. G. Lentsch, Leipzig.

Auf Grund der mir mit Ihrem gestrigen Briefe angestellten Frachtübernahme von ℳ 7,30 für 100 Kilo will ich Ihnen den Transport der in Rivesaltes für mich lagernden Weinsendung via Hamburg—Wallwitzhafen übertragen.

Ich habe Ihnen die Sendung bei Herren Lecomte Frères in Rivesaltes (Pyrénées Orientales) zur Verfügung gestellt.

Sie wollen dieselbe mit erstem Dampfer verladen lassen und Assekuranz mit ℳ 1500,— decken.

Ich bitte, den Wein nach Eingang in Leipzig zu verzollen und mir zuzustellen.

Hochachtungsvoll

Robert Haas.

## 127.

**C. G. Lentsch.**
**Spedition, Kommission und Inkasso.**

Leipzig, den 5. August 19..

Herren Lecomte Frères, Rivesaltes.

Seitens des Herrn Robert Haas, Leipzig, ist mir bei Ihnen eine Partie Wein von ca. 4000 kg zur Verfügung gestellt worden.

Ich bitte, denselben schleunigst an Herrn Léon Didier in Marseille zu meiner Verfügung abzurichten, und empfehle mich Ihnen hochachtungsvoll

C. G. Lentsch.

## 126.

**LECOMTE FRÈRES.**
Vins et 3/6.
**RIVESALTES.**
Pyrénées Orientales.

Rivesaltes, le 7 août 19..

Monsieur Léon Didier, Marseille.

Après examen de vos propositions du 5 courant, nous nous sommes décidés à vous charger, au débit de notre compte et au prix de Fr. 9.20 par % kilos, de notre envoi de Leipzig, vià Marseille—Hambourg.

Au reçu de votre réponse, nous ferons expédier les 6 fûts à la gare de Rivesaltes où vous pourrez en disposer et les faire expédier, par le premier vapeur en partance, à l'adresse de M. Robert Haas, Leipzig.

Vous ferez assurer le vin pour Fr. 2000.— et acquitter les droits d'entrée à la frontière allemande.

Agréez, Monsieur, nos salutations empressées.

Lecomte frères.

## 127.

**LÉON DIDIER.**
Transports
pour tous pays.

Marseille, le 8 août 19..

Messieurs Lecomte frères à Rivesaltes.

Je possède votre lettre du 7 courant et j'ai pris bonne note de son contenu.

Veuillez adresser les 6 fûts de vin en question, par petite vitesse et en port dû, à mon adresse à Marseille.

Je compte les expédier, assurés pour 2000 francs, par le vapeur «Carnot», partant pour Hambourg le 15 courant.

Recevez, Messieurs, mes salutations empressées.

Léon Didier.

## 128.

**C. G. Lentsch.**
**Spedition, Kommission und Inkasso.**

Leipzig, den 5. August 19..

Herrn Léon Didier, Marseille.

Sie empfangen auf meine Veranlassung von Herren Lecomte Frères in Rivesaltes (Pyrénées Orientales) eine Partie Wein von ca. 4000 kg, welche Sie prompt mit erstem Dampfer — auf Grund Ihres mir im Mai erteilten Frachtsatzes von Fr. 45,— per Ton — nach Hamburg an Order verladen wollen.

Ihre Spesen sind nachzunehmen, Assekuranz decke ich selbst.

Ich erwarte 3 Konnossemente und empfehle mich Ihnen

hochachtungsvoll

C. G. Lentsch.

## 129.

**Léon Didier.**
**Transports pour tous pays.**

Marseille, den 15. August 19..

Herrn C. G. Lentsch, Leipzig.

Im angenehmen Besitz Ihres Schreibens vom 5. d. M. teile ich Ihnen ganz ergebenst mit, daß die Sendung 6 Faß Wein:

| | | | | |
|---|---|---|---|---|
| R. H. | 419 | Brutto | 685 | kg |
| „ | 420 | „ | 693 | „ |
| „ | 421 | „ | 708 | „ |
| „ | 422 | „ | 696 | „ |
| „ | 423 | „ | 682 | „ |
| „ | 424 | „ | 701 | „ |
| | | Brutto | 4165 | kg |

aus Rivesaltes gestern hier anlangte und bereits heute mit Dampfer „Carnot“ der „Compagnie Marseillaise de Navigation à Vapeur“ nach Hamburg abgegangen ist.

Selbstverständlich habe ich die Fracht nach der in Ihren Händen befindlichen Liste mit Fr. 45,— per Ton berechnet und meine Barvorschüsse und Vorspesen Rivesaltes—Marseille mit Fr. 44,— nachgenommen.

Einliegend diene ich Ihnen mit 3 an Order gestellten Konnossementen. Ich wünsche Ihnen besten Empfang der Sendung und sage Ihnen meinen verbindlichsten Dank für freundliche Zuteilung dieses Postens.

Stets gern zu Ihren Diensten, begrüße ich Sie mit vorzüglicher Hochachtung

Léon Didier.

128.

**LECOMTE FRÈRES.**
Vins et 3/6.
**RIVESALTES.**
Pyrénées Orientales.

Rivesaltes, le 9 août 19..

Monsieur Léon Didier, Marseille.

Comme suite à votre lettre du 8 courant, nous avons expédié, ce jour:

R. H., 419/424, 6 fûts de vin

à votre adresse à Marseille, petite vitesse, en port dû.

Veuillez vous charger de la réexpédition, conformément à nos conventions des 5 et 7 courant.

Agréez, Monsieur, nos salutations empressées.

Lecomte frères.

129.

**LECOMTE FRÈRES.**
Vins et 3/6.
**RIVESALTES.**
Pyrénées Orientales.

Rivesaltes, le 9 août 19...

Monsieur Robert Haas, Leipzig.

Comme suite à votre ordre du 1er courant, nous vous adressons, par l'entremise de M. Léon Didier à Marseille, franco en gare de Leipzig, droits d'entrée à votre charge:

R. H., 419/424, 6 fûts de vin.

Nous vous remettrons facture à cet envoi, dès qu'il sera arrivé à Hambourg.

Veuillez agréer, Monsieur, avec nos sincéres remerciements, l'assurance de notre considération très distinguée.

Lecomte frères.

## 130.

**C. G. Lentsch.**
**Spedition, Kommission und Inkasso.**

Leipzig, den 21. August 19..

Badische Schifffahrts-Assekuranz Gesellschaft,
General-Agentur Leipzig.

Ich behändige Ihnen einliegend Konnossement über am 10. August a. c. von Marseille abgegangene Sendung Wein R. H. 419/424, die Sie auf Grund meiner Versicherungs-Police No. 7325 mit ℳ 1500,— bis hier versichern wollen.

Hochachtungsvoll

C. G. Lentsch.

## 131.

**C. G. Lentsch.**
**Spedition, Kommission und Inkasso.**

Leipzig, den 21. August 19..

Herren N. Luchting & Co., Hamburg.

Einliegend empfangen Sie von mir an Sie giriertes Orderkonnossement über ab Marseille per Dampfer „Carnot" nach dort unterwegs befindliche:

R. H. 419/424; 6 Faß Wein brutto 4165 kg,

welche Sie nach Empfang transito per Wasser via Wallwitzhafen an mich

Station Leipzig, Zollamt a. Berliner Bahnhof

weiterschicken wollen.

Ich setze voraus, daß Sie Ihre Frachtübernahme laut Ihrem Tarifheft vom April d. J. ab Hamburg bis Bahnhof Leipzig mit ℳ 1,25 und 60 Pf. Leichtergebühren und Transportspesen noch einhalten.

Ihrer Versandanzeige gern gewärtig

hochachtungsvoll

C. G. Lentsch.

## 130.

**LÉON DIDIER.**
Transports
pour tous pays.

Marseille, le 15 août 19..

Messieurs Lecomte Frères à Rivesaltes.

J'ai bien reçu l'envoi annoncé par votre lettre du 9 courant:

| | | | | | |
|---|---|---|---|---|---|
| R. H. | N° | 419, | poids brut | 685 | kilos |
| „ | „ | 420, | „ | 693 | „ |
| „ | „ | 421, | „ | 708 | „ |
| „ | „ | 422, | „ | 696 | „ |
| „ | „ | 423, | „ | 682 | „ |
| „ | „ | 424, | „ | 701 | „ |
| | | | Total | 4165 | kilos |

Conformément à votre ordre du 7 c[t], j'ai fait embarquer ces fûts sur le vapeur «Carnot» pour être rendus, franco de tous frais, à M. Robert Haas à Leipzig.

Aussitôt les marchandises arrivées à Leipzig, j'aurai l'honneur de vous faire tenir le bordereau de mes frais.

Recevez, Messieurs, mes civilités empressées.

Léon Didier.

## 131.

**LÉON DIDIER.**
Transports
pour tous pays.

Marseille, le 15 août 19..

Monsieur Robert Haas, Leipzig.

D'ordre de MM. Lecomte Frères à Rivesaltes, je vous ai expédié, ce jour, par vapeur «Carnot», franco Leipzig gare:

R. H., 419/424, 6 fûts de vin, pesant brut 4165 kilos.

Les formalités de douane seront accomplies et la réexpédition sera faite par l'entremise de MM. N. Luchting et C[ie] à Hambourg.

Recevez, Monsieur, mes civilités empressées.

Léon Didier.

## 132.

**Robert Haas.**
**Weinhandlung.**

Leipzig, den 6. September 19..

Herrn C. G. Lentsch, Leipzig.

Von der Weinsendung, deren Transport ich Ihnen am 5. August a. c. übertragen habe, sind inzwischen zwei Fässer nach Berlin verkauft worden.

Es wäre mir lieb, wenn Sie die Fässer 423/424 von der für mich bestimmten Sendung trennen und unverzollt direkt an Berliner Spediteurverein, Berlin, zu meiner Verfügung gehen ließen.

Hochachtungsvoll

Robert Haas.

## 133.

**C. G. Lentsch.**
**Spedition, Kommission und Inkasso.**

Leipzig, den 6. September 19..

Herren N. Luchting & Co., Hamburg.

Ich schätze Sie im Besitz des Ihnen am 21. August a. c. übersandten Konnossements.

Soeben geht mir von meinem Auftraggeber abgeänderte Verfügung zu. Von den 6 Fässern Wein sollen nur 4 Fässer:

♯ 419, 420, 421, 422

nach hier, dagegen ♯ 423, 424 unverzollt an den Berliner Spediteurverein, Berlin, geliefert werden.

Falls die Sendung von dort noch nicht weiter verladen ist, wollen Sie nur die ersten 4 Fässer auf dem Wasserweg an mich abgehen lassen, dagegen die Fässer ♯ 423 und 424 direkt per Bahn nach Berlin an die obengenannte Firma zu meiner Verfügung abrichten.

Ihrer umgehenden Nachricht entgegensehend, zeichne ich

hochachtungsvoll

C. G. Lentsch.

## 132.

**LÉON DIDIER.**
**Transports**
**pour tous pays.**

Marseille, le 15 août 19..

Agence Générale de la Foncière-Transports à Marseille.

Messieurs,

J'ai l'honneur de vous remettre connaissement à 6 fûts de vin, chargés à bord du «Carnot», le 14 courant.

Je vous prie d'assurer le dit envoi pour la somme de:

Fr. 2000.—, deux mille francs,

sur ma police flottante N° 7325.

Veuillez agréer, Messieurs, mes salutations distinguées.

Léon Didier.

## 133.

**LÉON DIDIER.**
**Transports**
**pour tous pays.**

Marseille, le 15 août 19..

Messieurs N. Luchting et C^ie à Hambourg.

Ci inclus vous trouverez une copie du connaissement aux marchandises que je vous adresse, d'ordre de MM. Lecomte frères à Rivesaltes, comprenant:

R. H., 419/424, 6 fûts de vin, poids brut 4165 k^os.

Veuillez en prendre livraison, acquitter les droits d'entrée et réexpédier l'envoi franco à Leipzig, gare de Berlin, suivant les prix de votre tarif du mois d'avril: Fr. 1.50 et 0.75 frais de transbordement par °/₀ kilos.

Dans l'attente de votre avis d'expédition et du borderau des frais, je vous prie d'agréer, Messieurs, mes civilités sincères.

Léon Didier.

## 134.

**N. Luchting & Co.**
**Spedition, Kommission und Inkasso.**

Hamburg, den 7. September 19..

Herrn C. G. Lentsch, Leipzig.

Wir bekennen uns zum Empfang Ihres Schreibens nebst Einlage, Konnossement vom 21. August d. J.

Im Augenblick, wo wir Ihnen die Erledigung des uns erteilten Auftrags anzeigen wollten, erhalten wir Ihren gestrigen Brief.

Da sich die betreffenden 6 Fässer Wein bereits per Kahn No. 8 auf dem Wege nach dort befinden, ist es uns zu unserem Bedauern nicht möglich, der veränderten Disposition Ihres Herrn Auftraggebers nachzukommen.

Es würde vielleicht gelingen, die beiden nach Berlin bestimmten Fässer auf einer Zwischenstation — etwa Magdeburg — anzuhalten und zu entladen.

Die Umladung würde aber mit großen Schwierigkeiten verknüpft sein, schon deshalb, weil die Sendung im Kahn per Wallwitzhafen verstaut ist.

Auch die Zollabfertigung beim Zollamt Magdeburg würde voraussichtlich Schwierigkeiten bereiten.

Wir empfehlen Ihnen deshalb, die Sendung nach Berlin über Wallwitzhafen vorzunehmen.

Auf die zu Ihrer Verfügung an Speditionsverein Wallwitzhafen verladene Sendung haben wir unsere Spesen laut Vereinbarung nachgenommen.

Hochachtungsvoll

N. Luchting & Co.

## 135.

**C. G. Lentsch.**
**Spedition, Kommission und Inkasso.**

Leipzig, den 9. September 19..

Speditionsverein Wallwitzhafen, Wallwitzhafen/Dessau.

Von Herren N. Luchting & Co., Hamburg, sind am 6. d. M.:

6 Fässer Wein R. H. No. 419/424

per Kahn No. 8 an Sie abgegangen, welche laut ursprünglicher Weisung unverzollt an mich weiterreisen sollten.

Sie wollen davon aber nur:

4 Fässer R. H. No. 419, 420, 421, 422

an meine Adresse abrichten, die verbleibenden

2 Fässer R. H. No. 423 und 424

dagegen transito franko an den Berliner Spediteurverein, Berlin, zu meiner Verfügung weitersenden.

Vom Geschehenen erwarte ich Bericht.

Hochachtungsvoll

C. G. Lentsch.

## 134.

**N. Luchting & Co.**
**Spedition, Kommission und Inkasso.**

Hamburg, d. 18 août 19 . .

Monsieur Léon Didier, Marseille.

Nous avons l'honneur de vous accuser réception de votre lettre du 15 courant, renfermant un connaissement à 6 fûts de vin R. H., 419/424 que nous ferons réexpédier par bateau, conformément à vos ordres et au prix indiqué dans notre tarif du mois d'avril, savoir:

Fr. 1.50, port jusqu'à Leipzig (gare de Berlin) } les % kilos.
„ —.75, frais de transbordement à Hambourg }

Agréez, Monsieur, nos salutations empressées.

N. Luchting & Co.

## 135.

**N. Luchting & Co.**
**Spedition, Kommission und Inkasso.**

Hamburg, d. 17. September 19 . .

Speditionsverein Wallwitzhafen, Wallwitzhafen/Dessau.

Nous vous adressons, par le bateau N° 8, patron M. Wolf:

R. H., 419/424, 6 fûts de vin,

avec prière de les expédier en groupage, franco Leipzig, Berliner Bahnhof, à l'ordre de M. Robert Haas à Leipzig.

Veuillez nous débiter de vos débours.

Agréez, Messieurs, nos salutations empressées.

N. Luchting & Co.

## 136.

**Speditions-Verein A.-G.**
**Wallwitzhafen.**
**Telegramm-Adresse: Speditverein Dessau.**
**Telephon No. 71 u. 81.**

Wallwitzhafen, 16. September 19..

Herrn C. G. Lentsch, Leipzig.

Ihrem Geehrten vom 9. d. M. entsprechend, haben wir die heute eingegangenen:

R. H. 419/424 } 6 Fässer Wein mit
R. H. 419/422 } 4 „ per Sammelladung an Ihre werte Firma,
R. H. 423/424 } 2 „ an den Berliner Spediteurverein in Berlin

expediert.

Unsere Auslagen für Fracht bis hier und Weiterfrankatur bis Berlin haben wir der Einfachheit halber auf die Sendung nach Leipzig nachgenommen.

Hochachtungsvoll

p. pa. Speditionsverein A.-G.
Höfer. Kluge.

## 137.

**C. G. Lentsch.**
**Spedition, Kommission und Inkasso.**

Leipzig, den 21. September 19..

Herrn Robert Haas, Leipzig.

Unter Bezugnahme auf Ihre werten Schreiben vom 5. August und 6. September sowie auf unsere telephonische Unterhaltung vom 8. d. M. zeige ich Ihnen an, daß die durch mich für Sie bezogene Weinsendung aus Rivesaltes in Hamburg nicht mehr aufzuhalten war.

Die beiden Fässer No. 423 und 424 sind nunmehr ab Wallwitzhafen unverzollt an Berliner Spediteurverein in Berlin zu Ihrer Verfügung abgegangen.

Die vier Fässer 419/422 sind hier angelangt und wunschgemäß von mir verzollt worden; sie werden Ihnen noch heute zugehen.

Ich erlaube mir, Ihnen mit beiliegender Spesennota zu dienen, deren Betrag von

ℳ 910,—

Sie mir gefl. gutschreiben wollen.

Hochachtungsvoll

C. G. Lentsch.

## 136.

**N. Luchting & Co.**
**Spedition, Kommission**
**und Inkasso.**

Hamburg, d. 19 septembre 19 . .

Monsieur Léon Didier, Marseille.

Conformément à votre ordre du 15 août dernier, nous avons pris livraison de:

R. H., 419/424, 6 fûts de vin, poids brut 4165 kos

que nous avons réexpédiés franco, à l'adresse de M. Robert Haas, Leipzig, Berliner Bahnhof.

Veuillez nous créditer des droits d'entrée:

| | |
|---|---|
| ℳ 557.—, au cours de 123.85 = | Fr. 689.85 |
| Nos débours s'élèvent à | „ 94.50 |
| | Fr. 784.35 |

Toujours dévoués à vos ordres, nous vous prions d'agréer, Monsieur, nos salutations empressées.

N. Luchting & Co.

1 bordereau.

## 137.

**LÉON DIDIER.**
**Transports**
**pour tous pays.**

Marseille, le 21 septembre 19 . .

Messieurs Lecomte frères, Rivesaltes.

J'ai l'honneur de vous remettre:

| | |
|---|---|
| Acquit de douane ℳ 557.—, à 123.85 . . | Fr. 689.85 |
| Bordereau des frais à 6 fûts, Rivesaltes/Leipzig | „ 451.15 |
| | Fr. 1141.— |

Veuillez me créditer de ce montant et agréer, Messieurs, mes salutations empressées.

Léon Didier.

## 138.

Leipzig, den 21. September 19..

**NOTA** von **C. G. Lentsch**

für Herrn Robert Haas, Hier.

| | | | |
|---|---|---|---|
| Ich übernahm für Sie zur Überführung von Rivesaltes nach Leipzig und Berlin: | | | |
| R. H. # 419/424 6 Fässer Wein 4170 kg à ℳ 7,30 | ℳ | 304 | 40 |
| Konnossemente und Stempel . . . . . . . . . . | „ | 2 | 50 |
| Assekuranz ℳ 1500,— à 1 % . . . . . . . . . . | „ | 15 | — |
| Böttcherspesen, Abfertigung, Zollbegleitschein I und Wiegegeld in Hamburg . . . . . . . . . . | „ | 5 | 50 |
| Gestellung auf Zollamt, Abfertigung, Zollbegleitschein I und Siegeln der Fässer 423/424 in Wallwitzhafen | „ | 2 | 80 |
| Weiterfrankatur Wallwitzhafen-Berlin 1383 kg à ℳ 1,85 | „ | 25 | 70 |
| Deklaration, Revision, Verzollung in Leipzig und Provision | „ | 8 | 40 |
| Zoll auf 4 Fässer 419/422 lt. Quittung . . . . . | „ | 557 | — |
| | ℳ | 921 | 30 |
| Hiervon ab: Frachtvergütung 1383 kg Wallwitzhafen-Leipzig à 0,81 . . . . . . . . . . . . . | „ | 11 | 30 |
| | ℳ | 910 | — |

## 138.

Consignation.
Camionnage.

**LÉON DIDIER.**
Entrepreneur de transports.

Transports
maritimes.

Messieurs Lecomte frères, Rivesaltes Doit

pour expédition d'un lot de vin de Rivesaltes à Leipzig, gare de Berlin, du 9 août dernier, suivant détail ci dessous:

| | | Fr. | c. |
|---|---|---|---|
| Transport de 6 fûts R. H. N° 419/424, 4170 k°s à Fr. 9.20 | Fr. | 383 | 65 |
| Acquit à caution, passavants, plombs . . . . | „ | 4 | 45 |
| Droit de statistique, 0,10 par colis . . . . . . . | „ | — | 60 |
| Manutention perçue par la ville et estampilles . . | „ | 5 | 75 |
| Camionnage en douane . . . . . . . . . | „ | 2 | 50 |
| Connaissements. . . . . . . . . . . . . . . | „ | 2 | 40 |
| Feuille timbrée pour certificat de sortie . . . . . | „ | — | 60 |
| Transport et formalités . . . . . . . . | „ | 19 | 65 |
| Assurance sur Fr. 2000 à 1 % . . . . . . . . . . | „ | 20 | — |
| Droits d'entrée en Allemagne ℳ 557 à 123.85 . . | „ | 689 | 85 |
| Frais de transbordement à Hambourg . . . . . . . | „ | 11 | 55 |
| Total | Fr. | 1141 | — |

Marseille, le 21 septembre 19..

# Spedition in laufender Rechnung.

Die Transportspesen gehen bald zu Lasten des Käufers,
bald zu Lasten des Verkäufers.

139. Am 15. Mai 19.. zeigen Spediteure Brun et Borel, 25, rue de Rennes, Paris, Weiß & Co., Leipzig, durch Zirkularschreiben an, daß sie besonders günstige Übernahmepreise für Gütersendungen Leipzig/Paris stellen. Sie geben ihre Frachtsätze an und bitten um Aufträge.

140. Am 25. Mai 19.. fragen Weiß & Co., Leipzig, bei ihrem Spediteur Louis Thibault successeur, ancienne maison G. Tross, 90, rue des Marais, Paris, an, ob er die Beförderung ihrer Güter zu den von der Konkurrenz offerierten Sätzen übernehmen wolle.

141. Am 28. Mai 19.. macht Louis Thibault, Paris, eine Gegenofferte, die er als außergewöhnlich günstig bezeichnet.

142. Am 1. Juni 19.. wiederholen Weiß & Co., Leipzig, daß sie bereits billigere Offerte in Händen haben. Sie bitten Louis Thibault, Paris, zu erklären, ob er die Konkurrenzpreise halten könne.

143. Am 3. Juni 19.. bezweifelt Louis Thibault, Paris, die Möglichkeit, seine Übernahmen zu unterbieten, gleichwohl ermäßigt er nochmals seine Bedingungen.

144. Am 6. Juni 19.. übersenden Weiß & Co., Leipzig, die Offerte Brun et Borel im Original, um die Zuverlässigkeit ihrer Angaben zu erweisen. Gleichzeitig erklären sie, daß sie zu ihrem Bedauern auf Verlangen ihrer Auftraggeber gezwungen sind, ihre weiteren Sendungen der Konkurrenz zu übertragen.

145. Am 8. Juni 19.. erklärt sich Louis Thibault, Paris, bereit, die Konkurrenzbedingungen zu halten. Er meldet, daß eine Kiste zur Verfügung von Weiß & Co., Leipzig, bei ihm eingegangen ist.

146. Am 10. Juni 19.. erklären sich Weiß & Co., Leipzig, mit den von Louis Thibault, Paris, aufgestellten Übernahmesätzen einverstanden.

Sie übertragen das Verfügungsrecht über die avisierte Kiste auf Max Werner, Leipzig.

Gleichzeitig verfügen sie über eine von Roland Frères, Paris, einzuliefernde Transitosendung nach Warschau.

Ferner zeigen sie an, daß von Spediteur C. G. Lentsch, Leipzig, eine Sendung zu ihrer Verfügung eintreffen werde, die sie an Dumas et fils, Paris, zu übermitteln bitten.

Endlich bitten sie, ihnen eine Sendung von Max Roy, Paris, per Eilgut durch C. G. Lentsch, Leipzig, zugehen zu lassen.

147. Am 10. Juni 19.. übersenden Weiß & Co., Leipzig, an C. G. Lentsch, Leipzig, Speditionsauftrag auf 6 Ballen Fehschweife, die zu ihrer Verfügung an Louis Thibault, Paris, abgehen sollen.

148. Am 10. Juni 19.. zeigt C. G. Lentsch, Leipzig, Louis Thibault, Paris, an, daß die Versendung der Fehschweife erfolgt ist.

149. Am 10. Juni 19.. beauftragen Weiß & Co., Leipzig, ihren Lieferanten Max Roy, Paris, die für sie fällige Sendung tunlichst bald zur Verfügung ihres Spediteurs Louis Thibault, Paris, zu stellen.

# Expéditions en compte courant.

Les frais de transport sont tantôt à la charge de l'acheteur, tantôt à la charge du vendeur.

139° Le 15 mai 19 . . Brun et Borel, 25, rue de Rennes, Paris, font connaître, par lettre circulaire adressée à Weiss et Cie, Leipzig, à quelles conditions ils se chargent des transports à forfait entre Leipzig et Paris. Ils donnent le tarif de leurs prix, les conditions de transport et les délais de livraison.

140° Le 25 mai 19 . . Weiss et Cie, Leipzig, donnent à leur correspondant actuel, Louis Thibault successeur, ancienne maison G. Tross, 90, rue des Marais, Paris, connaissance des offres reçues et lui demandent s'il peut leur faire les mêmes conditions.

141° Le 28 mai 19 . . L. Thibault, Paris, accorde à Weiss et Cie, Leipzig, des conditions de transport plus favorables que celles qu'il leur a faites jusqu' à présent.

142° Le 1er juin 19 . . Weiss et Cie, Leipzig, rappellent à L. Thibault, Paris, que les conditions de ses concurrents sont encore plus avantageuses que les siennes, malgré l'amélioration consentie.

143° Le 3 juin 19 . . L. Thibault, Paris, tout en faisant ses réserves, accorde une nouvelle réduction de prix à Weiss et Cie, Leipzig.

144° Le 6 juin 19 . . Weiss et Cie, Leipzig, remettent à L. Thibault, Paris, l'original des offres faites par Brun et Borel, avec prière d'en prendre connaissance et de le leur retourner ensuite. Ils ajoutent que, pour agir dans l'intérêt de leurs commettants, ils s'adresseront désormais à Brun et Borel, Paris.

145° Le 8 juin 19 . . L. Thibault, Paris, retourne la circulaire de Brun et Borel; il accorde à Weiss et Cie, Leipzig, des conditions de transport semblables à celles de ses concurrents. En même temps, il donne avis d'une caisse déposée chez lui, à leur disposition.

146° Le 10 juin 19 . . Weiss et Cie, Leipzig, acceptent les prix à forfait de L. Thibault. Ils lui annoncent que Max Werner, Leipzig, disposera directement de la caisse déposée chez lui à leur nom. Ils disposent de l'envoi Roland frères, destiné à Varsovie, donnent avis d'un envoi de C. G. Lentsch, Leipzig, à l'adresse de Dumas et fils, Paris, et prient de leur faire parvenir, au plus tôt, en grande vitesse et par l'intermédiaire de C. G. Lentsch, Leipzig, l'envoi de Max Roy, Paris.

147° Le 10 juin 19 . . Weiss et Cie, Leipzig, chargent C. G. Lentsch, Leipzig, d'expédier 6 balles queues de petit gris à l'adresse de L. Thibault, Paris, et à leur disposition.

148° Le 10 juin 19 . . C. G. Lentsch, Leipzig, informe L. Thibault, Paris, de l'expédition de 6 balles queues de petit gris, à la disposition de Weiss et Cie, Leipzig.

149° Le 10 juin 19 . . Weiss et Cie, Leipzig, invitent Max Roy, Paris, de mettre à la disposition de L. Thibault, Paris, les marchandises commandées par lettre du 2 ct.

150. Am 13. Juni 19.. zeigt Louis Thibault, Paris, C. G. Lentsch, Leipzig, die Absendung der von Max Roy, Paris, zur Ablieferung an Weiß & Co., Leipzig, eingegangenen Sendung an.

151. Am 13. Juni 19.. benachrichtigt Louis Thibault, Paris, die Firma Weiß & Co., Leipzig, von der Absendung der Sendung Roy, Paris, an C. G. Lentsch, Leipzig.

Er meldet weiter den Eingang der Sendung Fehschweife, die er an Dumas et fils, Paris, ausgefolgt hat.

Sodann zeigt er an, daß die Absendung der von Sendung Roland Frères, Paris, eingegangenen Ware transito Warschau erfolgt ist.

Endlich teilt er mit, daß Max Werner, Leipzig, über die bei ihm von Léon Faure, Paris, hinterlegte Kiste disponiert habe.

152. Am 18. Juni 19.. bekennen sich Weiß & Co., Leipzig, zum Empfang der Sendung Max Roy, Paris. Sie haben Louis Thibault, Paris, die berechneten Spesen gutgeschrieben und den übrigen Inhalt seines Briefes vorgemerkt.

## 139.

**Brun et Borel.**
Transports à forfaits pour tous pays.
Transit. Agence en Douane. Affrètements.
Vastes Entrepôts pour Magasinage.

**Batilly** (Meurthe et Moselle). **Paris** 25, rue de Rennes. **Armanvillers** (Lorraine All^de^).

Paris, den 15. Mai 19..

Herren Weiß & Co., Leipzig.

Wir haben in Erfahrung gebracht, daß Sie öfter Sendungen nach hier und anderen französischen Plätzen haben.

Wir gestatten uns deshalb, Ihre Aufmerksamkeit auf den Halbeilgutverkehr (Moyenne Vitesse) zu lenken, den wir seit kurzem nach Paris eingerichtet haben.

Da unsere Wagen ohne Umladung laufen, so können wir Ihnen außergewöhnlich schnelle Lieferung (4—5 Tage) zusichern.

Die unten angegebenen Übernahmspreise verstehen sich ab Bahnhof Leipzig frei Haus Paris, also einschließlich Abfertigung und Rollgeld, jedoch ausschließlich der Gebühren für Stempel, Zoll und Versicherung.

Mit der Bitte um freundliche Zuweisung Ihrer Aufträge, deren pünktliche Ausführung wir Ihnen zusichern, zeichnen

hochachtungsvoll

Brun et Borel.

Frachtsätze:

ab Bahnhof Leipzig bis frei Haus Paris:

| | | | | |
|---|---|---|---|---|
| Frachtgut | (Petite Vitesse) | Lieferfrist 8—12 Tage, | 12 Franken | per 100 Kilo Brutto. |
| Halbeilgut | (Moyenne „ ) | „ 4—5 „ | 22 „ | |
| Eilgut | (Grande „ ) | „ 2—3 „ | 27 „ | |

150° Le 13 juin 19.. L. Thibault, Paris, informe C. G. Lentsch, Leipzig, de l'expédition de l'envoi Max Roy, Paris, à remettre à Weiss et Cie, Leipzig.

151° Le 13 juin 19.. L. Thibault, Paris, informe Weiss et Cie, Leipzig, de l'expédition de l'envoi Max Roy, Paris. Il accuse réception de l'envoi qu'il a livré à Dumas et fils, et remet décomptes à ces deux envois, avec prière de le créditer des montants de ces bordereaux. Il annonce qu'il a expédié l'envoi de Roland frères, Paris, à Varsovie et ajoute que Max Werner, Leipzig, a disposé de l'envoi Léon Faure, Paris.

152° Le 18 juin 19.. Weiss et Cie, Leipzig, accusent réception de l'envoi Max Roy, Paris. Ils informent L. Thibault, Paris, qu'ils l'ont crédité du montant de ses décomptes et que bonne note est prise de sa lettre du 13 courant.

## 139.

**Brun et Borel.**

**Transports à forfait pour tous pays.**
**Transit. — Agence en douane. — Affrètements.**
**Vastes entrepôts pour magasinage.**

| Batilly. | Paris. | Armanvillers. |
|---|---|---|
| (Meurthe et Moselle). | 25, rue de Rennes. | (Lorraine allde). |

Paris, le 15 mai 19..

Messieurs Weiss et Cie, Leipzig.

Nous prenons la liberté de vous faire nos offres de services pour le transport de vos expéditions sur Paris ou toute autre ville française.

Nous appelons particulièrement votre bienveillante attention sur les transports «moyenne vitesse» que nous avons établis depuis quelque temps et qui nous permettent de réduire d'une façon considérable les frais de port ainsi que les délais de livraison, puisque, pour le voyage de Leipzig à Paris, ce délai est réduit à quatre ou cinq jours au maximum.

Nous osons espérer que le tarif ci dessous de nos prix à forfait vous engagera à nous confier vos futurs envois.

Les prix indiqués comprennent: déchargement, réception et reconnaissance des colis ainsi que livraison à domicile à Paris. Les droits d'enregistrement, d'assurance, de statistique, d'entrée et de douane sont à charge de nos commettants.

Nous restons à votre entière disposition pour vous fournir tous autres renseignements. En attendant l'avantage de vous lire, nous vous prions d'agréer, Messieurs, nos salutations très empressées. Brun et Borel.

Tarif de nos prix à forfait pour transports

de Leipzig, gare, à Paris, rendus à domicile.

| | | | |
|---|---|---|---|
| Petite vitesse, délai de livraison | 8 à 12 jours | Fr. 12.— | les % kilos. |
| Moyenne „ , „ „ „ | 4 „ 5 „ | „ 22.— | |
| Grande „ , „ „ „ | 2 „ 3 „ | „ 27.— | |

## 140.

**Weifs & Co.**
**Leipzig.**

Leipzig, den 25. Mai 19..

Herrn Louis Thibault, 90, rue des Marais, Paris.

Wir empfingen Ihren Brief vom 23. d. M. und erklären uns mit dessen Inhalt einverstanden.

Vor einigen Tagen ging uns von Ihrer Konkurrenz am dortigen Platze eine Offerte zu, der zufolge die Lieferung ab Leipzig/Paris Haus als Halbeilgut bei einer Lieferfrist von 4—5 Tagen zum Übernahmspreise von 22 Franken per 100 Kilo angeboten wird.

Einige unserer Kunden haben bereits beantragt, bei künftigen Sendungen diese Vermittlung zu benutzen.

Wir hoffen, daß es Ihnen möglich ist, dieselben Bedingungen zu gewähren. Wir bitten demgemäß, uns in Zukunft für Halbeilgüter ab hier nach Paris Haus den Übernahmspreis von 22 Franken ab Bahnhof Leipzig bei 4—5 Tagen Lieferzeit in Anrechnung zu bringen.

Hochachtungsvoll

Weiß & Co.

## 141.

**Ancne Mon G. Tross.**
**Fondée en 1852.**
**Louis Thibault Succr.**
**90, rue des Marais, 90.**
**Paris.**

Paris, den 28. Mai 19..

Herren Weiß & Co., Leipzig.

In Beantwortung Ihrer Anfrage vom 25. d. M. erkläre ich mich gern bereit, die Beförderung Ihrer Halbeilgüter zu folgenden Bedingungen zu übernehmen:

Bahnhof Leipzig Paris Haus exkl. Zoll Fr. 22,50.
Enregistrement . . . . . . . . . . „ —,85. pro Sendung.
Statistik . . . . . . . . . . . . „ —,10. pro Kollo.

In der Erwartung, daß Ihnen diese außergewöhnlich günstigen Bedingungen genehm sind, sehe ich Ihren ferneren geschätzten Aufträgen gern entgegen.

Hochachtungsvoll

Louis Thibault.

## 140.

**Weiſs & Co.**
**Leipzig.**

Leipzig, le 25 mai 19..

Monsieur L. Thibault, 90, rue des Marais, Paris.

Nous vous accusons réception de votre lettre du 23 courant, dont bonne note est prise.

Il y a quelques jours, nous avons reçu, d'un de vos concurrents à Paris, une lettre nous faisant offre d'expéditions en «moyenne vitesse», avec un délai de livraison de 5 jours maximum, moyennant Fr. 22.—, les 100 kilogrammes. Ce prix comprend les frais de camionnage à Paris.

Quelques clients nous ont déjà parlé de ce mode de transport beaucoup plus économique que la grande vitesse et dont les délais de livraison ne sont guère plus longs. Nous vous prions donc de nous dire si vous pouvez nous faire les mêmes conditions, pour le cas où notre clientèle voudrait se les voir appliquer.

Recevez, Monsieur, nos sincères salutations.

Weiß & Co.

## 141.

**Ancne Mon G. Tross.**
**Fondée en 1852.**
**Louis Thibault Succr.**
**90, rue des Marais, 90.**
**PARIS.**

Paris, le 28 mai 19..

Messieurs Weiss et Cie, Leipzig.

En réponse à votre lettre du 25 de ce mois, j'ai l'avantage de vous informer que je pourrai me charger de vos envois moyenne vitesse aux conditions ci après:

| | | | |
|---|---|---|---|
| Leipzig (gare) à Paris (domicile) | Fr. | 22.50 | les 100 kilos. |
| Enregistrement . . . . . . . | „ | —.85 | par envoi. |
| Statistique de douane . . . . | „ | —.10 | par colis. |

Dans l'espoir que ces conditions seront à votre convenance et dans l'attente de vos ordres, je vous prie d'agréer, Messieurs, mes salutations empressées.

L. Thibault.

## 142.

**Weifs & Co.**
**Leipzig.**

Leipzig, den 1. Juni 19..

Herrn Louis Thibault, 90, rue des Marais, Paris.

Antwortlich Ihrer Offerte vom 28. Mai d. J. betonen wir nochmals. daß uns von Ihrer Konkurrenz ein Übernahmspreis von 22 Franken inkl. Abfertigung dort gestellt worden ist.

Eine Anzahl hiesiger Firmen haben den gleichen Antrag erhalten; die betreffende Offerte lautet:

| | | | | | |
|---|---|---|---|---|---|
| Frachtgut | (Petite Vitesse) | 8—12 Tage | 12 | Franken | per 100 Kilo Brutto. |
| Halbeilgut | (Moyenne „ ) | 4—5 „ | 22 | „ | |
| Eilgut | (Grande „ ) | 2—3 „ | 27 | „ | |

Wir sollten doch meinen, daß Sie imstande sein müßten, die gleichen Sätze einzuhalten.

Mehrere unserer Kunden haben bereits beantragt, die für sie bestimmten Sendungen der betreffenden Firma zu übertragen.

Wir bitten deshalb, uns postwendend mitzuteilen, ob Sie die Preise der Konkurrenz einhalten können.

Hochachtungsvoll

Weiß & Co.

## 143.

**Ancne Mon G. Tross.**
**Fondée en 1852.**
**Louis Thibault Succr.**
**90, rue des Marais, 90.**
**Paris.**

Paris, den 3. Juni 19..

Herren Weiß & Co., Leipzig.

Die mir mit Ihrem Briefe vom 1. d. M. aufgegebenen Übernahmspreise sind mir unverständlich.

Ich nehme an, daß sie sich auf eine bestimmte Warengattung beziehen. Die billigsten Übernahmesätze, die ich für Pelzwaren kalkulierte, sind:

| | | | | |
|---|---|---|---|---|
| Frachtgut | P. V. | frei Haus Paris, Fr. | 12,— | per 100 Kilo. |
| Halbeilgut | M. V. | „ „ „ „ | 22,25 | |
| Eilgut | G. V. | „ „ „ „ | 26,50 | |
| Extragebühr pro Sendung | | „ | 0,95 | |

Ich bin bereit, Ihnen von heute an diese Sätze bei einem Minimalgewicht von 50 Kilo in Rechnung zu stellen und hoffe, Sie sind damit einverstanden.

Hochachtungsvoll

Louis Thibault.

## 142.

**Weifs & Co.**
**Leipzig.**

Leipzig, le 1er juin 19..

Monsieur L. Thibault, Paris.

Nous possédons votre lettre du 28 mai dernier.

Permettez-nous de vous répéter que nous avons reçu, ainsi que plusieurs autres maisons de Leipzig, la lettre dont nous vous entretenions tout dernièrement. Votre concurrent offre de faire les expéditions de Leipzig/gare à Paris/domicile aux prix suivants:

| | | | |
|---|---|---|---|
| P. V., 8 à 12 jours, | Fr. | 12.— | les $^0/_0$ kilos. |
| M. V., 4 à 5 „ | „ | 22.— | |
| G. V., 2 à 3 „ | „ | 27.— | |

A notre avis, vous devriez être à même de nous faire les mêmes conditions.

En tout cas, plusieurs de nos correspondants nous ont déjà parlé de ce mode de transport beaucoup plus économique.

Veuillez donc nous dire, par retour du courrier, si vous pouvez nous accorder les mêmes prix.

Agréez, Monsieur, nos sincères salutations.

Weiß & Co.

## 143.

**Ancne Mon G. Tross.**
**Fondée en 1852.**
**Louis Thibault Succr.**
**90, rue des Marais, 90.**
**PARIS.**

Paris, le 3 juin 19..

Messieurs Weiss et Cie, Leipzig.

J'ai reçu votre honorée du 1er courant.

Il doit y avoir erreur dans les chiffres que vous m'indiquez; il est matériellement impossible de faire des expéditions au prix de 22 francs les $^0/_0$ kilos. Je suppose que ces prix sont établis pour le transport d'une marchandise spéciale.

Toutefois, désireux de continuer nos relations, je vous appliquerai le tarif suivant:

| | | | |
|---|---|---|---|
| P. V. Paris domicile | Fr. | 12.— | les $^0/_0$ kilos. |
| M. V. „ „ | „ | 22.25 | |
| G. V. „ „ | „ | 26.50 | |
| Taxe fixe par envoi | „ | —.95 | |

Veuillez me faire savoir si nous sommes d'accord.

Recevez, Messieurs, mes civilités empressées.

L. Thibault.

**Weiſs & Co.**
**Leipzig.**

## 144.

Leipzig, den 6. Juni 19..

Herrn Louis Thibault, 90, rue des Marais, Paris.

In Beantwortung Ihrer Zuschrift vom 3. d. M. übersenden wir Ihnen in der Anlage die Offerte der Firma Brun et Borel, dort, mit der Bitte um gefl. Rückgabe.

Sie wollen sich selbst überzeugen, daß unsere Angaben über die von diesem Hause gestellten Frachtübernahmen genau so lauten, wie wir sie Ihnen aufgegeben haben, und daß die Preise sich keineswegs auf bestimmte Warengattungen beschränken, sondern für alle Normalgüter gelten.

Wir selbst haben ja nur selten Frankosendungen nach dort. Da aber unsere dortige Kundschaft darauf besteht, den angebotenen Frachtvorteil auszunützen, so müssen wir auf Ihre Vermittlung verzichten, so lange Sie uns nicht die gleichen Vorteile gewähren.

Bis auf weiteres werden wir also die nach dort zur Verladung gelangenden Güter den Herren Brun et Borel überweisen.

Hochachtungsvoll

Weiß & Co.

1 Zirkular

## 145.

**Ancne Mon G. Tross**
**Fondée en 1852**
**Louis Thibault Succr.**
**90, rue des Marais, 90.**
**Paris**

Paris, den 8. Juni 19..

Herren Weiß & Co., Leipzig.

Die mir mit Ihrem Geehrten vom 6. d. M. übersandte Zuschrift der Herren Brun et Borel, hier, gebe ich Ihnen dankend zurück.

Mit Rücksicht auf unsere langjährigen angenehmen Beziehungen habe ich mich nach nochmaliger genauer Kalkulation entschlossen, Ihnen in Zukunft die Frachtsätze der Konkurrenz zu berechnen, obwohl bei diesen Sätzen für meine Mühewaltung fast nichts mehr übrig bleibt.

Zoll und Versicherungsprämie sind in dem genannten Übernahmspreis nicht einbegriffen.

Ich bitte, die Sendungen meinem dortigen Korrespondenten, Herrn C. G. Lentsch, der meine Instruktion in Händen hat, zur Verladung an mich zu überweisen.

Von Herrn Léon Faure, 25, rue Montmartre, hier, ging mir:

L. F. 654 1 Kiste Persianerfelle Bo. 130 kg

für Sie zu, die ich einstweilen auf Lager nahm.

Ich bitte, über diese Sendung baldigst zu verfügen, und zeichne

hochachtungsvoll

Louis Thibault.

1 Zirkular

## 144.

**Weifs & Co.**
**Leipzig.**

Leipzig, le 6 juin 19..

Monsieur L. Thibault, Paris.

Nous possédons votre lettre du 3 courant.

Sous ce pli, nous vous remettons la lettre circulaire de MM. Brun et Borel, Paris.

Veuillez vous convaincre par vous même qu'il n'y a pas d'erreur dans les chiffres que nous vous avions indiqués et qu'il ne s'agit pas de marchandises spéciales.

Puisqu'il vous est impossible de nous faire les mêmes conditions, nous serons obligés, à notre grand regret et dans l'intérêt de notre clientèle, de confier nos futurs envois à votre concurrent, lorsque l'expédition en moyenne vitesse nous sera demandée.

Recevez, Monsieur, nos sincères salutations.

Weiß & Co.

pièce jointe:
circulaire.

## 145.

**Anc^ne^ M^on^ G. Tross.**
**Fondée en 1852.**
**Louis Thibault Succ^r^.**
**90, rue des Marais, 90.**
**PARIS.**

Paris, le 8 juin 19..

Messieurs Weiss et C^ie^, Leipzig.

Sous ce pli, je vous retourne la circulaire que vous avez bien voulu m'adresser dans votre lettre du 6 courant.

Eu égard à nos relations de longue date, je m'engage à vous faire les mêmes conditions que mes concurrents, bien qu'à ce prix là il ne me reste presque rien pour ma peine. Les droits d'enregistrement, de statistique, d'assurance et de douane seront à charge des fournisseurs.

Vous aurez l'obligeance de m'adresser vos envois par l'entremise de M. C. G. Lentsch, qui a reçu mes instructions à ce sujet.

Je viens de recevoir de M. Léon Faure, 25, rue Montmartre, E/V.

L. F. 654, une caisse peaux d'Astracan, brut 130 kilos,

que je tiens à votre disposition.

Agréez, Messieurs, mes salutations empressées.

L. Thibault.

## 146.

**Weifs & Co.**
**Leipzig.**

Leipzig, den 10. Juni 19..

Herrn Louis Thibault, Paris.

Aus Ihrem Schreiben vom 8. d. M. bemerkten wir uns, daß Sie die Übernahmen Ihrer Konkurrenz einhalten wollen; wir werden Herrn C. G. Lentsch hier die Sendungen zur Weiterbeförderung an Sie zuweisen.

Über die Ihnen von Herrn Léon Faure, dort, für uns gesandte:

L. F. 654, 1 Kiste Persianerfelle

wird der Besitzer der Ware, Herr Max Werner, hier, demnächst direkt verfügen, und wollen Sie dessen Weisung gefl. befolgen.

Von Herren Roland Frères, 13, Fbg. Poissonnière, dort, werden Sie demnächst 3 Kisten gefärbte Kaninfelle in unserem Auftrag erhalten.

Wir bitten, diese 3 Kisten unversichert und unfrankiert als Eilgut transito zur Verzollung in Warschau an:

Russische Transport-Gesellschaft, Warschau,

abgehen zu lassen. Ihre Auslagen bitten wir durch Nachnahme zu erheben.

Durch Spediteur C. G. Lentsch, hier, lassen wir:

C.W. 156/161, 6 Ballen Fehschweife, Bo. 616 Kilo

an Sie abgehen.

Wir bitten, diese Sendung frei Haus an die Herren Dumas et fils, 9, rue de Trévise, dort, zu übermitteln und uns den Betrag für Fracht, Abfertigung und Zustellung in Rechnung zu stellen.

Bei Herrn Max Roy, 106, rue Montmartre, wollen Sie für uns einen Ballen Kaninfelle abholen und sofort als Eilgut franko an Herrn C. G. Lentsch, hier, zu unserer Verfügung abgehen lassen.

Hochachtungsvoll

Weiß & Co

**146.**

**Weifs & Co.**
**Leipzig.**

Leipzig, le 10 juin 19..

Monsieur L. Thibault, Paris.

Ainsi que vous nous y autorisiez par votre lettre du 8 courant, nous avons pris note qu'à partir de ce jour vous nous ferez les mêmes conditions que MM. Brun et Borel. Nous vous ferons nos envois par M. C. G. Lentsch, E/V.

M. Max Werner, Leipzig, vous fera parvenir lui-même les instructions concernant l'envoi de M. Louis Faure:

L. F., 654, une caisse de peaux d'Astracan.

MM. Roland frères, 13, Fbg Poissonnière, vous adresseront 3 caisses peaux de lapins lustrées que vous expédierez, en port dû, grande vitesse, à la Société russe pour transport de charges, Varsovie; l'assurance étant à charge du destinataire. Vous ferez suivre vos frais.

Par l'intermédiaire de M. C. G. Lentsch, Leipzig, nous vous adressons, petite vitesse, pour être remises, franco domicile, à MM. Dumas et fils, 9, rue de Trévise, Paris:

C. W., 156/161, 6 balles queues brutes de petit gris;

frais de transport à notre débit.

Veuillez faire prendre chez M. Max Roy, 106, rue Montmartre, une balle peaux de lapins noirs apprêtées que vous nous adresserez, G. V., par les soins de M. C. G. Lentsch.

Recevez, Monsieur, nos sincères salutations.

Weiß & Co.

## 147.

(Postkarte.)

**Weiſs & Co.**
**Leipzig.**

Herrn C. G. Lentsch, Leipzig.

Wir bitten, 6 Ballen Fehschweife:

| | | | | | |
|---|---|---|---|---|---|
| C.W. 156 | Brutto | 104 | Kilo | | |
| „ 157 | „ | 108 | „ | | |
| „ 158 | „ | 117 | „ | 616 Kilo | |
| „ 159 | „ | 104 | „ | | |
| „ 160 | „ | 104 | „ | | |
| „ 161 | „ | 79 | „ | | |

bei uns abholen und unversichert als Frachtgut an Herrn Louis Thibault, 90, rue des Marais, Paris, zu unserer Verfügung senden zu wollen.

Versandinstruktionen hat er bereits erhalten.

Hochachtungsvoll

Leipzig, den 10. Juni 19..

Weiß & Co.

## 148.

(Postkarte.)

**C. G. Lentsch**
**Leipzig.**

Herrn Louis Thibault, Paris.

Im Auftrag und zur Verfügung der Herren Weiß & Co., hier, übersende ich Ihnen unversichert und unfrankiert im direkten Wagen 6 Ballen Fehschweife:

| | | | | |
|---|---|---|---|---|
| C.W. 156 | Brutto | 104 | Kilo | |
| „ 157 | „ | 108 | „ | |
| „ 158 | „ | 117 | „ | 616 Kilo, |
| „ 159 | „ | 104 | „ | |
| „ 160 | „ | 104 | „ | |
| „ 161 | „ | 79 | „ | |

die Sie aufgabegemäß behandeln wollen.

Hochachtungsvoll

Leipzig, den 10. Juni 19..

C. G. Lentsch.

## 147.

(Carte postale.)

**Weiſs & Co.**
**Leipzig.**

Monsieur C. G. Lentsch, Leipzig.

Veuillez faire enlever dans nos magasins 6 balles queues brutes de petit gris:

| | | | | | |
|---|---|---|---|---|---|
| C. W. 156, | poids | brut | 104 | kilos | 616 kos |
| „ 157, | „ | „ | 108 | „ | |
| „ 158, | „ | „ | 117 | „ | |
| „ 159, | „ | „ | 104 | „ | |
| „ 160, | „ | „ | 104 | „ | |
| „ 161, | „ | „ | 79 | „ | |

et les faire expédier, à notre disposition, P. V., non assurées, à M. Louis Thibault, 90, rue des Marais, Paris, qui a reçu nos instructions à ce sujet.

Recevez, Monsieur, nos salutations empressées.

Leipzig, le 10 juin 19 . . Weiß & Co.

## 148.

(Carte postale.)

**C. G. Lentsch.**
**Leipzig.**

Monsieur Louis Thibault, 90, rue de Marais, à Paris.

Par ordre de MM. Weiss et Cie, Leipzig, j'ai l'honneur de vous adresser, en port dû, non assurées, en groupage:

| | | | | |
|---|---|---|---|---|
| C. W., 156, | Pds Bt | 104 | kos | 6 balles queues brutes de petit gris. |
| „ , 157, | „ | 108 | „ | |
| „ , 158, | „ | 117 | „ | |
| „ , 159, | „ | 104 | „ | |
| „ , 160, | „ | 104 | „ | |
| „ , 161, | „ | 79 | „ | |

Veuillez en disposer suivant les instructions de MM. Weiss et Cie, Leipzig.

Recevez, Monsieur, mes salutations empressées.

Leipzig, le 10 juin 19 . . C. G. Lentsch.

## 149.

(Postkarte.)

**Weifs & Co.**
**Leipzig.**

Herrn Max Roy, 106, rue Montmartre, Paris.

Die Ihnen am 2. cr. in Auftrag gegebenen 100 Dtzd. gefärbte Kaninfelle wollen Sie gefl. unserem dortigen Spediteur, Herrn Louis Thibault, zu unserer weiteren Verfügung übergeben.

Wir bitten, Herrn Thibault gefl. sofort zu benachrichtigen, wenn die Ware fertiggestellt ist.

Da die Sendung Eile hat, wünschen wir den Versand umgehend vorgenommen zu sehen.

Hochachtungsvoll

Leipzig, den 10. Juni 19..

Weiß & Co.

## 150.

(Postkarte.)

**Ancne Mon G. Tross.**
**Fondée en 1852.**
**Louis Thibault Succr.**
**90, rue des Marais, 90.**
**Paris.**

Paris, den 13. Juni 19..

Herrn C. G. Lentsch, Leipzig.

Von Sendung des Herrn Max Roy, 106, rue Montmartre, hier, expedierte ich soeben an Ihre werte Adresse, per Eilgut, ohne Assekuranz:

M.R. No. 567, 1 Ballen gefärbte Kaninfelle Bo. 63 Kilo,

den Sie nach erfolgter Zollbefreiung den Herren Weiß & Co., dort, sofort zustellen wollen.

Indem ich Ihnen besten Empfang der Waren wünsche, begrüße ich Sie

hochachtungsvoll

Louis Thibault.

## 149.

(Carte postale.)

**Weiſs & Co.**
**Leipzig.**

Monsieur Max Roy, 106, rue Montmartre, à Paris.

Veuillez mettre à la disposition de M. Louis Thibault, 90, rue des Marais, Paris, les 100 douzaines peaux de lapins lustrées commandées par notre lettre du 2 courant.

Vous aurez l'obligeance de prévenir M Thibault, aussitôt que l'envoi sera prêt.

Nous comptons sur une prompte expédition, l'affaire étant fort pressée.

Recevez, Monsieur, nos salutations empressées.

Leipzig, le 10 juin 19 . . Weiß & Co.

## 150.

(Carte postale.)

**Ancne Mon G. Tross.**
**Fondée en 1852.**
**Louis Thibault Succr.**
**90, rue des Marais. 90.**
**PARIS.**

Paris, le 13 juin 19 . .

Monsieur C. G. Lentsch, Leipzig.

Par ordre de M. Max Roy, 106, rue Montmartre, Paris, je viens de vous expédier, G. V., non assurée:

M. R. No 567, 1 balle peaux de lapins lustrées, brut 63 kilos.

Veuillez faire dédouaner cet envoi et le remettre, au plus tôt, à MM. Weiss et Cie, de v/v.

Recevez, Monsieur, mes civilités empressées.

Louis Thibault.

## 151.

**Ancne Mon G. Tross.**
**Fondée en 1852.**
**Louis Thibault Succr.**
**90, rue des Marais, 90.**
**Paris.**

Paris, den 13. Juni 19..

Herren Weiß & Co., Leipzig.

Ich bin im Besitz Ihres Geehrten vom 10. d. M.

Den mir von Herrn Max Roy, 106, rue Montmartre, übergebenen:

M. R. 567, 1 Ballen 100 Dtzd. Kanin Bo. 63 Kilo

ließ ich aufgabegemäß an Herrn C. G. Lentsch, dort, als Eilgut für Sie abgehen.

Für Eilfracht bitte ich mir Fr. 18.60 (63 = 70 Kilo à 26.50 per % Kilo) für meine Übernahme gutzubringen.

Die mir gleichzeitig avisierten:

C.W. 156/161, 6 Ballen Fehschweife Bo. 616 Kilo

sind eingetroffen.

Ich habe sie den Herren Dumas et fils, 9, rue de Trévise, frei Haus ausgefolgt und bitte, mich mit Fr. 74.40 (616 = 620 Kilo à 12.— per % Kilo), wozu Rollgeld nach Bahnhof „ 3.20 kommen,
zusammen Fr. 77.60 zu erkennen.

Die Sendung der Herren Roland Frères, 13, Fbg. Poissonnière, hier:

R. F., 218/220, 3 Kisten Bo. 202 Kilo

ließ ich Ihrer Verfügung gemäß unter Nachnahme meiner Spesen als Eilgut unfrankiert und unversichert transito abgehen an die:

Russische Transport-Gesellschaft, Warschau.

Herr Max Werner, dort, hat gestern über die mir für Ihre werte Adresse von Herrn Léon Fauré hier übergebene:

L. F. 654, 1 Kiste Persianer

verfügt, wovon Sie zu meiner Entlastung gefl. Kenntnis nehmen wollen.

Stets gern zu Ihren Diensten

Hochachtungsvoll

Louis Thibault.

## 151.

Anc^ne^ M^on^ G. Tross.
Fondée en 1852.
Louis Thibault Succ^r^.
90, rue des Marais, 90.
PARIS.

Paris, le 13 juin 19 . .

Messieurs Weiss et C^ie^, Leipzig.

Conformément à votre ordre du 10 courant, j'ai fait prendre chez M. Max Roy, 106, rue Montmartre, E/V., et expédier à M. C. G. Lentsch, Leipzig:

M. R., 567, 1 balle lapins, brut 63 kilos.

J'ai fait remettre à MM. Dumas et fils, 9, rue de Trévise, franco domicile:

C. W. 156/161, 6 balles petit gris, brut 616 k^os^.

Veuillez me créditer du montant de ces envois, suivant décompte ci dessous.

L'envoi de MM. Roland Frères, 13, Fbg Poissonnière, E/V.:

R. F., 218/220, 3 caisses, brut 202 kilos,

a été expédié, G. V., port et assurance à charge des destinataires, à la Société russe pour transport de charges à Varsovie. J'ai fait suivre mes frais.

M. Max Werner, Leipzig, a disposé hier de:

L. F., 654, 1 caisse peaux d'agneaux

dont veuillez prendre note à ma décharge.

Toujours dévoué à vos ordres, je vous prie d'agréer, Messieurs, mes civilités empressées.

Louis Thibault.

Décompte:

| | | | | | |
|---|---|---|---|---|---|
| Grande vitesse Paris/Leipzig | 63 = 70 k^os^ | à 26.50 | les % k^os^ | = Fr. | 18.60 |
| Petite „ Leipzig/Paris | 616 = 620 „ | „ 12.— | „ „ | = „ | 74.40 |
| Camionnage à Leipzig . . . . . . . . . . . . . . . . . | | | | „ | 3.20 |

## 152.

**Weifs & Co.**
**Leipzig.**

Leipzig, den 18. Juni 19..

Herrn Louis Thibault, Paris.

Die uns durch Brief vom 13. d. M. avisierte Eilgutsendung von Herrn Max Roy:

M. R. 567, 1 Ballen Kanin Bo. 63 Kilo

ist uns soeben zugegangen.

Die uns aufgegebenen Frachtbeträge:

Fr. 18.60 Eilfracht nach Leipzig,
Fr. 77.60 Fracht nach Paris

haben wir Ihrem Konto gutgeschrieben.

Wir bemerkten uns, daß Herr Max Werner, hier, über:

L. F. 654, 1 Kiste

verfügt hat, und daß die Eilgutsendung der Herren Roland Frères, dort transito nach Warschau abgegangen ist.

Hochachtungsvoll

Weiß & Co.

## 152.

**Weiß & Co.**
**Leipzig.**

Leipzig, le 18 juin 19..

Monsieur Louis Thibault à Paris.

Nous avons reçu, en grande vitesse, l'envoi de M. Max Roy:

M. R. 567, 1 balle peaux de lapins.

Nous avons pris note que M. Max Werner, Leipzig, a disposé de la caisse L. F. 654 et que l'envoi de MM. Roland Frères est parti en grande vitesse pour Varsovie.

Nous vous avons crédité de:

Fr. 18.60, envoi G. V., Paris/Leipzig,
Fr. 77.60, „ P. V., Leipzig/Paris.

Recevez, Monsieur, nos salutations empressées.

Weiß & C·.

# Umwandlungen und Aufgaben.

## A. Warengeschäfte. Commerce de marchandises.

### Umwandlungen.

| | | | | |
|---|---|---|---|---|
| Café | 1— 6: | Quillé et $C^{ie}$ | ersetzen durch | Louis Quillé. |
| | | Germain Souchon | „ „ | Souchon et $C^{ie}$. |
| Jouets | 7—13: | André Michel | „ „ | Michel frères. |
| | | Roland frères | „ „ | André Roland. |
| Bonneterie | 14—21: | Louis Lacroix | „ „ | Lacroix père et fils. |
| | | Jean Martin père et fils | „ „ | Jean Martin. |
| | | Duboc frères | „ „ | Henri Duboc. |
| Papier | 22—32: | Max Roger | „ „ | Roger et Breton. |
| | | Dunois et $C^{ie}$ | „ „ | Max Dunois. |
| Vins | 33—40: | Léon Rey | „ „ | Rey et Noël. |
| | | Brun et Charlet | „ „ | Charles Lebrun. |
| Fleurs artific. | 41—44: | Deschamps et $C^{ie}$ | „ „ | Léon Deschamps. |
| | | Lucien Breton | „ „ | Hélène Breton. |
| Toiles | 45—54: | Filature de Cambrai | „ „ | Richard Ferrand. |
| | | Félix Bertrand | „ „ | Bertrand et $C^{ie}$. |
| | | Max Léger | „ „ | Marie Léger. |
| Réclamation | 55—64: | Désiré Froment | „ „ | Froment et $C^{ie}$. |
| | | Jean Gautier | „ „ | Gautier frères. |
| | | Dulac et $C^{ie}$ | „ „ | Albert Dulac. |

### Aufgaben.

(Die Lösungen siehe Sammlung Göschen, Band N° 183, Briefe 1—44.)

#### Gebrannter Kaffee. Cafés grillés.

1. Am 15. Januar 19.. bietet A. Barbier in Paris, $Arr^t$ XI, seiner Kundschaft gebrannten Kaffee in vier verschiedenen durch Kreuze bezeichneten Sorten an:

| | | | | | |
|---|---|---|---|---|---|
| * | Mélange | amateur | zu Fr. | 3.60 | das Kilo, |
| ** | „ | délices | „ „ | 4.— | „ „ |
| *** | „ | extra | „ „ | 4.40 | „ „ |
| **** | „ | exquis | „ „ | 4.60 | „ „ |

Bei Entnahme ab 25 Kilo erfolgt die Zusendung frei Verpackung und Empfangsstation als Frachtgut; bei Eilgutsendungen geht der Frachtunterschied zu Lasten des Käufers. Regulierung nach 30 Tagen, ohne Skontoabzug. Infolge direkter Einfuhr kann A. Barbier, dessen Absatz täglich über 800 Kilo beträgt, sehr billig verkaufen und gute, preiswerte Ware liefern.

Auf Wunsch sendet er gern Gratismuster, auch ist er bereit, Sendungen, die nicht gefallen, auf seine Kosten zurückzunehmen.

2. Am 31. Januar 19.. macht A. Barbier in Paris, Arr[t] XI, der Firma Georges Buron in Senlis (Oise) schriftliche Offerte. Er bezieht sich auf frühere angenehme Beziehungen und auf sein Schreiben vom 15. d. M. Er übersendet Muster zu * und *** unter Wiederholung der Lieferungs- und Zahlungsbedingungen und stellt sorgfältige Bedienung in Aussicht.

3. Am 15. Februar 19.. bekennt sich Georges Buron in Senlis zum Empfang der Briefe und Muster. — Er bestellt: 25 Kilo * zu Fr. 3.60 und 25 Kilo *** zu Fr. 4.40, frei Station Senlis und bittet um schleunige Erledigung dieses Probeauftrags.

4. Am 16. Februar 19.. zeigt A. Barbier in Paris, Arr[t] XI, der Firma Georges Buron in Senlis an, daß der bestellte Kaffee als Frachtgut franko Senlis abgegangen ist. Er legt Rechnung bei, bittet um Gutschrift des Betrags von 200 Franken per 16. März d. J. und empfiehlt sich zu ferneren Diensten.

5. Am 18. Februar 19.. zeigt Georges Buron in Senlis Herrn A. Barbier in Paris den Empfang der Sendung und Gutschrift des Rechnungsbetrags an. Er bittet, ihm bis auf Widerruf jeden Freitag je 25 Kilo * und *** zu schicken.

6. Am 15. März 19.. überschickt Georges Buron in Senlis Herrn A. Barbier in Paris den Rechnungsbetrag per 16. Februar in 2 Banknoten und bittet um Empfangsbestätigung. Er zeigt den Empfang der Sendung vom 23. Februar und deren Gutschrift an.

7. Am 16. März 19.. bestätigt A. Barbier in Paris den Empfang des Geldes und bittet um weitere Aufträge.

**Gliederpuppen. Bébés articulés.**

8. Durch Zirkular vom 30. September 19.. zeigt die offene Handelsgesellschaft Varlet, Leblanc & Coq in Asnières sur Oise ihre Auflösung an und dankt für das ihr bisher bewiesene Vertrauen.

9. Durch Gegenzirkular vom 1. Oktober 19.. teilt die neu gegründete offene Handelsgesellschaft Naville et C[ie] in Asnières sur Oise mit, daß sie die Geschäfte der erloschenen Firma Varlet, Leblanc & Coq weiterführt. Mit den erforderlichen Kapitalien ausgerüstet wird sie bemüht sein, ihre Kundschaft zu befriedigen. Der Oberingenieur der alten Firma Herr Naville hat die Betriebsleitung übernommen, seine Umsicht und seine zwanzigjährige Erfahrung stellen ein schnelles Aufblühen des Geschäfts in Aussicht. Herr Jules Legros behält Prokura. Mit der Bitte um Vertrauen und um Überweisung von Aufträgen und mit dem Hinweis auf die Handzeichnungen der Herren Leblanc, Naville und Legros schließt das Zirkular.

10. Am 12. Dezember 19.. bestätigt die p. pa. von Dubois gezeichnete Firma Bary et Laurent in Verdun ihren den Herren Naville et C[ie], Asnières sur Oise telegraphisch erteilten Auftrag auf:

3 Dutzend Gliederpuppen N°. 22 zu Fr. 42.— das Dzd.<br>
3 „ „ „ 13 „ „ 33.— „ „

mit dem Bemerken, daß sie die Ware nur dann annehmen könne, wenn diese bis spätestens 20. d. M. in ihren Händen sei; bei späterer Zusendung müßte die Annahme verweigert werden.

11. Bestellschein N° 327 zu Brief 11. Bedingungen: lieferbar sofort durch Postpaket; Verpackung zu Lasten des Käufers; 1 Monat Ziel, 2% Skonto, 5% Rabatt.

12. Am 13. Dezember 19.. bestätigt die p. pa. von Legros gezeichnete Firma Naville et Cie in Asnières s/Oise, den Herren Bary et Laurent in Verdun den Empfang der Depesche und des Briefes. Durch Zusendung als Postpacket werde es ihr möglich sein, die Bestellung trotz der kurzen Frist bis 20./12. auszuführen. Sie empfiehlt sich zu ferneren Diensten.

13. Auftragsbestätigung zu Brief 12. Lieferungsbedingungen wie in N° 11. Der Bestätigungsschein enthält außerdem, als „Conditions générales", gedruckte Bestimmungen über die Versendung per Bahn oder per Post, über Zahlung, Verpackung usw.

14. Am 19. Dezember 19.. melden Naville et Cie in Asnières s/Oise der Firma Bary et Laurent in Verdun, daß die am 12./12. bestellten Gliederpuppen abgegangen sind und bitten um Gutschrift des Rechnungsbetrags von Fr. 216.75, per 31. Januar 19.. Sie sehen ferneren Aufträgen gern entgegen.

15. Rechnung zu Brief 14 vom 19. Dezember 19.. Zu berücksichtigen: 5% Rabatt, 2% Skonto; Verpackung Fr. 4.50, Porto für 2 Postpakete frei Haus Fr. 3.—.

16. Am 31. Januar 19.. übersendet die Firma Bary et Laurent in Verdun den Herren Naville et Cie in Asnières s/Oise Fr. 216.75 in einem Scheck Nr. 765 auf den Crédit Lyonnais in Verdun und bittet um Gutschrift und Rückgabe des Quittungsformulars, das dem Briefe beiliegt.

17. Am 1. Februar 19.. bestätigt die Firma Naville et Cie in Asnières s/Oise Herren Bary et Laurent in Verdun den Empfang des Schecks. Sie behält sich Berichtigung etwaiger Irrtümer vor.

### Küchengeräte. Ustensiles de ménage.

18. Am 15. September 19.. bestätigen die Kurzwarenhändler Bordet frères in Besançon (Doubs), Inhaber des «Bazar Lafayette», 16, Avenue de Lyon, Telephonnummer 23, den soeben der Aktiengesellschaft «Manufacture d'ustensiles de ménage» in Epinal (Vosges) telephonisch erteilten Auftrag auf:

100 Stück Kaffeebretter (plateaux émaillés) N° 45 à Fr. 6.—
100 „ Milchtöpfe (pots à lait émaillés à 1 litre) à „ 3.50

durch Bestellschein N° 271. Bordet frères wünschen die Ware bis spätestens Ende Oktober.

19. Bestellschein N° 271 gibt folgende Lieferungsbedingungen an: Zahlung per ultimo des der Lieferung folgenden Monats, 3% Skonto, Zusendung durch Spediteur Henri Laffitte in Epinal, Fracht und Verpackung zu Lasten des Käufers.

20. Am 17. September 19.. bestätigt die durch ihren Betriebsdirektor Richard vertretene Manufacture d'ustensiles de ménage in Epinal den von Bordet frères in Besançon erhaltenen Auftrag durch Bestätigungsschein. Sie erklärt sich zugleich bereit, verspätete, mangelhafte oder den Vorschriften nicht entsprechende Waren zurückzunehmen und bürgt für die Echtheit der ihre Schutzmarke tragenden Artikel. Sie hat sich bemerkt, daß der Versand durch Henri Laffitte in Epinal erfolgen soll.

21. Auftragsbestätigung zu Brief 19 mit allgemeinen Angaben über Lieferungsbedingungen, Frachtvergütungen und Preisermäßigungen bei größeren Bestellungen.

22. Am 12. Oktober 19.. zeigt der Direktor der Manufacture d'ustensiles de ménage in Epinal der Firma Bordet frères in Besançon die Absendung der bestellten Waren in 2 Kisten: L. A. 3228, Gewicht 84 Kilo und L. A. 3229, Gewicht 62 Kilo, durch Spediteur Henri Laffitte an. Er ersucht um Gutschrift des Betrags der beigelegten Rechnung in Höhe von Fr. 936.50 und bittet um fernere Aufträge.

23. Rechnung zu Brief 22, ausgestellt am 12. Oktober 19.., von der Manufacture d'ustensiles de ménage in Epinal für die Herren Bordet frères, Besançon, in Höhe von Fr. 950.—, wovon 3 % Skonto abzuziehen sind, während Fr. 15.— für Kisten hinzukommen. Wenn binnen 8 Tagen keine anderweite Verfügung eintrifft, so soll der Betrag von Fr. 936.50 durch Tratte per 30. November angeschafft werden.

24. Am 12. Oktober 19.. fordert die Manufacture d'ustensiles de ménage in Epinal den Spediteur Henri Laffitte in Epinal durch Postkarte auf, die versandbereiten Kisten:

L. A. 3228, Bruttogewicht 84 Kilo
„ 3229, „ 62 „

abholen zu lassen und sie zur Verfügung der Firma Bordet frères in Besançon zu halten.

25. Am 12. Oktober 19.. fragt Spediteur Henri Laffitte in Epinal bei Bordet frères in Besançon an, an welche Adresse er die bei ihm lagernden 2 Kisten Kurzwaren im Gesamtgewicht von 146 Kilo brutto abfertigen solle.

26. Am 13. Oktober 19.. bitten Bordet frères in Besançon den Spediteur Henri Laffitte in Epinal, die beiden ihm überwiesenen Kisten als Sammelgut an ihre Adresse zu schicken.

27. Am 14. Oktober 19.. zeigt Henri Laffitte in Epinal der Firma Bordet frères in Besançon an, daß er die beiden Kisten vorschriftsmäßig und unter Nachnahme seiner Auslagen abgeschickt habe.

28. Am 30. Oktober 19.. benachrichtigt die Manufacture d'ustensiles de ménage in Epinal die Firma Bordet frères in Besançon, unter Beifügung eines Rechnungsauszugs, daß sie den Betrag ihrer Rechnung vom 12. Oktober: Fr. 936.50, Order M. F. Blanchard, per 30. November a. c. auf sie gezogen habe und bittet um Schutz für diese Tratte.

**Stearinkerzen. Bougies stéariques.**

29. Am 1. September 19.. zeigt Louis Faure successeur in Vienne (Isère) durch Zirkular den Austritt seines bisherigen Gesellschafters F. Renard aus der Firma an und teilt mit, daß er den Betrieb unter seinem Namen weiterführt. Er hofft, das der Firma bisher bewiesene Vertrauen auch fernerhin zu rechtfertigen, sagt pünktliche Bedienung zu und bittet, von seiner Handzeichnung Kenntnis zu nehmen.

30. Am 25. September 19.. bittet Louis Faure succr in Vienne die Firma Racine frères in Limoges (Hte Vienne) unter Bezugnahme auf sein Zirkular vom 1. d. M. um eine Bestellung. Er verweist auf seine reiche Geschäftserfahrung und seine verbesserten maschinellen Einrichtungen und sichert gute Ware bei billigen Preisen zu. Er empfiehlt einen Lieferungsabschluß auf Abruf für den bevorstehenden Winter und schließt mit der Bitte um einen Probeauftrag.

31. Am 1. Oktober 19.. ersuchen Racine frères in Limoges um Angabe der äußersten Lieferungsbedingungen auf Abruf bis Ende März für etwa 3000 Pakete Stearinkerzen.

32. Am 2. Oktober 19.. erklärt sich Louis Faure succr in Vienne zur Lieferung von rund 3000 Paketen auf Abruf bereit und offeriert:

| | | | |
|---|---|---|---|
| Bougies du diadème | Fr. 0.69 | das Paket von 500 Gramm |
| „ de Londres | „ 0.59 | „ „ „ „ „ |
| „ viennoises à trous | „ 0.64 | „ „ „ „ „ |

zu folgenden Bedingungen:

Frankozusendung bis Bahnhof Limoges bei Posten von mindestens 50 Kilo, Stempel und Einschreibegebühr zu Lasten des Käufers; Nettoregulierung 90 Tage nach Ablauf des Lieferungsmonats oder 2% Skonto gegen Kasse. Umgehende Entschließung erforderlich, da plötzliche Preiserhöhungen für Stearin zu befürchten sind.

33. Am 5. Oktober 19.. bestellen Racine frères in Limoges eine Probesendung von je 25 Paket: bougies du diadème à Fr. 0.69 und bougies viennoises à trous à Fr. 0.64. Sie bitten um die Bedingungen für Lieferung von 3000 Paketen bis ultimo Dezember auf Abruf.

34. Am 6. Oktober 19.. zeigt Louis Faure succr in Vienne der Firma Racine frères an, daß er den Probeauftrag ausgeführt habe, und bittet um Gutschrift von Fr. 33.25; den Betrag werde er durch 3 Monatstratte auf sie entnehmen. Er verweist auf die Güte seiner Kerzen und hält seine Offerte vom 2. Oktober aufrecht, die außergewöhnlich günstig sei, weil ihm an der Erneuerung der Geschäftsverbindung sehr viel liege. Erhalte er binnen 3 Tagen, also bis Dienstag Abend, keinen Zuschlag, so könne er feste Offerte nicht mehr machen, da Stearin fortwährend steige. Er legt Rechnung für die Probesendung bei.

35. Rechnung zu Brief 34 über die im Briefe 33 bestellten Kerzen. Trattenavis per 4. Januar. Bitte um fernere Aufträge.

36. Am 10. Oktober 19.. zeigen Racine frères den Eingang der Ware an. Sie sind erstaunt über die ohne ihre Zustimmung erfolgte Entnahme

des Rechnungsbetrags; sie seien gewöhnt, stets durch Scheck oder Rimesse zu regulieren und bitten, hiervon Vormerkung zu nehmen. Den Lieferungsantrag nehmen sie unter wörtlicher Bestätigung an, Abruf werde stets 8 Tage vor der Lieferung erfolgen. Sollten sie die 3000 Paket bis ultimo Dezember nicht abgenommen haben, so soll der Betrag dafür gleichwohl zu diesem Termin fällig werden, ebenso erklären sie sich bereit, im Verzugsfalle ab 1. Januar den Tagespreis zu zahlen. Falls ihre Bedingungen angenommen würden, bestellen sie: 500 Paket bougies diadème à Fr. 0,69; 500 Paket viennoises à trous à Fr. 0,64.

37. Am 11. Oktober 19.. bestätigt Léon Faure succ[r] in Vienne der Firma Racine frères in Limoges die im Brief Nr. 36 enthaltenen Abmachungen. Die bestellten 1000 Paket würden am nächsten Tage abgehen. Die am 6. Oktober avisierte Tratte sei noch nicht begeben, er werde sie vernichten und sich gern jeder anderen Form der Anschaffung fügen.

38. Am 12. Oktober 19.. bestätigt Léon Faure succ[r] in Vienne sein gestriges Schreiben und überreicht Rechnung über seine heutige Sendung L. F., Nr. 753, im Betrage von Fr. 665.—, mit der Bitte um Gutschrift.

39. Am 15. Oktober 19.. zeigen Racine frères in Limoges Gutschrift von Fr. 665.— an. Sie überweisen:

Fr. 88.75, auf Cahors, per 31. Oktober,
„ 623.50, „ Bordeaux, per 30. November,

bitten um Empfangsbestätigung und bestellen: 500 Paket bougies diadème à Fr. 0,69 und 500 viennoises à trous à Fr. 0,64.

40. Am 16. Oktober 19.. bekennt sich Louis Faure succ[r] zum Empfang der Rimessen, deren Betrag Fr. 702.25 er u. ü. V. gutgebracht habe. Er sagt pünktliche Ausführung des zweiten Abrufs zu.

41. Am 3. November 19.. bestellen Racine frères in Limoges den Rest ihres Abschlusses mit je 500 Paket bougies diadème und viennoises à trous. Sie fragen an, ob Louis Faure succ[r] geneigt sei, weitere 2—3000 Paket bis ultimo Januar auf Abruf lieferbar abzuschließen.

42. Am 4. November 19.. verspricht Louis Faure succ[r] in Vienne pünktliche Absendung der bestellten Kerzen. Da Stearin 15—20% gestiegen sei, könne er nur zu folgenden Preisen neu abschließen: bougies diadème Fr. 0.76; viennoises à trous Fr. 0.70, bei sonst gleichbleibenden Bedingungen.

43. Am 16. November 19.. zeigen Racine frères in Limoges Gutschrift von Fr. 665.— an und übersenden eingeschrieben: Fr. 1250.— auf Paris per ultimo Dezember und eine Postanweisung von Fr. 25.45. Sie fügen einen Rechnungsauszug bei, ziehen 2% Skonto = Fr. 40.55 ab und bitten um Empfangsbestätigung.

44. Am 17. November 19.. bestätigt Louis Faure succ[r] in Vienne die im Brief 43 enthaltene Abrechnung, E. v.

# B. Bankgeschäft. Opérations de banque.

**Umwandlungen.**

| | | | | |
|---|---|---|---|---|
| Effets à l'escompte. | 65— 67 | Crédit industriel | ersetzen durch | Louis Legros. |
| | | C. Neton | „ „ | Neton frères. |
| Règlement pour le compte d'un tiers. | 68— 79 | Comptoir d'Escompte du Nord | | bleibt. |
| | | Joseph Bert | ersetzen durch | Bert et Cie. |
| | | Jourdain et Cie | „ „ | Henri Jourdain. |
| | | Menard frères | „ „ | Jules Menard. |
| Domiciliation de traite. | 80— 85 | Frédéric Leduc | „ „ | Leduc père et fils. |
| | | Banque Parisienne | „ „ | Chles Petit. |
| Intervention. | 86— 94 | Louis Roche | „ „ | Roche et Cie. |
| | | Witt et Cie | „ „ | Jean Witt. |
| Opérations en compte courant. | 95—106 | Klein frères | „ „ | Banque Internationale de Paris, signée Lombard. |
| | | Paul Laval | „ „ | Laval et Cie. |

**Aufgaben.**

Die Lösungen siehe Sammlung Göschen, Band Nr. 183; Briefe 45—77.

**Wechsel zur Annahme. Effets à l'acceptation.**

45. Am 15. Mai 19.. sendet Armand Clerc, Mormoiron (Vaucluse) Fr. 1600.— per 30. Juni a. c., O. E. an die Firma Alfred Lamy in Avignon mit der Bitte, ihm das Papier mit Akzept versehen wieder zuzuschicken. Er sagt Gutschrift des Betrags im Ausgleich gegen die am 1. d. M. von ihm gelieferten Waren zu.

46. Am 16. Mai 19.. gibt Alfred Lamy in Avignon den Wechsel mit Akzept versehen zurück; er werde ihn s. Z. pünktlich einlösen.

**Wechsel zur Besorgung der Annahme. Effets à faire accepter.**

47. Am 25. Februar 19.. schickt André Roussel in Bellac (Hte Vienne) den Herren Brasseur & Cie in Limoges Fr. 2000.—, auf Jules Robin, Limoges mit der Bitte zu, dem Bezogenen das Papier zur Annahme vorzulegen. Sollte die Unterschrift verweigert werden, so bittet Absender um Rückgabe des Wechsels ohne Kosten; er dankt für die verursachte Mühewaltung.

48. Am 27. Februar 19.. schicken Brasseur & Cie in Limoges den Wechsel unvollzogen zurück. Aufgabegemäß haben sie nicht protestieren lassen; sie berechnen Fr. 0.65 Spesen.

49. Am 18. Februar 19... bekennt sich André Roussel in Bellac zum Empfang des Wechsels; Fr. 0,65 hat er der Firma Brasseur & Cie. gutgeschrieben.

**Wechsel zur Diskontierung. Effets à l'escompte.**

50. Am 15. März 19 . . übersenden Lefort et C^ie in Vars (Charente) an die Banque du Commerce in Cognac (Charente) eingeschrieben:

Fr. 3000.— per 15. Mai auf Vité frères, Angoulême,
„ 2400.— „ ult. „ „ Alfred Calame, Cognac,

mit der Bitte, diese Tratten zu diskontieren und ihnen den Gegenwert durch Scheck auf den Crédit Lyonnais zu überweisen.

51. Am 17. März 19 . . überreicht Confévron, der Direktor der Banque du Commerce in Cognac, Herren Lefort et C^ie in Vars eingeschrieben einen Scheck in Höhe von: Fr. 5345.74, unter Abrechnung. Die Bank berechnet 4% Diskontzinsen, 1/4% Provision, 20 Centimes Scheckstempel und 40 Centimes Porto; sie empfiehlt sich zu ferneren Diensten.

52. Am 18. März 19 . . bekennen sich Lefort et C^ie in Vars zum Empfang des Schecks auf den Crédit Lyonnais und erteilen Entlastung.

**Rimessen für eigene Rechnung. Remises pour propre compte.**

53. Am 18. März 19 . . schickt Martin Lainé in Auch (Gers) an das Bankhaus Mottier & C^ie. in Toulouse:

1. Fr. 75.60, per 20. März, auf Louis Gay, Montrabé (H^te Garonne)
2. „ 60.35, „ 25. „ , „ Léon Blanc, Saint Jory ( „ „ )
3. „ 110.85, „ 31. „ , „ Paul Roux, Toulouse ( „ „ )

mit der Bitte um Gutschrift per Verfall.

54. Am 19. März 19 . . bekennt sich das Bankhaus Mottier & C^ie. in Toulouse, p. pa Petit gezeichnet, zum Empfang von Fr. 246.80, unter Gutschrift per Verfall, E. v.

55. Am 2. April 19 . . übersenden Mottier & C^ie in Toulouse Abrechnung. Die Wechsel 1 und 2 sind honoriert und Martin Lainé abzüglich Fr. 1.— Provision und Fr. 0.30 Briefporto gutgebracht worden. Die Tratte auf Paul Roux ist in Protest gegangen und Martin Lainé ist mit Fr. 118.50, Wechselbetrag zuzüglich Protestkosten per 31./3. a. c. belastet, dagegen mit Fr. 14.40, Zahlung Lion, Montrabé, erkannt worden.

56. Am 3. April 19 . . bekennt sich Martin Lainé in Auch zum Empfang der Abrechnung, deren Richtigkeit er anerkennt.

**Rimessen für fremde Rechnung. Remises pour compte d'autrui.**

57. Am 20. Mai 19 . . bittet Ernest Boucher in Béthune (Pas de Calais) sein Bankhaus Crédit du Nord in Lille (Nord), der Firma Potier et Lefèvre in Colmar (Alsace):

ℳ 4800.—, Viertausend Acht Hundert Mark,

in kurzsichtigen deutschen Wechseln zu schicken und ihn für den Gegenwert zu belasten.

58. Am 20. Mai 19 .. zeigt Ernest Boucher in Béthune seinen Lieferanten Potier et Lefèvre in Colmar an, daß er den Crédit du Nord in Lille beauftragt habe, ihnen ℳ 4800.— in kurzsichtigem Papier anzuschaffen und bittet um Gutschrift des Betrags unter Anzeige.

59. Am 22. Mai 19 .. übermittelt der Crédit du Nord in Lille, gezeichnet vom Direktor Gay, der Firma Potier et Lefèvre in Colmar aufgabegemäß:

ℳ 2650.—, per 31. März a. c., auf V. Verdier, Mühlhausen/E.
„ 2150.—, „ „ „ a. c., „ A. Léon, Straßburg/E.
ℳ 4800.—, Wert per 31. Mai a. c.

und bittet um Empfangsanzeige und Gutschrift.

60. Am 22. Mai 19 .. benachrichtigt Direktor Gay die Firma Ernest Boucher in Béthune von der Ausführung des Auftrags. Laut beigelegter Abrechnung wird Ernest Boucher mit Fr. 5933.55, Valuta 31. Mai a. c., belastet.

61. Am 24. Mai 19 .. zeigen Potier et Lefèvre in Colmar dem Crédit du Nord in Lille den Empfang der Rimessen und deren Gutschrift an.

62. Am 24. Mai 19 .. zeigen Potier et Lefèvre in Colmar der Firma Ernest Boucher in Béthune den Empfang der Anschaffung an, die sie u. ü. V. zum Ausgleich ihrer Rechnung vom 28. Februar a. c. benutzt haben. Sie sehen weiteren Aufträgen gern entgegen.

**Tratten für fremde Rechnung. Traites pour compte d'autrui.**

63. Am 5. April 19 .. ermächtigen Serre et C^ie^ in Bergerac (Dordogne) die Firma Ducros frères in Périgueux (Dordogne) für ihre Rechnung 3500 Franken per ultimo April auf Paul Larrouy, Bordeaux (Gironde) zu ziehen. Der Bezogene werde die Tratte bestens honorieren.

64. Am 5. April 19 .. zeigen Serre et C^ie^ in Bergerac Herrn Paul Larrouy in Bordeaux an, daß sie Ducros frères in Périgueux ermächtigt haben, Fr. 3500.—, per 30. April a. c. auf ihn zu ziehen. Sie bitten, deren Tratten zu schützen und den Betrag zum Ausgleich ihrer Rechnungen:

Fr. 1928.—, vom 11. März a. c.
„ 1572.—, „ 15. „ a. c.

zu verwenden.

65. Am 6. April 19 .. zeigen Ducros frères in Périgueux Herrn Paul Larrouy in Bordeaux an, daß sie im Auftrag und für Rechnung der Firma Serre et C^ie^ in Bergerac, 3500 Franken per 30. April a. c. auf ihn gezogen haben; sie bitten um Schutz für diese Ziehung.

66. Am 6. April 19 .. zeigen Ducros frères in Périgueux der Firma Serre et C^ie^ in Bergerac an, daß sie aufgabegemäß 3500 Franken per ultimo April a. c. auf Paul Larrouy, Bordeaux, gezogen und ihr den Betrag u. ü. V. gutgeschrieben haben. Sie sehen ferneren Aufträgen gern entgegen.

67. Am 7. April 19 . . sagt Paul Larrouy in Bordeaux der Firma Serre et $C^{ie}$ in Bergerac Schutz für die ihm am 5. April a. c. avisierte Ziehung zu Lasten der Auftraggeber zu.

68. Am 8. April 19 . . verspricht Paul Larrouy in Bordeaux der Firma Ducros frères in Périgueux, er werde ihre Tratten honorieren.

69. Am 30. April 19 . . zeigt Paul Larrouy in Bordeaux der Firma Serre et $C^{ie}$ in Bergerac die Einlösung der Wechsel an, deren Betrag er zum Ausgleich der Rechnungen vom 11. und 15. März zu verwenden bittet.

**Wechsel zur Domizilierung. Effets en domiciliation.**

70. Am 22. September 19.. überreichen Lacour et $C^{ie}$ in Havre Herrn Frédéric Leduc in Méry-sur-Seine eine Tratte von Fr. 3200.—, per ultimo Dezember und bitten, ihnen das Papier mit seinem Akzept versehen und in Paris zahlbar gestellt, wie vereinbart worden, wieder zuzuschicken.

71. Am 23. September 19 . . fragt Frédéric Leduc in Méry-sur-Seine (Aube) bei der Banque Parisienne in Paris an, unter welchen Bedingungen sie ihm gestatten würde, seine Wechsel bei ihr zahlbar zu stellen. Für rechtzeitige Deckung werde er sorgen.

72. Am 24. September 19 . . erklärt sich die Banque Parisienne in Paris (gezeichnet «par procuration spéciale» Morin) gern bereit, der Firma Frédéric Leduc in Méry-sur-Seine als Zahlstelle zu dienen. Bedingungen: $^1/_4$ $^0/_0$ Domizilprovision, mindestens 50 Centimes für jeden Wechsel, Rückvergütung der Barverläge und Zusendung der Deckung 3 Tage vor Verfall.

73. Am 25. September 19.. schickt Frédéric Leduc in Méry-sur-Seine der Firma Lacour et $C^{ie}$ in Havre das bei der Banque Parisienne in Paris domizilierte Akzept eingeschrieben wieder zu uud bittet sie, den Betrag zum Ausgleich ihrer Rechnungen vom 15. d. M. zu verwenden.

74. Am 25. September 19.. akzeptiert Frédéric Leduc in Méry-sur-Seine die Bedingungen der Banque Parisienne in Paris und zeigt an, daß er Fr. 3200.— per 31. Dezember a. c., Order Lacour et $C^{ie}$ in Havre, bei ihr domiziliert habe.

75. Am 27. September 19.. erwidert die Banque Parisienne in Paris der Firma Frédéric Leduc in Méry-sur-Seine, daß sie die Domizilierung vorgemerkt habe und am 28. Dezember a. c. Deckung erwarte.

76. Am 27. Dezember 19.. übersendet Frédéric Leduc in Méry-sur-Seine der Banque Parisienne in Paris einen Geldbrief mit Fr. 3208.70, in Banknoten und Postanweisung, als Deckung für die Wechselsumme zuzüglich 8 Franken für Domizilprovision und 70 Centimes für Porto. Er bittet um Zusendung des eingelösten Wechsels.

77. Am 31. Dezember 19.. bestätigt die Banque Parisienne in Paris der Firma Frédéric Leduc in Méry-sur-Seine den Empfang der Anschaffung und gibt das eingelöste Akzept eingeschrieben zurück.

## C. Kommissionsgeschäfte. Commission et consignation.

**Umwandlungen.**

| | | | |
|---|---|---|---|
| Pelleteries. 107—116: | Max Werner, Leipzig | ersetzen durch | Werner frères. |
| | Simon frères, Paris | „ „ | Jules Simon. |
| | Paul Jung, Leipzig | „ „ | Jung et $C^{ie}$. |
| Veaux cirés. 117—123: | Petit et $C^{ie}$, Toulouse | „ „ | Léon Petit. |
| | Fauché jeune, Millau | „ „ | Fauché père et fils. |

**Aufgaben.**

Die Lösungen siehe Sammlung Göschen, Band No. 183, Briefe 78—111.

**Einkauf von Borsten und Haaren. Achat de soies et de pelleteries.**

78. Am 6. Februar 19.. fragen Léon Didier & $C^{ie}$ in Méru (Oise) unter Bezugnahme auf einen Geschäftsfreund bei Robert Grahl in Leipzig an, zu welchen Bedingungen er den Einkauf von Haaren und Borsten (pelleteries f. et soies f.) für sie übernehmen würde. Ihr Bedarf beziffere sich auf rund 150 000 Franken jährlich. Sie regulierten gewöhnlich nach 30 Tagen, seien jedoch bereit, bei sonst günstigen Bedingungen gegen Kasse zu kaufen. Sie bitten um schnelle Antwort.

79. Am 8. Februar 19.. erklärt sich Robert Grahl, Leipzig, gern bereit, den kommissionsweisen Einkauf von Borsten und Pinselhaaren für Léon Didier & $C^{ie}$, Méru (Oise), zu übernehmen. Er sichert beste Bedienung zu und verweist auf die Vorteile, die der Einkauf durch einen ortsansässigen Vertreter biete. Bedingungen: 1 % Provision vom Nettobetrag der Originalfakturen und Vergütung der Auslagen. Er bittet um Angabe des Borsten- und Haarpinselmaterials (matières premières f. pour pinceaux), welches Didier & $C^{ie}$ besonders interessiere.

80. Am 10. Februar 19.. übertragen Léon Didier & $C^{ie}$, Méru (Oise), der Firma Robert Grahl, Leipzig, ihre Vertretung. Sie gewähren 1 % Provision, vergüten die Auslagen und bitten um monatliche Abrechnung.

In Borsten benötigen sie feine Schlagweiße (soies f. de Wilna blanches), hauptsächlich NW. (Nataniel Windsberg) und AR. (Alfred Rosen); [Firmen von Borstenlieferanten], auch weiße Tictiner (tictines f. blanches) von $4^1/_2$—6 Zoll. Da die Preise zurzeit sehr hoch seien, möchten sie nur für den dringendsten Bedarf je 2—3 Faß haben. Sie bitten um Angabe der Vorräte und Zusendung von Mustern.

In Haaren (pelleteries f.) erbitten sie sich Muster empfehlenswerter Posten von Rotmarderschweifen Colinsky Ia (queues f. de Colinsky). In Fehspitzen (pointes f. de petit gris) soll Grahl alle am Platze vorhandene Primaware bis zu ℳ 40.— pro Pfund aufkaufen.

81. Am 14. Februar 19.. übersendet Robert Grahl, Leipzig, in Postpaketen, der Firma Léon Didier & $C^{ie}$ in Méru (Oise) als empfehlenswerteste Borstenmuster:

L. M. Meseritzer Hochzeit (soies f. de Meseritz) à ℳ 4.20 das Pfund,
Vorrat 400 Pfund;
J. G. weiße Tictiner (tictines blanches) . . à ℳ 5.50 das Pfund,
Vorrat 310 Pfund

und, ebenfalls als Postpaket, 6 Pfund Kammspitzen (grosses pointes f. de petit gris) à ℳ 40.—. Weitere 7 Pfund sind nur zu ℳ 42.— zu erlangen, Colinskyschweife (queues f. de Colinsky) fehlen gänzlich. Er legt 3 Originalfakturen bei und bittet um Instruktionen.

82. Am 16. Februar 19.. bestätigen Léon Didier & C[ie] in Méru (Oise) den Empfang der Postpakete. Die bemusterten Borsten sind zu weich, Grahl soll die Ware gleichwohl im Auge behalten, wenn er keine festere findet. Die Kammspitzen seien nicht reine Primaware; bei ℳ 42.—, die Léon Didier & C[ie] anlegen wollen, sei reine Primaware Bedingung. Auf Originalfaktur wollen sie ausnahmsweise verzichten, da wohl die Posten bei den einzelnen Kürschnern zu klein seien, um Rechnung zu verlangen.

83. Am 21. Februar 19.. meldet Robert Grahl, Leipzig, die Absendung per Post von 8 Pfund Kammspitzen bester Güte und bittet um Gutschrift des Betrags der beiliegenden Rechnung von ℳ 565.90. Geeignete Borsten habe er noch nicht gefunden, die Preise seien um 20 Pfennige das Kilo gestiegen. Kammspitzen seien fortwährend im Steigen; nach Ansicht von Fachleuten sei hierin auch keine Änderung zu gewärtigen. Grahl empfiehlt, womöglich nur 2. Qualität in kleinen Posten aufzukaufen.

Russische Iltis (putois de Russie) seien sehr selten, für einen in Aussicht gestellten Posten von 12—1500 Stück würden ℳ 16.— für je 100 Stück gefordert.

In Rotmarderschweifen (queues de Colinsky) habe man ihm einige Zimmer (le timbre = 40 Stück) sehr schöner Ware vorteilhaft in Aussicht gestellt; sie fest an Hand zu bekommen, sei bei der lebhaften Nachfrage nicht möglich; er werde telegraphieren oder telephonieren.

84. Rechnung, d. d. 21. Februar 19..; Aussteller: Robert Grahl in Leipzig. Beträge:

8 Pfund Kammspitzen I[a] à ℳ 42.—
6 „ „ „ à „ 40.—

abzüglich 3% Skonto, zuzüglich 1% Provision und ℳ 1.60 Porto.

85. Am 1. März 19.. bestätigt Robert Grahl, Leipzig, seine Sendungen vom 21. Februar. Er berichtet, daß die Preise für Kammspitzen fest sind und daß voraussichtlich auch die Kürschner für Abfälle (déchets m.) bei wenig sorgfältiger Auswahl höhere Forderungen stellen werden. Die am 14./2. bemusterten Borsten seien bereits verkauft, sobald neue geeignete Ware eintreffe, werde er telephonieren. Rotmarderschweife habe er einen kleinen Posten sehr vorteilhaft gekauft, die Qualität werde gefallen.

86. Am 18. März 19.. senden Léon Didier & C[ie] in Méru (Oise) der Firma Robert Grahl in Leipzig einen Schek Nr. 2415, Betrag ℳ 565.90, auf

J. Mendelsohn/Berlin, zum Ausgleich der Rechnung vom 21. Februar a. c. Sie bestätigen ihren am Vormittag telephonisch erteilten Auftrag auf zwei Faß Schlagweiße $4^1/_2''$ (Wilna blanches de quatre pouces et demi) à ℳ 4.— und bitten um Marktbericht.

87. Am 20. März 19.. bestätigt Robert Grahl in Leipzig den Empfang des Geldes unter Gutschrift. Er überreicht die Originalfaktur der am 18. d. M. verfrachteten 2 Faß Borsten und stellt für den nächsten Tag einen ausführlichen Marktbericht in Aussicht.

88. Rechnung, d. d. 18. März 19..; Aussteller: Moritz Fränkel. Beträge:

N.W. 2 Faß Schlagweiße $4^1/_2''$

| | | | | |
|---|---|---|---|---|
| Nr. 11: | Brutto | 826.— kg, | Tara | 82.— kg |
| „ 12: | „ | 783.— „ | „ | 78.— „ |
| | Brutto | 1609.— kg, | Tara | 160.— kg. |

| | | |
|---|---|---|
| Netto 1449 kg à ℳ 4.— . . | ℳ | 5796.— |
| 2 % Kassenskonto | „ | 115.90 |
| Netto | ℳ | 4680.10 |

**Verkauf von Kammzug. Vente de peigné.**

89. Am 5. Februar 19.. bietet der Wollkommissionär (le commissionnaire en peigné) Paul Fries in Leipzig der Firma Girardin & Cie in Roubaix seine Dienste als Verkäufer von Kammzug (le peigné) innerhalb des Deutschen Reiches, Österreichs und der Schweiz an. Er betont, daß er bei erstklassigen Firmen dieser Länder gut eingeführt sei und stellt gute Abschlüsse in Aussicht, wenn er durch preiswerte Anstellungen unterstützt werde. Als Referenz gibt er die Kammgarnspinnerei (la filature) zu Leipzig und die Kammgarnspinnerei Stöhr & Co. in Leipzig-Plagwitz auf. Seine Bedingungen lauten: 1 % Provision und Vergütung der Auslagen für Telegramme und Porti. Er schließt mit der Bitte um baldigen Bescheid.

90. Am 9. Februar 19.. erklären sich Girardin & Cie in Roubaix bereit, Paul Fries in Leipzig ihre Vertretung für Deutschland zu übertragen. In Österreich und in der Schweiz hätten sie bereits ihre Vertreter, mit denen sie durchaus zufrieden seien. Sie stellen als Bedingung, daß sie nur an durchaus zuverlässige Zahler zu verkaufen und direkt an die Käufer zu fakturieren wünschen. Sie würden ab französischer Kämmerei (le peignage) bei $18^1/_4$ % Konditionierung (le conditionnement) liefern; die Zahlungen sollen gegen 30 oder 90 Tage Ziel in Paris erfolgen. Die Provision von 1 % soll erst nach Eingang des jeweiligen Fakturenbetrags fällig und zahlbar sein. Endlich wünschen Girardin & Cie regelmäßige wöchentliche Berichte über die Marktlage zu erhalten.

91. Am 12. Februar 19.. dankt Paul Fries in Leipzig der Firma Girardin & Cie in Roubaix für das ihm am 9. Februar brieflich entgegen-

gebrachte Vertrauen und erklärt sich bereit, ihre Vertretung für Deutschland zu übernehmen. Sehr gern würde er auch die Vertretung für Böhmen haben, wo er sehr gut eingeführt sei. Er bestätigt die Provisionsbedingungen und verspricht halbjährlich Aufstellung seiner Auslagen einzuschicken. Mit der direkten Verrechnung an die Käufer ist er einverstanden. Dagegen betont er, daß die deutschen Käufer gewohnt seien, die Ware franko Leipzig in Markwährung angestellt zu erhalten. Da die Konkurrenz diese Bedingungen eingehe, so liege es im eigensten Interesse des Verkäufers, sie anzunehmen, sonst sei kein Erfolg zu erhoffen. Er werde wöchentlich über die Marktlage berichten; da z. Z. sehr lebhafte Nachfrage in Austral- und Laplatazügen (peignés d'Australie et de Laplata) sei, bitte er um umgehende Zusendung von Mustern.

92. Am 15. Februar 19.. zeigen Girardin & C^ie^ in Roubaix Paul Fries in Leipzig an, daß sie ihm per Post die auf der beiliegenden Nota verzeichneten Züge bemustert haben. Die Preise verständen sich frei Leipzig, Ziel 30 Tage. Gleichzeitig würden ihm ab Kämmerei Holden je eine 2 Kilospule (la bobine de 2 kilos) der Posten 3421 und 3617, die seiner Kundschaft besonders gefallen dürften, zugehen. Dieselben Nummern befänden sich auch unter den Mustern ohne Wert, damit sie schneller in seine Hände gelangen. Girardin & C^ie^ erklären sich bereit, ihre Preise in Mark franko Leipzig verzollt zu stellen. Für Entfernungen über Leipzig hinaus würden die Käufer die Mehrfracht zu tragen haben. Sie übertragen Paul Fries ihre Vertretung für Böhmen unter den gleichen Bedingungen wie für Deutschland. Die vereinbarte Provision werde jedenfalls nur dann zahlbar, wenn die Fakturenbeträge unverkürzt eingegangen seien. Die Nachfrage nach Kammzug sei zurzeit sehr lebhaft, die notierten Preise seien sehr niedrig.

93. Am 15. Februar 19.. übersenden Girardin et C^ie^, Roubaix, Paul Fries, Leipzig, auf Postkarte eine Aufstellung der ihm übersandten Proben:

**Girardin & C^ie^** Roubaix, le 15 Février 19..

Note des échantillons

adressés à Monsieur Paul Fries, Leipzig.

| Numéro: | Quantité: | Qualité: | Contenance en chardons: | Prix: | Conditions: |
|---|---|---|---|---|---|
| 3421 | 7500 k^os^ | Sydney | exempt | ℳ 4.85 | Beaulieu. |
| 3617 | 8000 „ | „ | „ | „ 4.60 | „ |
| 3594 | 4500 „ | „ | 200 $^0/_1$ $^0/_2$ | „ 4.55 | „ |
| 3608 | 7400 „ | „ | 100 $^1/_2$ | „ 4.35 | Tourcoing. |
| 3604 | 6000 „ | Buenos Ayres | 120 $^0/_1$ $^3/_2$ | „ 4.10 | „ |
| 3624 | 10000 „ | „ | 250 $^6/_1$ $^8/_2$ | „ 4.— | „ |

Sauf vente.

(contenance en chardons Klettenverhältnis.)

94. Am 18. Februar 19.. bestätigt Paul Fries, Leipzig, den Eingang der Handmuster (échantillons sans valeur marchande); die Spulen seien noch nicht angekommen. Die Posten 3421 und 3617 hoffe er bald zu verkaufen. Er übernimmt die Vertretung für Böhmen und bittet, da er nur mit großen Spinnereien (la filature) arbeite, um Anstellung größerer Posten, nicht unter 5000 Kilo. Das Geschäft sei flau, die Spinner (le filateur) kauften nur, was sie unbedingt brauchten, einzelne Posten billiger Ware seien zu Schleuderpreisen (prix dérisoire) gehandelt worden, während gute, teure Ware keine Abnehmer fände.

95. Am 19. Februar 19 . . bestätigt Paul Fries in Leipzig der Firma Girardin & C[ie] in Roubaix folgende Depesche:

„Harthau akzeptiert 3608 Sydney 4275 dreißigtägig Ultimatum."
und die Antwort darauf: „Bedauern unter 435 unmöglich."

Da der Spinner bei den niedrigen Garnpreisen (le bas prix des fils) nicht mehr anlegen wolle, habe sich das Geschäft zerschlagen. Fries fragt an, ob die Spulen 3421 und 3617 abgegangen sind und bittet, ihm Spulen zu 3604 und 3624 zu schicken, womöglich auch eine kleine Preisermässigung eintreten zu lassen. (4275 = ℳ 4.27 $^{1}/_{2}$; 435 = ℳ 4.35.)

96. Am 20. Februar 19.. bestätigen Girardin & C[ie] in Roubaix ihrerseits auf Formular die ausgetauschten Telegramme. Unter ℳ 4.35 können sie nicht verkaufen, am eigenen Platze würden sie einen höheren Preis erzielen. Sie sind erstaunt, daß die Spulen 3421 und 3617 noch nicht eingetroffen sind.

97. Bestätigung der am 19. Februar ausgetauschten Depeschen auf Formular.

98. Am 22. Februar 19.. zeigt Paul Fries, Leipzig, der Firma Girardin & C[ie] in Roubaix an, daß er Brief, Muster und Spulen erhalten habe. Er bittet, ihm fortan starke Handmuster zu schicken, damit er auch vor Ankunft der Spulen Anstellung machen könne. Der leichteren telegraphischen Verständigung wegen werde er die vier üblichen Formen der Regulierung mit A bis D bezeichnen und zwar solle bedeuten:

A. Barregulierung nach 30 Tagen, ohne Skonto.

B. Dreimonatstratte 30 Tage dato akzeptiert; Käufer vergütet Diskont und Wechselstempel.

C. Dreimonatstratte am Ausstellungsdatum der Faktur akzeptiert; Diskont und Wechselstempel zu Lasten des Verkäufers.

D. Barregulierung 90 Tage dato.

Regulierung A sei die üblichste. Zinsvergütung 5% p. a. pro und contra.

99. Am 25. Februar 19.. zeigen Girardin & C[ie] in Roubaix die Absendung der Spulen 3604 und 3624 an und legen ein Verzeichnis der vorhandenen Züge (la liste des lots existants) bei. Sie haben die üblichen Regulierungen und die gegenseitige Zinsvergütung vorgemerkt und mit der Allgemeinen Deutschen Kreditanstalt in Leipzig vereinbart, daß diese Bank Zahlungen für

sie annimmt. Die Festigkeit der Londoner Preise würden wohl bald im Zuggeschäft bemerkbar werden.

Existenzliste:

| | | | |
|---|---|---|---|
| Nos 3421 | 7500 kg | Sydney | ℳ 4.80 |
| „ 3617 | 8000 „ | „ | „ 4.55 |
| „ 3604 | 6000 „ | Buenos Ayres | „ 4.05 |
| „ 3624 | 10000 „ | „ „ | „ 4.— |

Bemerkungen: 3594 verkauft, 3608 bis auf 3000 kg verkauft.

100. Am 28. Februar 19 .. bestätigt Paul Fries in Leipzig seine telegraphische Depesche: „Kramer Glauchau akzeptiert 3421 franko Leipzig, wenn 475; Regulierung B.“, sowie die telegraphische Antwort: „3421 angenommen.“

Auf Grund dieser Antwort habe er an Richard Kramer in Glauchau den Posten 3421, Sydney Zug 7500 kg aus der Kämmerei Beaulieu, franko Leipzig, zu ℳ 4.75 gegen 3 Monatstratte, Akzept 30 Tage dato, Diskont und Stempel zu Kramers Lasten, verkauft.

Er bittet, die sofortige Absendung der Ware zu veranlassen, ihm ein Duplikat der Faktur einzusenden, und ihm recht bald weitere belangreiche Posten anzustellen.

101. Am 1. März 19 .. überreichen Girardin & Cie, Roubaix, der Firma Richard Kramer in Glauchau, Faktur über die aus Kämmerei Beaulieu franko Leipzig an ihre Adresse verladenen 65 Ballen Sydney Zug.

Sie bitten um Gutschrift von ℳ 33 683.10, Wert per 30. Juni a. c., und hoffen, daß die Geschäftsverbindung sich recht rege gestalten möge. Anlagen: 1 Rechnung, 1 Konditionierschein.

102. Anlage zu Brief 101. Rechnung über 65 Ballen Sydney Kammzug.

**Girardin & Cie** Roubaix, le 23 Fevrier 19 ..

Monsieur Richard Kramer, Glauchau, Doit

les marchandises suivantes, payables dans Roubaix, valeur en notre traite, expédiées franco à son adresse, en gare de Glauchau, Saxe, droits de douane et assurance payés.

---

NOTA. **Le poids des toiles doublures n'est pas compris dans la tare ci dessous.**

65 B./Nos 2588/2652 Lot 3421

| | | | | |
|---|---|---|---|---|
| | Bt | 7405,20 | | |
| 63 B. à/2,45 k | | | | |
| 1 „ „ 2,55 | | | | |
| 1 „ „ 2,05 | Tare | 158,95 | | |
| | Net | 7246,25 | suivant détail au bulletin de conditionnement. | |
| à $18^1/_4$ P. 2,14 % | „ | 155,07 | | |
| | Net | 7091,18 | Peigné Sydney à ℳ 4,75 | ℳ 33 683,10 |

103. Am 1. März 19 .. bestätigen Girardin & Cie in Roubaix Paul Fries in Leipzig den Depeschenwechsel und Geschäftsabschluß mit Richard Kramer in Glauchau und legen Duplikat der Rechnung bei. Sie haben ihm die Provision mit 1% = ℳ 336.85, gutgeschrieben und werden ihm nach Eingang des Akzepts einen Scheck in gleichem Betrage einsenden. Sie stellen Mustersendungen in Aussicht, sobald belangreiche Posten eingehen.

104. Am 20. März 19 .. überreichen Girardin & Cie in Roubaix der Firma Richard Kramer in Glauchau, unter Bezugnahme auf ihren Brief vom 1. März a. c., eine Tratte in Höhe von ℳ 33683.10, per 25. Juni a. c., mit der Bitte, sie ihnen mit Akzept und deutscher Stempelmarke versehen eingeschrieben wieder zuzusenden.

105. Am 22. März 19 .. gibt Richard Kramer, Glauchau, die ihm übersandte Tratte mit Stempelmarken und Annahme versehen zurück und bittet um Abrechnung.

106. Am 29. März 19 .. bestätigen Girardin & Cie in Roubaix der Firma Richard Kramer in Glauchau den Eingang des Akzepts. Sie haben das Papier mit 3% diskontiert und bitten, den Diskont von ℳ 252.60, ihrem Bankhause Allgemeine Deutsche Kreditanstalt in Leipzig zu vergüten.

107. Am 31. März 19 .. zeigt Richard Kramer in Glauchau der Firma Girardin & Cie in Roubaix die Überweisung von ℳ 252.60, an die Allgemeine Deutsche Kreditanstalt in Leipzig an, womit das Diskontguthaben vom 29./3. a. c. ausgeglichen sei.

108. Am 1. April 19 .. zeigt die Allgemeine Deutsche Kreditanstalt in Leipzig der Firma Girardin & Cie in Roubaix an, daß sie ihnen für Rechnung der Firma Richard Kramer in Glauchau ℳ 252.60, gutgebracht habe.

109. Am 2. April 19 .. bitten Girardin & Cie in Roubaix die Allgemeine Deutsche Kreditanstalt in Leipzig an Paul Fries in Leipzig zu Lasten ihrer Rechnung ℳ 336.85 bar zu zahlen.

110. Am 2. April 19 .. benachrichtigen Girardin & Cie in Roubaix Paul Fries in Leipzig, daß sie ihr Bankhaus in Leipzig angewiesen haben, ihm ℳ 336.85, bar zu übermitteln. Sie bitten um Ausgleichsbestätigung der damit erlegten Provision, Richard Kramer, Glauchau, betreffend.

111. Am 4. April 19 .. bestätigt Paul Fries in Leipzig der Firma Girardin & Cie in Roubaix den Empfang von ℳ 336.85, womit er aufgabegemäß sein Kommissionsguthaben auf Posten 3421 ausgeglichen habe.

## D. Speditionsgeschäft. Expedition.

### Umwandlungen.

Transport isolé 124—138:
- Lecomte frères, Rivesaltes ersetzen d. Jean Lecomte.
- Léon Didier, Marseille „ „ Didier et $C^{ie}$.
- Robert Haas, Leipzig „ „ Gebr. Haas.
- Luchting et $C^{ie}$, Hamburg, Speditionsverein Wallwitzhafen } bleiben.

Expédition en c/c. 139—152:
- Brun et Borel, Paris ersetzen durch Léon Borel.
- Weiß et $C^{ie}$, Leipzig „ „ Felix Weiß.
- L. Thibault, Paris, C. G. Lentsch, Leipzig } bleiben.

### Aufgaben.

Die Lösungen siehe Sammlung Göschen, Band 183, Briefe 112—122.

**Transportübernahme. Transport à forfait.**

112. Am 16. Oktober 19.. fragt Henri Gault in Cadenet (Vaucluse) bei Guillaume Pareux, Spediteur in Avignon (Vaucluse), an, zu welchem Übernahmspreise er 4 Fässer Rauhkarden (chardon m.) im Gewicht von 950 Kilo nach Forst in der Lausitz verfrachten würde.

113. Am 17. Oktober 19.. stellt Guillaume Pareux in Avignon seine Frachtofferte. Er übernimmt den Transport von Bahnhof Cadenet bis Bahnhof Forst i/L. via Genf zu 21 Franken per 100 Kilo. Er bittet um baldigen Auftrag und erklärt sich zu jeder weiteren Auskunft bereit.

114. Am 19. Oktober 19.. überträgt Henri Gault in Cadenet auf Grund der ausbedungenen Frachtübernahme von 21 Franken per % Kilo der Firma Guillaume Pareux in Avignon den Versand von H. G. 234/237. 4 Fässer Rauhkarden an Ferdinand Tempel in Forst i/L. Die Ware ist versandbereit.

115. Am 20. Oktober 19.. ersucht Guillaume Pareux in Avignon, Henri Gault in Cadenet die ihm zum Transport übertragenen 4 Fässer Rauhkarden H. G. 234/237. als Frachtgut an ihn abzusenden.

116. Am 23. Oktober 19.. beauftragt Guillaume Pareux in Avignon die Société de Transports Internationaux in Genf, die von ihm eingehende Sendung H. G. 234/237.4 Fässer Rauhkarden im Gesamtgewicht von 959 Kilo in Empfang zu nehmen und sie zu der Ende September vereinbarten Frachtübernahme an Ferdinand Tempel in Forst i/L. franko weiter zu befördern.

117. Am 23. Oktober 19.. erteilt Guillaume Pareux in Avignon der Firma Ferdinand Tempel in Forst i/L. Avis, daß er im Auftrag von Henri Gault in Cadenet 4 Fässer Rauhkarden H. G. 234/237 franko, an ihre Adresse abgerichtet habe.

118. Am 30. Oktober 19.. erteilt die Société de Transports Internationaux in Genf der Firma Guillaume Pareux in Avignon Spesennota über

die franko nach Forst verladenen 4 Fässer Rauhkarden, deren Betrag ihr mit Fr. 98.75 belastet sei.

119. Am 30. Oktober 19.. sendet die Société de Transports Internationaux in Genf an C. G. Lentsch in Leipzig Avis einer Sammelladung und beauftragt ihn, die darin befindlichen 4 Fässer Rauhkarden als Frachtgut franko an Ferdinand Tempel in Forst i./L. weiterzuschicken.

120. Am 9. November 19.. zeigt C. G. Lentsch in Leipzig der Société de Transports Internationaux in Genf an, daß er sie für Überführungsspesen (camionnage) und Bahnfracht Leipzig/Forst mit ℳ 32.50, belastet habe.

121. Am 15. November 19.. erteilt Guillaume Pareux in Avignon seinem Auftraggeber Henri Gault in Cadenet Abrechnung über die vorstehende Sendung im Betrag von Fr. 207.90, um deren Gutschrift er bittet.

122. Abrechnung über die vorstehende Sendung.

| | | | |
|---|---|---|---|
| 4 Fässer 234/237, brutto 959/960 kg à Fr. 21.— . . . | Fr. | 201 | 60 |
| Statistische Gebühr (statistique) à 0.10 per Stück . . . . | „ | — | 40 |
| Zollabfertigung (permis de douane), Passierschein (passavant), Zollverschluß (plombs) . . . . . . . . . . . . . | „ | 3 | 50 |
| Stempelbogen für Ausfuhrzeugnis (feuille timbrée pour certificat de sortie) . . . . . . . . . . . . . . . . | „ | — | 60 |
| Briefporti (affranchissement de lettres) . . . . . . . . | „ | 1 | 80 |
| | Fr. | 207 | 90 |

Avignon, den 15. November 19..

# Abréviations usitées dans le commerce.

## In der Handelssprache vorkommende Abkürzungen.

☛ Außer den hier angegebenen Kürzungen kommen noch eine Anzahl willkürlicher vor, die sich durch den Zusammenhang erklären. Im allgemeinen ist der Franzose kein Freund von Kürzungen, auch von den nachstehenden Formeln werden viele für gewöhnlich ausgeschrieben.

| | | |
|---|---|---|
| *a. c.* | année courante. | dieses Jahres. |
| *anc*$^{ne}$ | ancienne. | vormals, früher. |
| *arr*$^{t}$, *Arr*$^{t}$ | arrondissement. | Bezirk, Postbezirk. |
| *art.* | article. | Artikel. |
| *B., b.* | balle. | Ballen. |
| *b*$^{que}$ | barrique. | Stückfaß. |
| *B/B.* | billet de banque. | Banknote. |
| *B. P. F.* | bon pour francs. | Für:, gut für. |
| *b*$^{eau}$ | bordereau. | Verzeichnis, Zettel. |
| *B*$^{d}$, *Boul*$^{d}$, *B*$^{ard}$. | boulevard. | Wall, Ringstraße. |
| *B*$^{t}$ | brut. | Brutto. |
| *cap.* | capitaine. | Kapitän. |
| $^{0}/_{0}$ | cent. | hundert. |
| *c.*, *c*$^{es}$ | centime, centimes. | Centime. |
| *c/m* | centimètre. | Zentimeter. |
| *c-à-d.* | c'est à dire. | das heißt, also. |
| *c/v.* | cette ville. | hier. |
| *ch. de f.* | chemin de fer. | Eisenbahn. |
| *C., c.* | colis. | Paket, Stück. |
| *c/p.* | colis postal. | Postpaket. |
| *C*$^{de}$ | commande. | Bestellung. |
| *C*$^{on}$ | commission. | Kommission, Auftrag. |
| *C*$^{aire}$ | commissionnaire. | Kommissionär. |
| *C*$^{ie}$ | compagnie. | Kompagnie. |
| *compt, au compt.* | comptant, au comptant. | per (gegen) Kasse. |
| *c*$^{te}$ *à* $^{1}/_{2}$ | compte à demi. | für halbe Rechnung. |
| *c/c*, *C*$^{te}$ *C*$^{t}$ | compte courant. | Kontokorrent, laufde. Rechnung. |
| *C*$^{que}$ | contremarque. | Warenzeichen. |
| *c/remb.* | contre remboursement. | gegen Nachnahme. |
| *c*$^{t}$ | courant. | laufend. |
| *c*$^{ge}$, *crt*$^{ge}$ | courtage. | Maklerlohn. |
| *caf* (engl. *cif*) | coût, assurance, fret. | Kosten, Versicherung, Fracht. |
| *X*$^{bre}$, *10*$^{bre}$ | décembre. | Dezember. |
| *dép*$^{t}$, *Dép*$^{t}$ | département. | Provinz, Kreishauptmannschaft. |
| *d*$^{o}$ | dito. | dito, desgleichen. |
| *Doit* | Doit, Doivent. | Soll, Debet. |
| *$* | dollar. | Dollar = ℳ 4.20. |
| *dz., douz.* | douzaine. | Dutzend. |

| | | |
|---|---|---|
| *échon* | échantillon. | Muster, Probe. |
| *E. à P.* | effets à payer. | Verbindlichkeitswechsel. |
| *E. à R.* | effets à recevoir. | Vorratswechsel. |
| *E/V.* | en ville. | hier. |
| *este, esc., escte* | escompte. | Skonto, Diskont. |
| *E.* | est. | Osten. |
| *etc.* | et cætera. | und so weiter. |
| *ex.* | exemple. | Beispiel. |
| *expeur* | expéditeur. | Absender. |
| *expion* | expédition. | Absendung. |
| *fbg* | faubourg. | Vorstadt. |
| *fque* | fabrique. | Fabrik. |
| *fo* | folio. | Blatt, Folio. |
| *Fr., F., fr.* | franc. | Frank, Franken. |
| *fco* | franco. | frei. |
| *f. a. b.* | franco à bord. | frei an Bord. |
| *gr.* | gramme. | Gramm. |
| *G. L., g. l.* | grand livre. | Hauptbuch. |
| *G. V.* | grande vitesse. | Eilgut. |
| *in-fol.* | in-folio. | Folioformat. |
| *in 8°* | in-octavo. | Oktavformat. |
| *in 4°* | in-quarto. | Quartformat. |
| *Jal* | journal. | Journal. |
| *kil., kg, Ko, Kos* | kilogramme, Kilo, Kilos. | Kilogramm. |
| *L., l.* | litre. | Liter. |
| *£* | livre sterling. | Pfund Sterling. |
| *L.* | Lusace. | Lausitz. |
| *Mme* | madame. | Madam. |
| *Mlle* | mademoiselle. | mein Fräulein. |
| *mage, Mage* | magasinage. | Lagerung. |
| *mon* | maison. | Haus, Firma. |
| *Me* | maître. | Rechtsanwalt, Notar. |
| *mise/mse* | marchandise. | Ware. |
| *ℳ, Mk.* | mark. | Mark, Reichsmark. |
| *Mmes* | mesdames. | meine Damen. |
| *MM.* | messieurs. | meine (geehrte) Herren. |
| *m.* | mètre. | Meter. |
| *‰* | mille. | Tausend. |
| *m/m* | millimètre. | Millimeter. |
| *m/* | mon, ma, mes. | mein-e |
| *M.* | monsieur. | mein (geehrter) Herr. |
| *M. V.* | moyenne vitesse. | Halbeilgut. |
| *M* | praemissis praemittendis. | P. P. |
| *Négt, végt* | négociant. | Handelsherr. |
| *N.* | nord. | Norden. |

| | | |
|---|---|---|
| *NB.* | nota bene, remarquez bien. | wohlgemerkt. |
| $N^{e}$ | notaire. | Notar. |
| *n/* | notre, nos; nôtre-s, nous. | unser-e; unsrige; wir, uns. |
| *N. S.* | notre sieur. | unser (Mitinhaber) Herr ... |
| $9^{bre}$ | novembre. | November. |
| $N^{o}$, $n^{o}$ | numéro. | Nummer. |
| $8^{bre}$ | octobre. | Oktober. |
| *O.* | ordre. | Order, Auftrag. |
| *O.* | ouest. | Westen. |
| *p. ex.* | par exemple. | zum Beispiel. |
| $P.P^{on}, p.p^{on}, pp^{on}$ | par procuration. | per Prokura. |
| *P. L. M.* | Paris-Lyon-Méditerranée. | Paris-Lyon-Mittelmeer. |
| *P. O.* | Paris-Orléans. | Paris-Orleans. |
| *P. et P.* | pertes et profits. | Verlust und Gewinn. |
| *P. V.* | petite vitesse. | Frachtgut. |
| $p.\ b^{t}$, $p^{ds}\ b^{t}$ | poids brut. | brutto, Bruttogewicht. |
| $p.\ n^{t}$, $p^{ds}\ n^{t}$ | poids net. | netto, Nettogewicht. |
| *P. S.* | post-scriptum. | Nachschrift. |
| *P., p.* | pour. | für, in Vollmacht. |
| $pr^{n}$, $p^{ain}$ | prochain. | nächsthin, nächst. |
| $Règl^{t}$ | règlement. | Anschaffung, Regulierung. |
| *s., s/* | sac; sur; son, sa, ses, | Sack, auf; sein-e, ihr-e. |
| *S. G. d. G.* | sans garantie du gouvernement. | ohne amtliche Gewähr. |
| $S^{té}\ a^{me}$, $Soc.\ an^{e}$ | société anonyme. | Aktiengesellschaft. |
| *s. b. f.* | sous bonne fin. | Eingang vorbehalten, E. V. |
| *S. E. ou (et) O.* | sauf erreur ou (et) omission. | Irrtum vorbehalten. |
| $succ^{r}$, $Succ^{r}$ | successeur. | Nachfolger. |
| *S.* | Sud. | Süden. |
| *T. S. V. P.* | tournez s'il vous plaît. | umwenden. |
| *3/6.* | trois-six. | Alkohol. |
| *Val., val.* | valeur. | Wert, Valuta. |
| $V^{ve}$, $V^{e}$ | veuve. | Wwe., verw. |
| *V., v/* | votre, vos; vôtre-s, vous. | Ihr-e, Ihrige; Sie, Ihnen. |
| *v/v.* | votre ville. | dort. |
| $1^{er}$, $1^{re}$. | premier, première. | erster, erste. |
| $2^{e}$, $2^{d}$, $2^{de}$. | deuxième, second, seconde. | zweiter, zweite. |
| $3^{e}$, $4^{e}$ *etc.* | troisième, quatrième, etc. | dritter, vierter usw. |
| $100^{e}$. | centième. | hundertster. |
| $1000^{e}$. | millième. | tausendster. |
| $1^{o}$. | primo. | erstens. |
| $2^{o}$. | secundo. | zweitens. |
| $3^{o}$. | tertio. | drittens. |
| $4^{o}$. | quarto. | viertens. |

## Reçu.

Reçu.

F. *950.—*

Reçu de M ..........

*Paul Berger.*

la somme de *950 fr.*

Paris, le *31./8. 19 . .*

Dubois frères, Paris.

Reçu de *Monsieur Paul Berger,* 26, *rue Vivienne, Paris,* la somme de *neuf cent cinquante francs* *pour solde de tout compte à ce jour.*

B. P. F. 950.—

République
française.
*Paris,* le 31 août
19 . .
*Dubois frères.*
**10 c.**
Quittances.
Reçus et Décharges.

Paris, le *31 août 19 . .*

*Dubois frères.*

## Quittung.

Quittung.

Quittung
von Gebrüder Dubois in Berlin.

M. *950.—*

mit Buchstaben *Mark Neunhundert Fünfzig* ..........

von *Herrn Paul Berger, Berlin, zum Ausgleich unserer Rechnung* ..........

erhalten zu haben bescheinigen hiermit.

Berlin, den *31. August 19 . .*

*Gebrüder Dubois.*

## Reçu.

Reçu de *MM. Perron et Cie à Sèvres* ........................................

d'ordre de<br>pour compte de } *M. Paul Berger à Paris* ........................................ la somme

*de neuf cent cinquante francs*

dont quittance double ne valant que pour une seule.

B. P. F. 950.—

République<br>française.<br>*Paris,* le 31 août<br>19 . .<br>*Dubois frères.*<br>10 c<br>Quittances.<br>Reçus et Décharges.

Paris, le *31 août 19 . .*

*Dubois frères.*

Reçu.

## Quittung.

M. *950.—*

mit Buchstaben *Mark Neun Hundert Fünfzig* ........................................

für Rechnung<br>im Auftrage } von *Herrn Paul Berger, Berlin* ........................................

........................................................................................................

von *Herren Perron & Co., Spandau,* empfangen, worüber hiermit doppelt für einfach geltende Quittung.

Berlin, den *31. August 19 . .*

*Gebr. Dubois.*

Quittung.

Chèque.

## Chèque.

| | | |
|---|---|---|
| Nº 32.<br><br>Date *15/5 19 . .*<br><br>Remis à *Paul Berger.*<br><br>Somme: F. *950.—* | *Dubois frères.* | Sèvres, le *quinze Mai 19 . .*[1]) B. P. F. *950.—*<br><br>Messieurs Dubois frères, Paris.[7])<br><br>Payez[2]) à *Monsieur Paul Berger*[4]) ou ordre[5]) ou au porteur[3]) la somme de<br>*neuf cent cinquante francs.*[8])<br><br>Nº G *97 32.* *Perron et Cie.*[6]) |

[1]) Jour de l'émission. (La date du chèque doit être écrite en toutes lettres.) [2]) payable à vue et à première réquisition. [3]) au porteur. [4]) au bénéficiaire. [5]) à ordre. [6]) tireurs. [7]) tirés, payeurs. [8]) montant.

Scheck.

## Scheck.

| | | |
|---|---|---|
| No. *32*<br><br>M. *950.—*<br><br>*den 15./5. 19 . .*<br><br>*Paul Berger, Berlin.* | *Gebrüder Dubois* | Spandau, den *15. Mai 19 . .*[1])<br><br>Die *Herren Gebrüder Dubois,*[7]) *Berlin,* wollen zahlen[2]) gegen diesen Scheck aus unserm Guthaben[3]) an *Herrn Paul Berger*[4]) oder Order[5])<br>*Mark Neunhundert Fünfzig*[8])<br><br>*Mark 950.—*<br><br>*Perron & Co.*[6]) |

[1]) Tag der Ausstellung. [2]) bei Sicht zahlbar. [3]) Scheckklausel. [4]) an Person, Rektascheck. [5]) Orderklausel. [6]) Aussteller. [7]) Bezogene. Zahlstelle. [8]) Schecksumme.

## Billet à ordre.

Billet à ordre.

Paris, le *1er Juin 19 . .*[1]) B. P. F. *950.—*

Au *trente un Août prochain,*[2]) ............ je[3]) payerai
à *Messieurs Dubois frères*[6]) ............ ou à leur ordre[4])
la somme de *Neuf Cent Cinquante francs,*[7])
valeur reçue en marchandises.[8]) *Paul Berger.*[5])

50c — République Franc. — 900 à 1000 Fr.

1) Date de la création. 2) Date de l'échéance. 3) Désignation comme billet. 4) Ordre. 5) Souscripteur. 6) Bénéficiaires. 7) Somme à payer. 8) Valeur fournie.

## Eigenwechsel.

SOLAWECHSEL

Berlin, den *1. Juni 19 . .*[1]) Für *M. 950.—*

Am *31. August a. c.*[2]) ............ zahle ich gegen diesen Solawechsel[3])
an die *Herren Gebrüder Dubois*[6]) ... oder deren Order[4])
die Summe von *Mark Neunhundert Fünfzig*[7])

*Paul Berger.*[5])

1) Tag der Ausstellung. 2) Fälligkeitstag. 3) Wechselklausel. 4) Orderklausel. 5) Aussteller. 6) Wechselnehmer. 7) Wechselsumme.

## Effet accepté.

**Recto.**

Paris, le *1er Juin 19 . .*[1]) B. P. F. *950.—*

*Au trente un Août* prochain,[2]) payez par cette lettre de change[3])

à l'ordre de[4]) ............ *Messieurs Dubois frères*[7]) ............ la somme de

*neuf cent cinquante francs.*[8])

Valeur reçue ............ *en marchandises*[9]) ............ que passerez ..... *suivant* ..... avis[10]) de

*Paul Berger.*[5])

A *Messieurs Perron et Cie.*[6])

*Sèvres*

Paul Berger.

*Accepté Perron et Cie.*[11])

1) Date de la création. 2) Date de l'échéance. 3) Désignation comme lettre de change. 4) Ordre. 5) Tireur. 6) Tirés. 7) Bénéficiaires. 8) Somme à payer. 9) Valeur fournie. 10) Avis. 11) Accepteurs.

**Verso.**

Payez à l'ordre de:
*Monsieur Henri Bertin.*
*Valeur en compte.*

*Paris, le 6 Juin 19 . .*
*Dubois frères.*

Payez à l'ordre de:
*Messieurs Duruy et Cie.*
*Valeur en compte.*

*Mâcon, le 10 Juin 19 . .*
*Henri Bertin.*

Payez à l'ordre de:
*Monsieur Alfred Perret.*
*Valeur en compte.*

*Limoges, le 15 Juin 19 . .*
*Duruy et Cie.*

Pour acquit.
*Alfred Perret.*

## Akzeptwechsel.

**Vorderseite.**

Für *M. 950.*—

Berlin, den *1. Juni 19 . .*[1])

Am *31. August d. J.*[2]) .................. zahlen Sie für diesen Primawechsel[3])
an die Order[4]) .................. der *Herren Gebrüder Dubois*[7]) .................. die Summe von
*Mark Neunhundert Fünfzig*[8])
den Wert in Rechnung[9]) .................. und stellen ihn auf Rechnung laut Bericht[10])

*Paul Berger.*[5])

*Herren Perron & Co., Spandau.*[6])

*Perron & Co.*[11])

Paul Berger

[1]) Tag der Ausstellung. [2]) Fälligkeitstag. [3]) Wechselklausel. [4]) Orderklausel. [5]) Aussteller. [6]) Bezogene. [7]) Wechselnehmer, Order, Remittent. [8]) Wechselsumme. [9]) Wertempfangsbekenntnis. [10]) Berichtangabe. [11]) Akzeptanten.

**Rückseite.**

| M. 0.50 |
|---|
| (von mehr als) |
| 800 bis 1000 Mark. |

Für uns an die Order des *Herrn Heinrich Bertram*

— Wert in Rechnung —

Berlin, den *6. Juni 19 . .*

*Gebrüder Dubois.*

---

Für mich an die Order der *Herren Dietrich & Co.*

Rüdesheim, den *10. Juni 19 . .*

*Heinrich Bertram.*

---

Für uns an die Order des *Herrn Alfred Peters.*

Heilbronn, den *15. Juni 19 . .*

*Dietrich & Co.*

---

*Betrag erhalten*

*Alfred Peters.*

## Effet domicilié.

**Recto.**

Paris, le *1er Juin 19 . .* [1]     B. P. F. *950.—*

A *trois mois de date,*[2] ........................ veuillez payer contre ce mandat[3]

à l'ordre de[4]) *moi même*[7] ........................ la somme

de     *neuf cent cinquante francs.*[8]

Valeur *en compte*[9] ............ que passerez ............ *sans* ............ avis.[10]

A *Messieurs Perron et Cie.*[6]     *Paul Berger.*[5]

*Sèvres.*

*Payable au Crédit Lyonnais.*[12]

*à Paris.*

*Accepté Perron et Cie.*[11]

Paul Berger

**Verso.**

Payez à l'ordre de:

*Monsieur Henri Bertin.*

*Valeur en compte.*

*Paris, le 6 Juin 19 . .*

*Paul Berger.*

Payez à l'ordre de:

*Messieurs Duruy et Cie.*

*Valeur en compte.*

*Mâcon, le 10 Juin 19 . .*

*Henri Bertin.*

Payez à l'ordre de:

*Monsieur Alfred Perret.*

*Valeur en compte.*

*Limoges, le 15 Juin 19 . .*

*Duruy et Cie.*

Pour acquit.

*Alfred Perret.*

[1] Date de la création. [2] Date de l'échéance. [3] Désignation comme lettre de change. [4] Ordre. [5] Tireur. [6] Tirés. [7] Bénéficiaire. [8] Somme à payer. [9] Valeur fournie. [10] Avis. [11] Accepteurs. [12] Domicile.

## Domizilwechsel.

**Vorderseite.**

Berlin, den *1. Juni 19..*[1]) Für *M. 950.—*

Drei Monate nach heute[2]) ............ zahlen Sie gegen diesen Primawechsel[3])

an die Order[4]) ............ von mir selbst[7]) ............ die Summe von

*Mark Neunhundert Fünfzig*[8])

den Wert in mir selbst[9]) ............ und stellen solchen auf Rechnung ............ ohne ............ Bericht.[10])

*Herren Perron & Co., Spandau.*[6]) *Paul Berger.*[5])

Zahlbar bei der Deutschen Bank in Berlin.[12])

*Angenommen Perron & Co.*[11])

Paul Berger

[1]) Tag der Ausstellung. [2]) Fälligkeitstag. [3]) Wechselklausel. [4]) Orderklausel. [5]) Aussteller. [6]) Bezogene. [7]) Wechselnehmer, Order, Remittent. [8]) Wechselsumme. [9]) Wertempfangsbekenntnis. [10]) Berichtangabe. [11]) Akzeptanten. [12]) Domiziliaten.

**Rückseite.**

M. 0,50
(von mehr als)
800 bis 1000 Mark.

Für mich an die Order des *Herrn Heinrich Bertram*
— Wert in Rechnung —

Berlin, den *6. Juni 19..*
*Paul Berger.*

---

Für mich an die Order der *Herren Dietrich & Co.*

Rüdesheim, den *10. Juni 19..*
*Heinrich Bertram.*

---

Für uns an die Order des *Herrn Alfred Peter.*

Heilbronn, den *15. Juni 19..*
*Dietrich & Co.*

---

*Bezahlt*
*Alfred Peter.*

VINS & SPIRITUEUX
**PAUL BERNARD & Cie**
80, Cours Gambetta, 80.
**CENON PRÈS BORDEAUX**

*Cenon près Bordeaux,* ..............................

*M* .................................................................................... *Doit*

....................................................................................

*à Paul Bernard & Cie*

*les marchandises dont le detail suit, expédiées par* ..............................

....................................................................................

.............................. *payables dans Bordeaux* ..............................

*Les traites ne sont pas une dérogation au lieu de paiement qui est Bordeaux.*

| | | | | | | |
|---|---|---|---|---|---|---|
| | | | | | | |
| | | | | | | |
| | | | | | | |

*Nous avons l'avantage de vous remettre ci haut facture à la demande que vous avez bien voulu nous faire par* ..............................

*Elle s'élève à Fr.* .................. *dont nous nous rembourserons en notre mandat sur vous au* ..............................

*Nous vous prions d'en prendre note et de réserver bon accueil à notre signature.*

*Dans l'attente de la faveur de vos nouveaux ordres,*

*Nous vous prions d'agréer, M*.............., *nos salutations empressées.*

*Paul Bernard & Cie.*

**Toutes nos factures sont payables par traites; aucun voyageur ou agent n'a le droit d'encaissement.**

NOTA. — Les vins doivent être tenus dans une cave fraîche, les bouteilles couchées et les vins en fûts bonde sur le côté pour n'être mis en bouteilles, sans remuer le fût, qu'après un repos de 15 jours au moins.

**Avoir soin de faire décharger l'acquit-à-caution afin d'éviter les doubles ou sextuples droits qui seraient à la charge de l'acheteur.**

**Les fûts prêtés doivent être rendus dans les trois mois qui suivent la livraison; ce délai expiré, ils seront facturés aux prix ci après:** la barrique, 10 fr. pièce; la 1/2 barrique, 8 fr.; le 1/4 de barrique, 7 fr.; les fûts pour eaux-de-vie, rhums et autres, aux prix des fournisseurs.

für Herr ..........

von Paul Bernard & Co., Weinbergbesitzer.

Ober-Ingelheim a. Rh., den .......... 19.......

Wir sandten Ihnen laut Auftrag .......... für Ihre werte Rechnung und Gefahr durch die Bahn ..........

| Nummer | Liter | Flaschen | Ziel 3 Monate, bei bar binnen 30 Tagen 2% Abzug | Preis für 100 Liter | Preis für 1 Flasche | Betrag |
|---|---|---|---|---|---|---|
| | | | | | | |
| | | | | | | |

Über den uns gütigst erteilten Auftrag haben wir die Ehre, Ihnen obenstehend Rechnung zu behändigen, und bitten Sie, uns für deren Betrag von .......... geneigtest erkennen zu wollen.

Die Sorgfalt, mit welcher wir Sie bedienten, läßt uns Ihre volle Zufriedenheit und die Fortdauer Ihres gütigen Zutrauens hoffen, das wir zu erhalten stets bemüht bleiben werden.

Paul Bernard & Co.

Zur gefl. Beachtung. Fässer beliebe man gleich an den Platz zu bringen, an dem sie abgefüllt werden sollen, und sie fest geschlossen zu lagern, so daß kein Rütteln und Bewegen stattfinden kann.

Nach 3—4 Wochen Ruhe durchbohre man erst den Spund und schlage dann den Hahn ein, kurz bevor man mit dem Abfüllen beginnt.

Die geleerten Fässer werden am besten sofort mit einem Stück Schwefelspan eingebrannt und gleich zurückgesandt, wenn man sie nicht zum angesetzten Preise zu behalten wünscht.

Schimmelig gewordene oder sonst verdorbene Gefäße werden nicht zurückgenommen. Alle leeren Gefäße müssen frei „Ingelheim“ gesandt werden.

Allen Flaschenweinen ist eine wagerechte Lage zu geben.

# ACIÉRIES DU NORD.

## SOCIÉTÉ ANONYME AU CAPITAL DE CINQ MILLIONS DE FRANCS.

SIÈGE SOCIAL: A PARIS, 22, BOUL$^{D}$ MONTMARTRE.

TÉLÉGRAMME:
ACIÉRIES, PARIS.

TÉLÉPHONE Nº 15—12.

Doit à ..............................................................

| Nos marchandises sont toujours livrables et payables comptant dans Paris, quel que soit le mode de livraison employé et nonobstant toute stipulation contraire de la commande. | Nos avis de traites ou l'acceptation de règlements n'opèrent pas novation à la condition de paiement, ni dérogation à la clause attributive de juridiction, et le défaut de paiement dans les délais fera courir de droit l'intérêt à 6% l'an, sans aucune mise en demeure. | Sous les mêmes réserves, insérées aux tarifs des banquiers, nous ne garantissons pas la présentation à échéance des effets qui nous sont remis en paiement, ni le protêt à bonne date des mandats impayés. | La compensation légale pourra être opposée par nous en tout état de cause et à tous tiers, entre les sommes que nous devrions à nos fournisseurs et celles dont ils seraient eux mêmes nos débiteurs. |
|---|---|---|---|

| Commande Nº .............................. Bulletin Nº .............................. | Expédition .............................. |
|---|---|

| | | Poids | Prix | Sommes | Totaux |
|---|---|---|---|---|---|
| | | | | | |
| | | | | | |
| | | | | | |
| | | | | | |
| | | | | | |
| | | | | | |

TELEGRAMM-ADRESSE:
MOABITER STAHLWERKE.

# BERLIN-MOABIT.

TELEPHON 7624.

GIROKONTO
BEI DER REICHSBANK.

*Berlin, den .................... 19 ........*

*Die uns gütigst in Auftrag gegebenen Waren haben wir Ihrer Vorschrift gemäß verladen. Wir ersuchen Sie, uns dafür den Betrag von ............ Mark ........ Pf. laut Rechnung gutzuschreiben.*

*Indem wir um baldige Erneuerung Ihrer Aufträge bitten, zeichnen wir*

*mit Hochachtung*

Bei begründeten Ausstellungen behalten wir uns vor, kostenfreien Ersatz zu liefern, lehnen aber alle anderweitigen Schadenersatzansprüche, insbesondere Arbeitslöhne, Betriebsverluste etc. ausdrücklich ab. Betriebsstörungen, Rohmaterialienmangel, Stockungen im Bahnbetriebe infolge von Schneeverwehungen oder aus anderen Ursachen, Mobilmachung und Krieg, Arbeiterausstände und Wagenmangel entbinden uns von den in Aussicht gestellten Lieferungsterminen.

## RECHNUNG.

Sämtliche Preise per 3 Monat gegen Akzept oder bei früherer Bar-Regulierung mit 1/2 % pro Monat Skonto, bei späterer Regulierung mit 1/2 % pro Monat Verzugszinsen. Bei Wechseln auf Nebenplätze werden die Inkassospesen berechnet, für Protest oder rechtzeitige Präsentation wird keinerlei Verpflichtung übernommen.

Str.-Fol.
Kom.-Nr.

*Wir sandten Ihnen für Ihre werte Rechnung und Gefahr per Bahn*

Gerichtsstand Berlin. Warenposten, auch franko verkaufte, reisen stets ab Abgangsstation auf Gefahr des Empfängers. Reklamationen gegen Gewicht oder Qualität der Waren haben innerhalb 8 Tagen zu erfolgen, andernfalls weitere Verbindlichkeiten abgelehnt werden.

Spamersche Buchdruckerei in Leipzig.

# Handelswissenschaftliche Werke

aus dem Verlage der

**G. J. Göschen'schen Verlagshandlung in Leipzig**

www.ingramcontent.com/pod-product-compliance
Lightning Source LLC
LaVergne TN
LVHW042236300926
849161LV00003B/367
* 9 7 8 3 1 1 2 3 8 5 5 5 5 *